جمعية إنعاش الأسرة
مركز دراسات التراث والمجتمع الفلسطيني

# نحو مدخل عربي-إسلامي لدراسة الإنسان والمجتمع

بحوث المؤتمر الذي عقده
مركز دراسات التراث والمجتمع الفلسطيني
يوم الأحد: ٢٠٠٧/٣/١٨


**المشاركون**

أ. فريدة العمد　　د. شريف كناعنة　　أ. نبيل علقم
أ. خالد عودة الله　　أ. أحمد الأشقر　　أ. محمد أبو معيلق
أ. سميح حمودة　　د. مصلح كناعنة　　د. زهير الصباغ
د. عبدالكريم مزعل

تحرير: د.شريف كناعنة

مركز دراسات التراث والمجتمع الفلسطيني
في
جمعية إنعاش الأسرة

ص. ب:   ٣٥٤٩ - البيرة/ فلسطين
تلفـون: ٢٤٠٧٧١٧- ٢٤٠١١٢٣
فاكس: ٢٤٠١٥٤٤

Website: www.inash.org/csp
archive_usra@yahoo.comE-mail:

٢٠٠٨

# المحتويات

3

**الجلسة الثالثة- مدخل جديد**

4

## كلمة السيدة فريدة العمد

### رئيسة الجمعية

ضيوفنا الكرام

يسعدني أن أرحب بكم في جمعية إنعاش الأسرة رائدة الاهتمام بالتراث الشعبي الفلسطيني لأهميته في التعبير عن الهوية العربية الفلسطينية وتعزيزها، والمحافظة عليها أمام الاحتلال الذي يعمل على طمس هذه الهوية وإلغائها، لأن المشروع الصهيوني برمته لا يمكن له النجاح إلا بإيجاد هوية "إسرائيلية" غير موجودة أصلا يحاول إيجادها بالتلفيق والكذب والسرقة والانتحال، وبإلغاء الهوية الفلسطينية الموجودة والتي يعبر عنها تراثنا الشعبي بصورة غير قابلة للطمس والانتحال والتشويه الذي يقوم به الاحتلال بصورة ممنهجة، ومن هنا تأتي أهمية نشاطاتنا في "مركز دراسات التراث والمجتمع الفلسطيني" الذي بدأناه منذ خمسة وثلاثين عاما سواء في استمرار صدور مجلة "التراث والمجتمع" وتطويرها، وفي الدراسات التي تصدر عن المركز وفي إنشاء وتطوير متحف التراث الشعبي، وفي أرشيف التراث والوثائق، وفي تحفيز المؤسسات والأفراد على الاهتمام بالتراث وبالمجتمع الفلسطيني، نعمل ذلك كله، رغم الظروف المالية الصعبة التي تمر بها الجمعية، وذلك لأننا نؤمن أن حماية هويتنا الوطنية وتعزيزها هو أحد أهم أسباب وجود هذا المركز.

ومن هذا المنطلق عقدنا قبل عام مؤتمر "تراث ابن خلدون" كي نرسل رسالة للنخب الفكرية والسياسية ولكل الذين تؤرقهم

أوضاعنا الفلسطينية والعربية والإسلامية أن لنا تاريخا مشرفا وأننا نعتز به، وعلينا أن نـتعلم منـه بـأن ننهض لدراسته والبناء عليه.

ويأتي مؤتمرنا هذا "نحو مدخل عربي- إسلامي لدراسة الإنسان والمجتمع" في هذا السياق، فهـو محاولـة من "مركز دراسات التراث والمجتمع الفلسطيني" لفحص إمكانية بناء علوم إنسانية واجتماعية عربية- إسلامية بديلة للعلوم الغربية  التي كونت وما زالت تكون بعض أفكارنا ومداركنا وأشكال سلوكنا. ويعني ذلك ببساطة أنها تجردنا تدريجيا من هويتنا التي لا يمكننا أن ننهض بدونها، وبخاصة وأن نظام العولمة بما يمتلك من وسـائل إعلامية وتقنية متقدمة يحاول احتلال عقولنا وتجريدنا من كافة مستويات هويتنا سواء الوطنية أو العربيـة أو الإسلامية. ودون مثل هذه المؤتمرات الفكرية سنظل ندور في حلقـات مفرغـة مـن الفعـل وردود الفعـل، بينـما نتطلع نحن في "جمعية إنعاش الأسرة" وفي مركز "دراسات التراث والمجتمع الفلسطيني" إلى تجاوز هـذا الواقع إلى واقع فكري عقلاني يجدر بالمثقفين وبالمؤسسات التي تعتني بالفكر والسياسة أن تتبناه وهـذا مـا دعانـا إلى عقد هذا المؤتمر الذي نرجو أن يحقق النتائج المرجوة من خلال المحاضرات والمداخلات والحوار المسؤول.

وفقنا الله جميعا لما فيه الخير

والسلام عليكم ورحمة الـلـه وبركاته

# كلمة رئيس مركز دراسات التراث
## والمجتمع الفلسطيني

**د. شريف كناعنة**

الأخوات والأخوة ، السلام عليكم

أرحب بكم جميعا في "مركز دراسات التراث والمجتمع الفلسطيني" في "جمعية إنعاش الأسرة" في إطار "المؤتمر السنوي الثاني" للحفاظ على التراث الثقافي والفكري العربي-الإسلامي، آملين أن تكون لهذه المناسبة عودات كثيرة بغض النظر عن الأفراد.

قد يذكر بعض الحضور أن المؤتمر السابق دار حول تراث أحد عمالقة الفكر العربي والعالمي، العلامة ابن خلدون. مؤتمرنا هذه المرة لم يخرج عن نفس الإطار الفكري ولكنه أوسع مدى وأكثر تجريدا وأعمق جذورا: رأينا أن نعود إلى رأس النبع، إلى المنهل الأساسي الذي ينهل منه ابن خلدون وغيره من المفكرين العرب، وهو الحضارة العربية-الإسلامية؛ الأم التي رضع من حليبها ابن خلدون وابن عربي وابن رشد وابن سينا والغزالي وغيرهم من المفكرين العرب في المراحل الذهبية للإمبراطورية العربية-الإسلامية، والتي يظهر وكأن ثديها أخذ يجف فأصبحنا نلجأ إلى مرضعات لا علاقة لهن بحضارتنا ويكاد حليبهن يكون سما قاتلا لأطفالنا.

إذا نظرنا إلى عنوان المؤتمر نرى أننا وضعنا بين الكلمتين "العربي" و"الإسلامي" واصلة أو خطا صغيرا يربط بينهما والمقصود من ذلك أن نقول أن هذا اصطلاح مركب يشير إلى حضارة واحدة موحدة ذات جذرين التقيا في ساق واحد يحمل شجرة ضخمة قد تذوي وتموت إذا ما اقتلع أحد الجذرين أو كليهما.

7

هذه الشجرة المركبة بساقها الواحد النابع من جذريها هي ما نريد أن نعود لنستوحيها ونطلق منها بعد أن كدنا أن نبتعد عنها فنضل السبيل.

المنطق الأساسي لهذا المشروع هو الفكرة التي تقول - والتي نعتقد أن ما تقوله صحيحا - تقول أن العلوم جميعها، والعلوم الاجتماعية بخاصة، ليست في الحقيقة عالمية، وليست صحيحة بشكل مطلق وإنما هي نسبية، تمثل الثقافة التي أنتجتها من حيث بنائها ومنطقها ونظرتها إلى الإنسان وإلى العالم ومن حيث الافتراضات الأولية التي تنطلق منها والمصالح الاقتصادية والسياسية والعسكرية التي تخدمها.

لقد راح العالم العربي-الإسلامي في غفوة طويلة في أواخر العصور الوسطى وبداية النهضة الأوروبية، وعندما بدأ يستيقظ في العقود الأخيرة وجد أن الغرب قد أنتج واحتكر جميع العلوم الاجتماعية في العالم اليوم، وهي تخدم مصالحه الاستعمارية والامبريالية، فمن أهم افتراضاتها الضمنية أن الإنسان الأوروبي أفضل من غيره من باقي شعوب الأرض وأصلحها للبقاء ولذا يحق له أن يستعمرها ويستغلها ويستعملها لضمان بقائه حتى لو أدى ذلك إلى إبادة بعضها أو جميعها.

قبلنا علوم الغرب الاجتماعية وقبلنا تعريف الغرب لنفسه ولنا، فأصبحنا نبغض أنفسنا ونحتقرها ونؤمن بحق الغرب الأوروبي - الأمريكي باستعمارنا وحكمنا واستعبادنا وربما إبادتنا لأننا اقتنعنا- كما يقول مثلنا- بأن مصائب الدنيا ثلاث: العرب والجرب والفار.

هنالك الكثير الكثير مما يمكن أن يقال في هذا المجال، ولكن سوف لا أطيل عليكم، وأكتفي بالقول بأن بقاءنا مرهون بنزع ذلك النير عن رقابنا والعودة إلى تلك الشجرة الأم العربية-الإسلامية ليس لنعود للنوم في ظلها بل لننميها ونطورها وتصبح بفضلها هذه الحضارة هي الأصلح للبقاء، وهذا ما يسعى إليه هذا المؤتمر.

# المعهد العالمي للفكر الإسلامي:
## تجربته في دراسة الإنسان والمجتمع

نبيل علقم *

## مقدمة

منح الإسلام العرب وسائر المسلمين ما مكنهم، بهويتهم الجديدة، من إنتاج الحضارة العربية الإسلامية التي لم تكن لتقوم دون الإسلام. ولكن التغيرات المختلفة المتفاوتة في أسبابها وسرعتها وحجمها وتأثيراتها دفعت بالمسلمين إلى التقهقر والتخلف والجمود والانغلاق التدريجي، ومن ثم إعادة إنتاج متكرر لمظاهر هذه الحالة، وبصورة تزداد سوءا عما كانت عليه من قبل. ومع ذلك لم يتوقف ظهور مفكرين ومجددين يحاولون استنهاض الأمة بالعودة إلى الإسلام كمرجعية عقيدية وثقافية واجتماعية وسياسية، بدءا بالغزالي ومرورا بابن تيمية وليس انتهاء بالكواكبي ومحمد عبده والأفغاني والندوي والألباني وحسن البنا وسيد قطب ومحمد الغزالي وعدد كبير من المفكرين المعاصرين. ولكن لم تظهر مؤسسات أكاديمية ذات برامج وخطط ومناهج واضحة، على الرغم مما قام به الإخوان المسلمون في مصر الذين مهدوا الطريق لظهور تنظيمات وأحزاب إسلامية أخرى تتوافق أو تختلف في قليل أو كثير مع جماعة الإخوان المسلمين في هذا الجانب أو ذاك من فهمها للإسلام. ومع أنها جميعا قدمت أفكارا متنوعة للنهوض بالمسلمين، إلا أنها لم تستقطب الكثير من النخب الفكرية العربية التي ظلت موزعة بين المدارس الفكرية الغربية بشقيها الماركسي

---

* باحث في التاريخ والثقافة.

والليبرالي، أو أنها تبنت الفكر القومي الذي لم يبتعد كثيرا في جوهره عن المدارس الغربية في منطلقاتها ومناهجها وما تركته في البنية العقلية للنخب الفكرية العربية والإسلامية.

وقبل ما يزيد عن ربع قرن ظهرت أول مؤسسة إسلامية أكاديمية تطرح الإسلام كنظام متكامل أيديولوجيا ومعرفيا ومنهجيا من خلال خطط طموحة وفعالة تركت آثارا واضحة على الفكر الإسلامي المعاصر. وهذه المؤسسة هي **المعهد العالمي للفكر الإسلامي**.

وفي هذه الورقة سأحاول أن ألخص تجربة هذه المؤسسة من حيث التعريف بالمعهد، والمنهجية، والانجازات، وتقييم دور المعهد.

## أولا- التعريف بالمعهد

سأتحدث في هذا الجزء عن تأسيس المعهد، وأهدافه، وخطط عمله، ووسائله في تحقيق أهدافه.

### ١- تأسيس المعهد

المعهد العالمي للفكر الإسلامي مؤسسة فكرية علمية خيرية مستقلة، تعمل في ميدان الإصلاح الفكري والمعرفي(المعهد العالمي للفكر الإسلامي www.iiit.org). وقد انطلق المعهد في تأسيسه من إدراك مؤسسيه كغيرهم من مثقفي الأمة في أن هذه الأمة تعاني من أزمة حضارية وسياسية وثقافية. ولكن المثقفين العرب والمسلمين اختلفوا في تحديد الأسباب والنتائج، ويرى المعهد[١] أنها أزمة فكرية وأزمة تخلف علمي. (العلواني ١٩٩١: ١٤). كما يرى المعهد أن الأسباب تكمن في عاملين: عامل داخلي

---

[١] أستعمل كلمة المعهد هنا وفي مواقع مشابهة مجازا لتعني مؤسسي المعهد والمفكرين القائمين عليه.

يتعلق بحال الأمة وآخر خارجي ناتج عن الهيمنة الغربية. وأنه لا يمكن أن تواجه الأمة أزمتها دون فكر وقيادات فكرية إسلامية متميزة عن غيرها من القيادات النهضوية التي سبقتها في تاريخنا المعاصر. وكانت البداية حينما تنادى عدد من طلاب الجامعات في أميركا وأوروبا عبر اتصالاتهم لمناقشة قضايا الأمة الإسلامية وبذل الجهود لمعالجة أزمتها (المعهد العالمي ١٩٨٦: ١٤). وقد أسس هؤلاء الشباب، وضمن إطار اتحاد الطلبة المسلمين في الولايات المتحدة "**جمعية العلماء الاجتماعيين المسلمين**" لخدمة القضية الفكرية(المرجع السابق ص١٥). وفي عام ١٩٧٦ عقدت ندوة موسعة في أوروبا حضرها هؤلاء الشباب كما حضرها ثلاثون عالما من مختلف التخصصات ومن كبار العاملين في العمل الإسلامي، واستمرت مناقشات المؤتمرين مدة أسبوع، أكد المؤتمرون في نهايتها أن أزمة الأمة هي أزمة فكرية، وأن العلاج يبدأ من هذا المنطلق. ولتحقيق ذلك لا بد من تأسيس هيئة علمية متخصصة. وبالفعل تأسس "**المعهد العالمي للفكر الإسلامي**" مع بداية القرن الخامس عشر الهجري (١٤٠١) الموافق لعام ١٩٨١م. وفي العام التالي عقد المعهد أول مؤتمر علمي بالتعاون مع "الجامعة الإسلامية" في الباكستان في مدينة إسلام آباد، ليعالج قضية "إسلامية المعرفة"، وقد كان للمؤتمر غايتان هما: الأولى، دعوة العلماء للبحث العلمي في قضايا الفكر والمعرفة، والثانية طلب المزيد من التعمق في قضية أزمة الأمة وترتيب الأولويات لتجديد طاقة الأمة الإسلامية. (المرجع السابق ص١٦). وتوالت المؤتمرات والندوات بعدها، فقد عقد اللقاء العالمي الثاني عام ١٩٨٢ بالتعاون مع الجامعة الإسلامية في إسلام آباد، وعقد اللقاء العالمي الثالث عام ١٩٨٤ بالتعاون مع وزارة الثقافة والشباب

الماليزية. وخلال هذه السنوات الأولى من عمر المعهد أخذ المعهد يبلور أهدافه وخططه ووسائله ومنهجه كما سأبين في الفقرات التالية. وقد بدا ذلك واضحا في الكتاب الذي أصدره المعهد عام ١٩٨٦ بعنوان : "إسلامية المعرفة: المبادئ العامة، خطة العمل، الإنجازات.

## ٢- أهداف المعهد

تتلخص أهداف المعهد في مواجهة أزمة الأمة الإسلامية في كل مظاهرها من خلال الإسلام ذاته. ولا يمكن أن تتحقق الأهداف دون إصلاح الفكر الإسلامي. فقد اختل الفكر الإسلامي على مر العصور. وحول هذا الأمر يقول أول رئيس للمعهد: "إننا بحاجة ماسة إلى الفكر الإسلامي السليم القائم على فهم روح الإسلام وغاياته وقواعده الكلية، ومراتب أحكامه من خلال مصدريه العظيمين: الكتاب الكريم وسنة رسول الله صلى الله عليه وسلم. كما نحتاج إلى دراسة سبل السلف الصالح في تعامله مع هذه المصادر خلال القرون الخيرة وأساليب فهمهم لكتاب الله وسنة رسوله صلى الله عليه وسلم، لنتمكن من إعادة طرح التصورات والحلول الإسلامية لما تعاني منه الأمة" ويمضي إلى القول: "فإذا ثابت الأمة إلى رشدها ووضعت يدها على الجرح، وعرفت موطن الداء لا بد لها بعد ذلك أن تتبين الخطوات التي يجب أن تسلكها للوصول إلى الدواء وتحقيق الهدف"(العلواني ١٩٨٧: ١٥٦).

يردد مثل هذا القول كل من يتبنى الإسلام كحل لكافة مشاكلنا وأزماتنا، لكن المعهد تميز عن كافة المنادين بتبني الإسلام أو تجديد الفكر الإسلامي بطرحه "المذهبية الإسلامية" كأيديولوجيا مقابل الأيديولوجيات الغربية. ومفتاح هذه المذهبية هو "إسلامية المعرفة". كما يعتقد المعهد أن أي نظام معرفي له غايات، وليس

هناك معرفة من أجل المعرفة فقط، بل إن المعرفة تخدم الأيديولوجيا. وإذا كانت النهضة الغربية قد قامت على القطيعة بين العقل والكنيسة ثم بين العقل والدين نفسه نكاية بالكنيسة، فإن الأمر مختلف في العقيدة وفي الفكر وفي التراث الإسلامي، إذ لم يقم خصام بين العقل والدين، وإنما كان بين العقل والنقل، بمعنى أيهما هو مدخل العلم أو أيهما يحدد الآخر ويسبقه، أما مشكلة التعارض بين الدين والعقل فإنها تمثل إشكالا لم ينبع من البيئة العقلية الإسلامية ولم تشهد الخبرة التاريخية الإسلامية ما يفرض هذه القضية، وإنما صدرت إلينا مع المنظومة المعرفية الغربية العلمانية حيث تعد هذه القضية إحدى منتجات الخبرة التاريخية الأوروبية(عمر ١٩٩٢ أ: ٣-٧). أما والأمر كذلك فإن النظام المعرفي الإسلامي يجب أن يقوم على التكامل **بين الوحي والعقل معا**. ولا تعني الإسلامية تطويع أي جانب من جوانب المعرفة لمبادئ جامدة، أو أهداف مفروضة، ولكنها تعني تخليص ذلك الجانب من قيوده، والإسلام ينظر إلى المعرفة على أنها ناقدة: بمعنى أنها شمولية النظرة ضرورية وعقلانية(أحمد ١٩٩٠: ٩).

إن التكامل بين الوحي والعقل في النظام المعرفي الإسلامي المقترح، هو الركن الأساسي لمفهوم "إسلامية المعرفة". فقد رأى المعهد أن "المطلوب الآن هو القيام بعملية "أسلمة المعرفة" وإعادة تشكيل العلوم الحديثة ضمن هذا الإطار الإسلامي ومبادئه وغاياته حتى تستعيد الرؤية الإسلامية والمنهجية الإسلامية والتربية الإسلامية والشخصية الإسلامية صفاءها وتتبين معالمها ومسالكها ويستعيد الوجود الإسلامي الفردي والجماعي جديته وفاعليته في الحياة والوجود". (المعهد العالمي ١٩٨٦: ٧٧). ويرى المعهد أن شعارات كثيرة دخيلة قد طرحت لمواجهة أزمة الأمة كشعارات

التغريب والتحديث وقد "آن أن "نرفع اليوم شعار الإسلامية"(المصدر السابق ١٦٥). و"الإسلامية" هي "إطار قيمي حضاري شامل للفرد والمجتمع، للفكر والعمل، للتعلم والممارسة، للمعرفة والتنظيم، للراعي والرعية، للدنيا والآخرة"(المصدر السابق ص١٦٦) ويرى المعهد أن "إسلامية المعرفة هي جانب أساسي وأولي في بناء الإسلامية يختص بالفكر والتصور والمحتوى الإنساني القيمي والفلسفي وكيفية بنائه وتركيبه وعلاقاته في العقل والنفس والضمير، ولذلك فإسلامية المعرفة شرط أساسي مسبق لنجاح بناء الأمة" (المصدر السابق ص١٦٧) "والمعرفة الإسلامية أو إسلامية المعرفة تعني منهجية إسلامية قويمة شاملة تلتزم توجيه الوحي ولا تعطل دور العقل، بل تتمثل مقاصد الوحي وغاياته" (المصدر السابق ص١٦٧)، كما أن المعرفة الإسلامية ليست قيما وغايات فقط، وليست تأملات فردية، وليست تاريخا وتراثا فحسب، ولكنها سبيل لتكوين عقلية علمية منهجية في وجوه المعرفة الاجتماعية والإنسانية والطبيعية والتطبيقية كافة" (المصدر السابق ص ١٦٨). وألخص ما كتبه أحد المفكرين في المعهد لغايات المعهد وأهدافه بأنه يهدف إلى تقديم تصورات متكاملة للمعرفة الإسلامية ومصادرها، وتأصيل المنهج السليم في فهم المبادئ والقيم الإسلامية (أمازيان ١٩٩١: ٢٤٣). وهكذا فإن دعوة المعهد إلى أسلمة المعرفة لا تعني نقل المناهج والعلوم الغربية أو ترجمتها أو تطبيقها على المجتمعات الإسلامية، بل هي دعوة إنشائية معرفية مستقلة، ولم يكن غائبا عن مؤسسي المعهد التحديات الكثيرة الموروثة والمستجدة في مثل هذا الإنشاء المعرفي الإسلامي. لقد أدرك المعهد أن المهمة الشاقة التي تواجه المفكرين والقادة المسلمين تتمثل بإعادة صياغة تراث المعرفة الإنسانية

برمته وفقا لوجهة النظر الإسلامية، وهي رؤية للحياة والواقع والكون، ومثل هذه الرؤية هي هدف الدراسة لمختلف فروع المعرفة، وإسلاميتها تعني إعادة صياغة المعرفة على أساس علاقة الإسلام بها(المعهد العالمي ١٩٨٦: ٥٤).

**٣- خطط عمل المعهد ووسائله لتنفيذها**

تبلورت خطط عمل المعهد منذ عام ١٩٨٦. ويمكن تصنيف هذه الخطط إلى خطة عامة وخطط مرحلية. وقد حدد المعهد أهداف الخطة العامة ووضع خطة خمسية أولى لتحقيق أهداف الخطة العامة وفيما يلي ملخص لأهداف الخطة العامة:

أ- توعية الأمة على الأزمة الفكرية وبخاصة توعيتها على موقع أزمة الفكر الإسلامي ومنهجيته في أزمة وجود الأمة الثقافي والحضاري.

ب- تحديد معالم العلاقة بين قصور الفكر الإسلامي وقصور منهجيته من ناحية، وغياب الأمة ومؤسساتها ونظمها وتخلفها علميا وثقافيا وحضاريا من ناحية ثانية.

ج- تفهم طبيعة أزمة الفكر الإسلامي المعاصر وأسبابها، والسبل والوسائل المطلوبة لمواجهتها.

د- العمل على تجديد فكر الأمة، وتجديد طاقاته وتطور مناهجه وبلورة منطلقاته، وربطه بمقاصده الإسلامية الأصيلة.

ه- العمل على تأصيل شمولية المنهج الإسلامي في ميدان الدراسات الاجتماعية والإنسانية.

و- البدء بأعمال تمكين الفكر الإسلامي والثقافة الإسلامية المعاصرة واستيعاب الأصول الإسلامية والتراث الإسلامي، والعلوم والمعارف الحديثة وتيسيرهما على الدارسين المسلمين.

ز- العمل على تقديم الأبحاث والدراسات والكتب المنهجية بقصد بلورة المفاهيم والمنطلقات الإسلامية وإرساء العلوم الاجتماعية والإنسانية الإسلامية.

ح- إعداد الكوادر العلمية اللازمة لريادة مجالات إسلامية المعرفة من خلال برامج متنوعة(المعهد العالمي ١٩٨٦: ١٢١-١٢٢).

أما الخطة الخمسية الأولى فتشرح كيفية تنفيذ هذه الأهداف كما يلي:

١- التوعية مهمة دائمة للمعهد، وتتم هذه المهمة من خلال توجيه خطابه إلى العلماء والمفكرين والمثقفين وطلاب العلم والمعرفة، وذلك من خلال الندوات والمؤتمرات والإعلام والنشر والتعاون مع مؤسسات أخرى.

٢- بلورة منطلقات الفكر الإسلامي ومفاهيمه ومناهجه. ويتم تحقيق ذلك من خلال تجنيد المفكرين والعلماء، وتفريغ بعضهم. ويجب أن يتصف مثل هؤلاء المفكرون والعلماء بعدد من الصفات أهمها: التمكن من أصول الإسلام: القرآن الكريم والسنة النبوية وعلوم الشريعة المتعلقة بهما، وكذلك علوم اللغة والتاريخ وقضايا العصر الحاضر ومعارفه ووسائله وتحدياته وأن يبلور غايات الإسلام ومقاصده وفلسفته الأساسية في كل مجال هام من مجالات الحياة والمعارف المعاصرة، وأن يقدم تصورا شاملا متكاملا منطقيا لما ألم بالفكر الإسلامي ومناهجه من ثلمات أدت به إلى القصور والجمود، ويبين أسباب ذلك، ويبين المؤسسات والتنظيمات والوسائل والإصلاحات الأكاديمية والتربوية والاجتماعية المطلوبة لتحقيق الإصلاح في واقع الأمة بحيث يستعيد الفكر الإسلامي دوره في توجيه جهود الأمة في الإعمار

والحضارة، فبلورة مفاهيم الإسلام الأساسية وفلسفته المتميزة في كل مجال مع مناهجه العلمية المتكاملة هي حجر الأساس الذي يجب أن يأخذ أولوية الإنجاز في هذه المرحلة الأولية من مراحل التجديد والإصلاح، وهي الجهود التي يستهدفها المعهد في تجنيد طاقات القلة القادرة النادرة من العلماء والمفكرين الإسلاميين في هذه المرحلة.

٣- التمكن من التراث الإسلامي، وأولى خطوات التمكن هي تيسير التراث وتبويبه إلى ثلاثة أنواع:

الأول- نصوص الإسلام الكبرى، وهي القرآن الكريم والسنة المطهرة.

الثاني- وهو آثار السلف الصالح.

الثالث- فكر علماء الأمة ومفكريها وقادتها المصلحين.

وتهدف الجهود العلمية المنهجية في التعريف بالتراث وتحقيقه وفهرسته وتبويبه وشرحه إلى أن يصبح المثقف والعالم مؤهلا للإجابة على ثلاثة أسئلة هي:

الأول- ما هي مساهمة التراث الإسلامي ابتداء من القرآن الكريم وانتهاء بالمجددين المحدثين في جملة القضايا التي تثيرها العلوم المعاصرة؟

الثاني- كيف تتطابق أو تتعارض مساهمات التراث الإسلامي مع ما أنجزته هذه العلوم؟ وأين وصل التراث الإسلامي إلى مستوى رؤية العلوم المعاصرة، وأين يتفق معها وأين يخالفها ويتميز عنها، وفيم تخطاها أو قصر عنها؟

الثالث- في أي اتجاه يحسن أن تبذل جهود المسلمين لكي تستوعب الجيد من المعارف الحديثة؟

٤- لا يمكن أن يتم تجديد فكر الأمة وطاقاتها وبلورة منطلقاتها دون التمكن من المعرفة المعاصرة، وتتطلب هذه المعرفة عدم تجزئة هذه المعرفة ودون حرفية نقلها، وأن تتوفر لدى المفكرين المسلمين القدرة على النقد، فالقبول الجزئي والأعمى والرفض الشامل المتشنج لا يفيداننا شيئا في مواجهة التحديات المعاصرة. وللمساعدة على تحقيق النظرة الناقدة الشمولية للحضارة الغربية المعاصرة يعمل المعهد على تقديم دراسات مسح شمولية للعلوم الحديثة، وبخاصة العلوم الاجتماعية والإنسانية الأساسية، تبين هذه الدراسات الخطوط الأساسية لكل علم من تلك العلوم وقضاياها الرئيسة ومناهجها وإنجازاتها العلمية وأهم الكتب والمصادر الأساسية له، وأهم أوجه النقد التي تتعلق به من وجهة نظر ذلك العلم ومن وجهة النظر الإسلامية.

٥- البدء بنشر كتب علمية منهجية، وهنا يبدأ المعهد باستكتاب المفكرين والعلماء المسلمين المتمكنين من التراث والمتمكنين من العلوم الحديثة، والذين يتميزون بالإبداعية والاستقلالية الفكرية.

٦- يعطي المعهد أولويات البحث العلمي خلال هذه الخطة الخمسية للعلوم التالية: علم المنهجية، العلوم السلوكية (علوم النفس والاجتماع والإنسان)، علم التربية(علم تنشئة الفرد)، علم السياسة(علم بناء نظام الجماعة)، علوم الاقتصاد والإدارة والإعلام والفنون وهي العلوم التي تسير حياتنا وتوجهها مع العلوم السابقة.

كما وتبحث الخطة الخمسية في تكوين الكوادر العلمية وأبرزها: التفرغ العلمي والتعليمي، تأهيل الكوادر من خلال الدراسات العليا، إنشاء معهد علمي لهذا الغرض، الاهتمام بالدراسات الجامعية الأولية وإعداد الكتب المنهجية الجامعية

وتكثيف المنح الدراسية والإشراف على الدارسين. كما بحثت الخطة في التمويل المالي، ووجدت الحل في تجربة الوقف الخيري واستثماره بعد أن درست عوامل نجاحه، وأسباب تقهقره وفشله وكيفية بعثه إلى الحياة من جديد واستعماله في تمويل مالية المعهد ونشاطاته(المعهد العالمي ١٩٨٦: ١٢٣-١٦٢). ومن الوسائل الأخرى لتحقيق أهداف المعهد وتنفيذ خططه تنسيق جهود الباحثين والعلماء الملتزمين، والعمل على أسلمة العلوم الاجتماعية وتوفير المادة العلمية والكتب المدرسية والجامعية، وإصدار عدد من الدوريات المعينة للباحثين الإسلاميين مثل دوريات التعريف والنقد الموضوعي للكتاب الإسلامي، وإصدار الدوريات والموسوعات المختصرة لتقديم الجديد في باب المعرفة والمنهج الإسلامي، وعقد الندوات واللقاءات العلمية بين العلماء(أمازيان ١٩٩١: ٢٤٣).

## ثانيا- المنهجية

أعني بالمنهجية الطريقة أو مجموعة الطرق التي يسلكها العقل البشري للوصول إلى حقيقة من حقائق الشيء موضوع البحث أو التفكير. ولا تختلف المنهجية بين ثقافة وأخرى حينما تتعلق الحقيقة بالعلوم الرياضية والتطبيقية، ولكنها تختلف حينما تتعلق الحقيقة بالإنسان أي حينما تتعلق الحقيقة بالعلوم الاجتماعية والإنسانية، ولذا فإننا نجد اختلافا كبيرا بين الماركسية وبين الليبرالية الرأسمالية في كل فروع العلوم الاجتماعية والإنسانية، ويعود الاختلاف إلى أن كل مذهب عقائدي منهما يشتمل "على أساس فلسفي يقوم عليه بناؤه كله، وليس هذا البناء الفلسفي إلا تصوره للوجود ونظرته العامة إلى الإنسان والمجتمع والكون والحياة وما وراء ذلك كما يؤمن بها أصحاب المذهب ويعتقدون"(المبارك ١٩٨٩: ١٤). ويقوم فكر المعهد على التزام

المذهبيــة الإسلامية مقابل الإطار النظري العقائــدي لكـل مـن النظريتين الاجتماعيتين: الرأسمالية والماركسية (أمازيان ١٩٩١: ٢٧٦-٣٠١). ومشكلة الفكر الإسلامي هي مشكلة المنهج، إذ لم يتبلور منهج إسلامي مستقل غير المنهج التقليدي، "وطالما أن الخلل في المنهج قائم فلا بد أن يستمر الخلل في المنتج"(العلواني ١٩٩١: ٦). ومن أجل بناء منهجية للمذهبية الإسلامية فإن مسيرة "إسلامية المعرفة" لا بد لها أن تمـر بشكل أساسي في مرحلتين هما مرحلة التمكن والإتقان في جانبي التراث والعلـوم المعـاصرة، ومرحلـة الاستقلال والإبـداع حيـث تتكامل الرؤية والمفاهيم والمناهج(المعهد العالمي ١٩٨٦: ١٧٦).

وليقدم المعهد منهجيته الإسلامية بدأ بتحليل اعتلال الفكر والمنهجية التقليدية الإسلامية وتفسير أسباب هذا الاعتلال ومظاهره وبخاصة بعد القرن الرابع الهجري. ولا يتعدى التحليل مسألتين جوهريتين هما سبب اعتلال الفكر والمنهج، وبالتالي وصول المجتمع إلى ما هو عليه من جمود وتخلف، وهاتان المسألتان هما: نظام السلطة، وإغلاق باب الاجتهاد وتعطيل دور العقل.

فمن حيث نظام السلطة، فقد استبد السلاطين بها فاتجهت أفضل الطاقات العقلية في الأمـة نحـو المفاهيم الروحية والشخصية والذاتية التي تمخض عنها التصوف الغنوصي واختفى التكافؤ والتوازن بين الأمـور الروحية والدنيوية الذي كان خاصية الفترة الأولى للإسلام وحل محله الفصام بين ما هو روحي وما هو دنيوي والسعي وراء الآخرة على حساب الدنيا. لقد فقد الفكر الإسلامي صلته المتينة بحياة الأمة، فأصبح فكرا محافظا متمسكا

بحرفية النصوص في مجال التشريع وتخمينيا فيما يتعلق بفهم القرآن وتفسيره والنظرة إلى العالم، ومزدريا للحياة ومستغلقا في مجال المعرفة بالعلوم الطبيعية(المعهد العالمي ١٩٨٦: ٦٩).

وأدى الاستبداد تدريجيا إلى انحسار دور الفقه والفقهاء، فتحول الفقه من وسيلة لضبط حياة الناس ووقائعها بضوابط شرعية إلى وسيلة لتبرير الواقع أيا كان ذلك الواقع (العلواني ١٩٨٧: ١٤٠). ثم أقفل باب الاجتهاد أو كاد، وكان إقفاله وراء كل البلايا والأزمات المتلاحقة التي ألغت عقل المسلم(حسنة ١٩٩١: ٩٨)، فلم يعد دور للفقيه سوى الإفتاء وإصدار الأحكام على أفعال المسلمين وتصرفاتهم في الحياة اليومية، وهكذا أهمل الفقه النظر الشامل على المسألة الاجتماعية ودوافعها وحركتها وتفاعلها والحلول والبدائل المطلوبة لها كي تحقق الرؤية الإسلامية والتنظيم الاجتماعي بمفهوم وبغاية إسلامية (المعهد العالمي ١٩٨٦: ٦٤). ومن مخاطر إغلاق باب الاجتهاد وانعكاسه على الفكر والمنهج والمجتمع وعلى الحركات الإسلامية تعطيل دور العقل المسلم، مما أدى إلى سيادة العقلية الذرائعية، وانقلاب الوسائل غايات، وغياب الشورى كفريضة، والضيق بالرأي الآخر، وتعطيل قانون السببية، والنظر إلى الأحداث من زاوية واحدة بدل النظرة الشمولية، وعدم تجاوز مرحلة التعميم، وغياب النقد، وبناء المواقف على الرغبات، والهروب الخادع إلى الماضي، وعدم القدرة على التمييز بين الغزو الثقافي والتبادل المعرفي، وإهدار حقوق الإنسان، وعدم القدرة على الارتفاع بالخطاب الإسلامي والقصد إلى مسالك التشدد والحرج والإنذار، وعدم فهم الحركة التاريخية، والتراجع إلى مواقف الفكر الدفاعي، والعجز عن إنتاج قيادات فكرية، وتحكم العقلية الحزبية وغيرها الكثير (حسنة ١٩٩١: ٩٦-١٢٧).

إذن، فأزمة الأمة كما يرى المعهد هي أزمة فكر وأزمة منهج فكري، هي أزمة فكر "لأن النسغ الفكري للحضارة الإسلامية توقف عند حدود العقول السابقة، وكأن الله خلق عقولنا لنعطلها عن الإنتاج، ونعتبر العصور الأولى هي نهاية المطاف"(المصدر السابق ص٥). وهي أزمة منهج، لأن المفترض أن يخضع الفقه التشريعي في الإسلام للمنهج الاستنباطي القياسي، وأن يخضع الفقه الاجتماعي والحضاري للمنهج الاستقرائي، والإصابة اليوم لحقت بالعقل والفكر الإسلامي لم تقتصر على أحدهما دون الآخر، وقد تكون بعض مشكلات العقل المسلم المعاصر، الخلط بين المنهجين، وعدم القدرة على استخدام كل في مجاله(المصدر السابق ص٧).

وكما بين المعهد قصور المنهج التقليدي الإسلامي، بين قصور المنهج الغربي في العلوم الاجتماعية والإنسانية، فمن مهام رسالة المعهد نقد الوضعية الغربية بمدارسها المختلفة وكشف زيفها العلمي والإبانة عن خلفياتها الاعتقادية، ونقد امتداداتها فيما ساد لدينا من علوم اجتماعية وإنسانية، كذلك نقد مشروعات الاستقلال الزائف في منهجية علم الاجتماع العربي القومي، ونقد الجهود التي رفعت شعار إسلامية العلوم الاجتماعية دون أن تتخلص من التأثيرات الوضعية الغربية الغربية عن معايير الإسلام(أمازيان/عمارة ١٩٩١: ٩).

وتتلخص أبرز عناوين نقد المعهد للمنهجية الغربية فيما يلي:

١- يعاني علم الاجتماع الغربي أزمة في الأسس والمنطلقات التي تقوم عليها النظريات الاجتماعية، وهي ليست مجرد أخطاء عابرة يمكن تجاوزها بالتدقيق والمراجعة، إن طبيعة الأزمة في

النظرية الاجتماعية الغربية هي أزمة هيكلية تدل على أن الإطار العام لعلم الاجتماع ككل إطار غير متماسك وغير متجانس فكريا وعقائديا ومنهجيا ونظريا وتطبيقيا(أمازيان ١٩٩١: ١٢٧).

٢- تفتقر العلوم الاجتماعية والإنسانية، إلى الموضوعية العلمية والحياد العلمي الذي تدعيه، فقد ظلت هذه الدراسات عمليا خاضعة لتوجيهات غير علمية وتخدم أغراضا لا تمت إلى العلم بصلة، ولا يعني ذلك أنها لا تتوصل إلى نتائج مفيدة، فقد كشفت جزءا ضخما من الحقائق المتعلقة بالبلدان النامية، ولكن هذه الحقائق لم تكن أبدا موجهة لأهداف علمية خالصة(المصدر السابق ص١٤٩-١٥٠).

٣- إن العلوم الثلاثة الرئيسية المتخصصة بالإنسان وهي علوم الاجتماع والإنسان والنفس أرادت بطريقة صريحة أو مقنعة أن تستأصل جذور الروحانية وتطرح مبدأ القطيعة مع الدين، وهي إشكالية مفتعلة لأنها استعملت العلم أداة أيديولوجية في صراعها ضد الدين ولم تستعملها أداة معرفية تستنير بها في دراستها لقضايا الإنسان(المصدر السابق ص٢٦٦).

٤- إن تناول علم الاجتماع لقضايا مثل وجود الإنسان وأصل اللغات ونشأة الأديان وطبيعة الأخلاق ونشأة النظم الاجتماعية كالأسرة والزواج والشرائع هي ظنية تمثل الجانب الميتافيزيقي في علم الاجتماع الغربي(المصدر السابق ص٧٧-١٠٤).

٥- إن مناهج البحث الغربية لا يمكنها أن تقدم تفسيرا معقولا شاملا لتاريخنا الإسلامي وتقويمه لأنها تهمل القيم الروحية والمادية كعوامل فعالة مشتركة في صنع التاريخ، بل تسعى بدافع من ماديتها أو علمانيتها إلى ترجيح الدافع المادي وتقليص مساحة

الدوافع الروحية في حركة التاريخ، بل طمسها أحيانا (خليل ١٩٩١ أ: ٧٢).

واستلزم نقد المنهجية الغربية رفض التبعية الفكرية للعلماء العرب أو المسلمين. فالغرب لم يقتصر على استلابنا الحضاري، وإنما تجاوز ذلك إلى التحكم بثقافتنا الإسلامية وإعادة قراءتها بمناهج وأبجديات وآليات فهم غريبة عن طبيعتها وتطلعاتها ومنطلقاتها وأهدافها(حسنة:١٩٩١ ١٨-١٩). وحينما يتبنى المفكرون المسلمون النظريات الوضعية الغربية على اختلاف اتجاهاتها فإنهم يتبنون نتاجا ليس له أسس فكرية ثابتة، وهذا النتاج يعبر عـن أزمـة العلـوم الاجتماعيـة والإنسانية الغربية في الأسـس والمنطلقـات والخلفيات، في حـين أن أزمـة الدراسات الاجتماعية والإنسانية في العـالم العـربي هـي أزمـة العقـل العربي إذ لا تنقصها الأسـس الفكريـة ولا الخلفيات ولا العقائد(أمازيان ١٩٩١: ١٥٣).

## المنهجية الإسلامية

بعد تحليل واقع وقصور المناهج التقليدية الإسلامية والمناهج الغربية عمل المعهد وما زال يعمل، على بناء المنهجية الإسلامية القادرة على تصحيح مسيرة الأمة الإسلامية والإنسانية جمعاء على أسس أو مبادئ، ولها غاياتها الواضحة، ولها أيضا منطلقاتها وأدواتها.

## ١- الأسس

أول هذه الأسس وأبرزها، والذي تنبثق عنه الأسس الأخرى، هو التوحيد وضرورة اعتبار الـوحي ضـمن المصادر المعرفية للعلوم الإنسانية (المصدر السابق ص٢٧٦-٢٩٩). وهذا الوحي بدأ لدى المسلمين بكلمة "اقرأ"، ولا يمكن للدين الذي يبدأ كتابه الكريم بكلمة "إقرأ" إلا أن يكون دينا معرفيا(خليل ١٩٩٠: ١٥)ِ "إن الذي

يقرأ كتاب اللـه الكريم بتمعن في محاولة للإلمام بطبيعة موقفه من العلم، يجد نفسه أمام حشد من الآيات البينات ممتدة وفق أبعاد أربعة توازي المسألة العلمية في اتجاهاتها كافة، يتناول أولها مسائل تتعلق بفلسفة العلم ونظرية المعرفة، ويتناول ثانيها منهج الكشف عن الحقائق العلمية المختلفة، ويعرض ثالثها لمجموعة من السنن والقوانين في مجالات العلم المختلفة، وخاصة فيما يسمى بالعلوم المحضة أو الصرفة، ويدعو رابعها لاستخدام هذه السنن والقوانين التي كشف عنها المنهج التجريبي في البحث، من أجل ترقية الحياة وتنميتها على طريق خلافة الإنسان لإعمار العالم فيما يعرف بالعلوم التطبيقية (التقنية)" (المصدر السابق ص٢٥). وتعني إسلامية المعرفة ممارسة النشاط المعرفي كشفا وتجميعا وتركيبا وتوصيلا ونشرا من زاوية التصور الإسلامي للكون والحياة والإنسان(المصدر السابق ص٨).

**٢- الغايات**

لا يمكن بناء منهج إسلامي دون إعادة تشكيل العقل المسلم المستنير القادر على القيام برسالته وممارسة دوره في الاجتهاد والتجديد والعمران الإنساني وتأهيل المسلم لدور الاستخلاف وبناء القدرة لديه على التسخير واكتشاف سنن اللـه في الأنفس والآفاق. ويتطلب تشكيل هذا العقل تنقية عالم الأفكار وإعادة قراءة الموروث الثقافي وتقويمه في ضوء رؤية ذات دراية وفقه حضاري، وبناء النسق المعرفي والثقافي الإسلامي(العلواني ١٩٩١: ٤٩). وعلى ضوء ذلك فإن المطلوب هو إعادة تشكيل العلوم جميعا في دائرة "الإسلامية" من أجل أن تصبح الحياة البشرية بكافة أنشطتها وصيغها إسلامية التوجه والممارسة والمفردات، ويتم ذلك بتجاوز كل ما من شأنه أن يقود إلى الثنائية

أو الازدواجية بين التوجيه الإلهي ذي العلم المطلق وبين اجتهادات الإنسـان النسـبية المتضاربة(خليـل ١٩٩٠: ١٠-١١).

إن إحلال الإسلام -باعتباره نظاما عقائديا كاملا- أي بعقيدته ونظمه المتفرعـة عنهـا محـل الثقـافتين: ثقافة العصور الوسطى الإسلامية المتجمدة والمشتملة على انحرافات، وثقافة الغرب القائمة على الفلسفة المادية والأهداف المادية سيمنح الإنسان التكريم الذي أراده اللـه لـه ليتمكن من القيام بمـا وكلـه إليـه في الارض مـن أمانة الخلافة، إذ جعل اللـه الإنسان خليفة فيها ليحسن حمل الأمانـة، ويتحـرر مـن جميـع أنـواع العبوديـات ذات النتائج الضارة كعبوديته المذلة للطبيعة أو لجزء منها، وكعبوديته لفرد أو طبقة من البشر كأصحاب المـال والسلطان أو للقيم المبتدعة المؤلهة كالقبيلة والقومية والوطنية والعقل والعلم والغريـزة، وكلهـا قيم إنسـانية لها موقعها ولكنها ليست القيمة العليا ولا الإله الذي يعبد ويكون لـه الخضوع المطلق(المبارك ١٩٨٩: ١٢-٣٠).

وهكذا يمضي المفكرون في المعهد في توصيف غايات المنهج ليكون قادرا على بناء حضارة إنسانية عالمية، تتبنى قول سقراط أنا لست بالأثيني ولا باليوناني إنما أنا مواطن عالمي، وتتأسس علـى قـول رسـول اللـه صلى اللـه عليه وسلم في خطبة الوداع: أيها الناس إن ربكم واحد وإن أباكم واحد، كلكم لآدم وآدم مـن تـراب، إن أكرمكم عند اللـه أتقاكم(أحمد ١٩٩٠: ١٤١). والتوحيد هـو المقدمـة الضروريـة التـي تبنـى عليهـا كـل صـور الوحدة الإنسانية إذ ليس هنـاك مسـلم قـومي أو مسـلم عنصري(المعهد العالمي ١٩٨٦: ١٠٦-١٠٧). فأصل الإنسان في القرآن الكريم هو

التكريم والتأهل لحمل الخلافة (أمازيان ١٩٩١: ٢٨٢) . وقد جعله اللـه في وضع أسـمى مـن الملائكـة ليحمل الأمانة الإلهية في إعمار الأرض، وقد زوده اللـه بـالإرادة الحـرة في أن يطيـع أو لا يطيـع اللـه(المعهـد العالمي ١٩٨٦: ٩٥). ويلعب العالم الاجتماعي المسلم الذي يعتبر الإنسان خليفة اللـه على الأرض دورا مهـما في بناء العلوم الاجتماعية الإسلامية فتضفي الإنسانية على ذلك الفرع من الدراسة وتعيد المثل الأعلى الإنسـاني إلى وضعه السابق الذي كان من وجهة نظر العلوم الاجتماعية الغربية ألعوبة لا حول لها ولا قـوة في أيـدي القـوى الغامضة(الفاروقي ١٩٨٩: ٢٤-٢٥).

**٣- المنطلقات**

إن لغايات المعهد دورا مهما في تحديد منطلقاته. وأبرز المنطلقات هي ما يلي:

١- الإيمان بكونية الرسالة الإسلامية باعتبارها الخطاب الإسلامي الخالد للإنسان في كل زمان ومكان.

٢- الإعتقاد بأن أزمة الأمة هي أزمة فكرية، وليست أزمة قيم.

٣- الإيمان بأن الأفكار ليست بديلا عن الحركـة، ولكنهـا شرط لصـواب الحركـة، وأن سـلامة العمـل مرهونـة بسلامة منطلقاته الفكرية.

٤- عصمة عموم الأمة عن الردة والضلالة العامة المطلقة، وقدرتها على امتلاك وسائل النهوض الحضاري عند تحقق شروطه والتمكن من سننه.

٥- الإيمان بقدرة الأمة على صناعة الأفكار المعاصرة في ضوء توجيهات القـيم وتسـخير السـنن للقيـام بأعبـاء الاستخلاف، وحل مشكلة الأمة والبشرية، وإنقاذهما من المعاناة(العلواني ١٩٩١: ٤٨).

وقد اهتم عدد من المفكرين في المعهد بمناقشة مسألة موقع التراث الإسلامي في مشروع "أسلمة المعرفة"، بعد أن تم تجاوزه لصالح البدائل الثقافية الغربية في مجال العلوم الإنسانية والاجتماعية، وصار ينظر إلى التراث الإسلامي على أنه ظواهر قد اندثرت لا علاقة لها بالحياة المعاصرة ولا حاجة لها، وهذا أدى إلى قطع صلة الأمة بهذا التراث الإسلامي وتحوله إلى مجرد تراث تاريخي يفتخر به ويتغنى بأمجاده. وهذا ما يدعو إلى تنبيه الأمة إلى أهمية تراثها الإسلامي وبأن دوره لم ينته، وأن فيه الكثير من الجوانب التي لا بد من تنميتها وإحيائها(المعهد العالمي ١٩٨٦: ١٧-١٨). ولا يعني ذلك قبول هذا التراث كيفما اتفق، فالتراث الإسلامي لا يعبر بكليته عن التصور الإسلامي للكون والحياة والإنسان(خليل ١٩٩٠: ٤٩). إن للتعامل مع التراث كالتعامل مع التاريخ موقف وسط يرفض الاستسلام للرواية القديمة، ويأبى إلغاءها المجاني من الحساب. إننا بحاجة إلى تاريخ الطبري مثلما نحن بحاجة إلى الكمبيوتر (خليل ١٩٩١: ٧٩) المطلوب، هو فهم التراث الإسلامي ونقده والبناء عليه.

**٤-الأدوات**

في البداية نطرح هذا السؤال كي نتعرف على الأدوات التي يتبنى استعمالها المعهد العالمي للفكر الإسلامي. والسؤال هو: لماذا تختلف المنهجية بين مدرسة وأخرى، وبين مذهب وآخر وبين زمن وآخر وبين أيديولوجيا وأخرى، وكيف يدافع كل طرف عن منهجيته ويرى أنها الأصح من غيرها؟ إن الإجابة على هذا السؤال لدى المعهد هي أن الإنسان نفسه هو الأداة الحقيقية في أي منهج من المناهج، وبالتحديد عن طريق عقله وحواسه. وليس هناك علم خارج الذات الإنسانية، فالعلم "يعد نشاطا إنسانيا، وإننا

نذكر تلك الحقيقة الواضحة لأن الانطباع العام السائد هو أن العلم موضوعي لأنه مستقل عن ذاتية الإنسان، إن العلم هو تنظيم المعرفة الإنسانية وليس تنظيم العالم" (صديقي ١٩٨٩: ١٦). وتقسم العلوم إلى قسمين: العلوم الرياضية والتطبيقية التي يستطيع الإنسان فيها الوصول إلى قوانين تحكم الظواهر والأشياء المتعلقة بالمحسوس، ولكنها تختلف حينما تحاول تقنين العلوم الاجتماعية والإنسانية لأن العنصر ـ الروحي في تكوين الإنسان والإرادة الحرة جعلا هذا الواقع يتصف بكثير من الغموض في العوامل والأسباب التي تنشأ فيها الظواهر السلوكية، الأمر الذي يجعله عصيا عن الفهم اليقيني خاصة وأن الإنسان هو أداة التحليل ومحله في وقت واحد، بينما في إطار المادة والكون فالإنسان هو أداة التحليل، أما المحل فشيء آخر منفصل عنه(حسنة ١٩٩١: ٩-١٠).ويتساءل أحد نقاد علم الاجتماع الغربي: "هل كان دوركايم وجماعة الوضعيين من حوله في تقديمه مشروعا علميا متكاملا نظريا وتطبيقيا لقيام مجتمع ملحد ينسلخ عن كل القيم الدينية؟ هل كان في ذلك رجل علم محايد وعالم اجتماع محايد أم مصلحا اجتماعيا يحدد الأهداف ويرسم الغايات ويعمل على تثبيت قيم بعينها هي القيم الإلحادية، ويركز نشاطه على تثبيت نموذج اجتماعي مثالي معين هو المجتمع الوضعي مقابل النموذج المثالي الديني؟"(أمازيان ١٩٩١: ٧٤). ويقول آخر: "إن الخلاف بين منهج الإسلام والمنهج الوضعي المعاصر ليس خلافا في الأشكال والوسائل بل هو بالأساس خلاف في المصادر والمنطلقات والغايات، أو بالأحرى خلاف في فلسفة العلم ذاته وغاياته ونظريته، بل لا نجافي الحقيقة إذا قلنا أن الخلاف في الوسائل قد يتضاءل أو ينعدم إذا وضحت الرؤية على مستوى الأصول والمنطلقات والغايات، حيث إن

29

الوسيلة، ما هي إلا أداة محايدة قابلة -في كثير من الأحيان- لإعادة التشكيل والتعديل والتوحيد"(عمر ١٩٩٢ ب :٣-٤). ويرى عالم آخر أن السؤال الجوهري الفاصل بين الدين والعلمانية يتعلق بوجود الله. ويرى هذا العالم "أن الحقيقة البسيطة هي أن الإنسان إذا توصل في أي وقت إلى إثبات وجود الله فإنه يكون قد عبر عن الله من خلال تصوره هو، وأن الدرس الذي يجب أن نتعلمه جيدا هو أننا يجب أن لا نحاول السعي وراء إثباتات لوجود الله في نطاق المعرفة الإنسانية". ثم يتساءل أيضا: "أليست آيات الله كافية للبشر...؟"(صديقي ١٩٨٩: ٣٦). وهذا يعني بداهة أن الدين أيضا يمكن أن يقدم نموذجا معرفيا بنفس الأدوات أي الإنسان بحواسه وعقله.

ولكن الإنسان -أداة المنهج- يخطئ ويصيب، فكيف نستعمل الحواس والعقل في بناء المنهجية الإسلامية؟ وفيما يلي الخطوط العامة لتصور المعهد:

١- إن إغلاق باب الاجتهاد الذي هو محل نظر من الناحية الشرعية ، والفكرية ، والعملية، والواقعية، كان وراء كل البلايا والإصابات والأزمات المتلاحقة التي ألغت العقل المسلم، والخوف من الاجتهاد باسم الخوف على الشريعة، حالة مرضية غير سوية، يخشى معها إلى تعطيل الشريعة(حسنة ١٩٩١: ٩٨-٩٩).

٢- وعليه، فإن الحل يكمن في الاستجابة لدعوة الإسلام للمسلمين في استخدام عقولهم وإخضاع كافة المسائل إلى ملكاتهم النقدية، والتفكير مليا في البدائل، والتحلي دائما بالقدرة على الإقناع والترابط المنطقي وأن لا يقولوا إلا الحقيقة التي يثقون تماما بصحتها، والبعد عن الظن والحدس والتخمين(المعهد العالمي ١٩٨٦: ٦٥).

٣- تكريس ثقافة حرية الرأي، إن حرية الرأي في الإسلام ليست مجرد حـق بـل واجب وفريضة وأمانة(النجار ١٩٩٢: ١١). إن حرية الرأي هي الوسيلة لحل الكثير من القضايا كالعمل باتجاه الوحدة المذهبية وحل الوحدة السياسية والوحدة الحركية وغيرها(المصدر السابق ص٨٠-٨٦).

٤- الاستفادة من كل ما وصلت له العلوم الحديثة من طرق وأساليب، وبخاصة المناهج المتعارف عليها عالميا، والتي غدت أشبه بالبداهات التي لا تقبل نقضا أو تحويرا(خليل ١٩٩١: ٧٨). إن العقل المسلم مكلف باستعمال كل وسيلة صالحة مـن وسائل البحث وطلب المعرفة تستوي في ذلك الوسائل المادية والكمية والكيفية، كما تستوي في ذلك الوسائل الاستقرائية والاستنباطية والعلمية والتجريبية وغيرها، لا قيد على الوسيلة أيا كانت ما دامت تساعد الإنسان على أداء دوره في خلافة الأرض(أبو سليمان ١٩٩١: ١٥٤).

٥- الاستفادة من كل ما لا يتعارض مع المذهبية الإسلامية، فيمكننا مثلا أن نستفيد مـن ماركس في الاقتصاد، ومن دوركايم في علم الاجتماع، ومن فرويد في علم النفس، فليس كل ما كتبوه باطلا كما ليس كل ما كتبوه معصوما، المهم أن يكـون لنـا حـق النقـد وحـق الاختيـار، وأن نأخـذ وندع مـن الفكـر الغربي وفـق معاييرنا(بدري ١٩٩٢: ١١). وحتى الذين كتبوا عـن ثقافات الشعوب بصورة تخدم الاستعمار مـن جهـة أو ينظرون للشعوب التي كتبوا عنها أنها شعوب بدائية ومتخلفة من جهة أخرى، فإنه يجب علينا أن نعـرف أنه "ليس كل ما كتب في عهد الاستعمار بالغث، رغم ما جاء فيه من ادعاءات سياسية جانبت كلها الصواب"(أحمد ١٩٩٠: ٤٣).

31

## ثالثا: الإنجازات

حتى يتمكن المعهد من القيام برسالته الإسلامية العالمية، "أنشأ عددا من الفروع في عـدد مـن العواصـم العربية والإسلامية والعالمية. وقد عقد المعهد اتفاقات مع العديد من الهيئات العلمية والجامعات ومراكز البحوث الرسمية والخاصة في مختلف الأقطار لتحري أوجه العمل المشترك معها"(المعهد العالمي للفكر الإسلامي، ص.أ www.iiit.org). وتقع هـذه الفروع في كـل مـن: مصرـ الأردن، لبنـان، المغـرب، اندونيسيا، بنغلادش، نيجيريا، باكستان، المملكة المتحدة، وفرنسا.

وتتوزع نشاطات المعهد بين إصدار الكتب ونشرها، وإصدار المجلات، وعقد المؤتمرات والندوات، إضافة إلى نشاطات تثقيفية أخرى.

### ١- الكتب

أصدر المعهد منذ تأسيسه عام ١٩٨١ حتى عام ٢٠٠٣، (٢٤٧) كتابا، باللغتين العربية والإنجليزية، كما أصدر المعهد ترجمات لعدد من كتب المعهد إلى لغات أخرى بلغ عـددها في الفترة المـذكورة ٧١ كتابـا، وهـذه اللغات هي: الفرنسية، الألمانية، الألبانية، الأزارية، البنغالية، البوسنية، الإندونيسية، الكردية، الملاوية، الفارسية، البرتغالية، الروسية، الصومالية، التاميلية، التركية، والأردية.

وتقع مواضيع الكتب الصادرة عن المركز في ١٥ سلسلة هي: سلسلة إسلامية المعرفة، إسلامية الثقافة، قضايا الفكر الإسلامي، المنهجية الإسلامية، أبحاث علمية، المحاضرات، رسائل إسلامية المعرفة، الرسائل الجامعية، المعاجم والأدلة

والكشافات، تيسير التراث الإسلامي، حركات الإصلاح، المفاهيم والمصطلحات، التنمية البشرية، دراسات في الاقتصاد الإسلامي، وموسوعة تقويم أداء البنوك الإسلامية. ويتراوح عدد الكتب الصادرة في كل سلسلة منها بين ٢-٣٧ كتابا. وأهمها: دراسات في الاقتصاد الإسلامي٣٩ كتابا، إسلامية المعرفة ١٩ كتابا، قضايا الفكر الإسلامي١٨ كتابا، المنهجية الإسلامية ١٧ كتابا. أبحاث علمية ١٦ كتابا، المفاهيم والمصطلحات ٥ كتب.

ومن حيث كتاب المعهد فهم إما من المنتمين إلى المعهد سواء من بين المتفرغين أو من بين أعضاء مجلس أمنائه أو مستشاريه. وإما من العلماء الذين يستكتبهم المعهد حول اهتماماته، من بين أشهر المفكرين المسلمين المتخصصين في العالم. ومن أبرز الذين نشر لهم المعهد كتبا ودراسات وأبحاثا: طه جابر العلواني، عماد الدين خليل، محسن عبدالحميد، محمد الغزالي، يوسف القرضاوي، محمد معين صديقي، محمد المبارك، أكبر أحمد، إسماعيل الفاروقي، عمر عبيد حسنة، راشد الغنوشي، عبدالحميد أبو سليمان، عبدالوهاب المسيري، جمال الدين عطية، إبراهيم أحمد عمر، عبدالمجيد النجار، عبد الشافي أبو الفضل، محمد عبدالمنعم أبو زيد، عبدالحميد المغربي، حمدي عبدالعظيم.

أما من حيث النشر، فقد نشر المعهد بعض كتبه بالتعاون مع مؤسسات إسلامية أخرى من بينها مثلا: جمعية الدراسات والبحوث الإسلامية في الأردن، المجمع الملكي لبحوث الحضارة الإسلامية في الأردن أيضا، دار المنار للنشر والتوزيع، الاتحاد الإسلامي العالمي للمنظمات الطلابية بالرياض، مركز بيت المقدس في فلسطين.

**٢- المجلات**

يصدر المعهد مجلتين أحدهما باللغة العربية والأخرى باللغة الانجليزية. أما المجلة الصادرة باللغة العربية فتصدر باسم **إسلامية المعرفة**. وهي مجلة علمية فصلية محكمة. وقد بدأ صدورها منذ منتصف عام ١٩٩٥. وتخدم المجلة الأهداف العامة للمعهد، إذ تهدف إلى إعادة صياغة المعرفة الإنسانية وفق الرؤية الكونية التوحيدية من خلال الجمع بين القراءتين: قراءة الوحي وقراءة الكون. وكذلك الإصلاح المنهجي للفكر الإسلامي والعمل لتطوير وبلورة البديل المعرفي الإسلامي في العلوم الإنسانية والاجتماعية، وتحرير الإنجاز العلمي والمعرفي الإنساني من الإحالات الفلسفية الدهرية التي ألبستها إياه المدارس الفكرية للعقل الوضعي المادي.

وأما المجلة الأخرى الصادرة باللغة الإنجليزية فهي بعنوان **المجلة الأمريكية للعلوم الإسلامية والاجتماعية**، وقد بدأت بالصدور منذ عام ١٩٨٤، وهي مجلة فصلية محكمة تصدر بالتعاون مع جمعية علماء الاجتماعيات المسلمين بالولايات المتحدة وكندا. والمجلة تخدم أهداف المعهد كما هو الحال مع زميلتها الصادرة باللغة العربية.

**٣-المؤتمرات**

اعتمد المعهد بصورة كبيرة على بلورة أفكاره ونشرها من خلال عدد كبير من المؤتمرات والندوات التي أقيمت في عدد كبير من أقطار العالم. ففي الفترة بين عامي ١٩٨٧ و ٢٠٠١ عقد المعهد (٦٦) مؤتمرا وندوة، أي بمعدل يزيد عن أربع مؤتمرات وندوات في العام الواحد. وقد عقدت هذه المؤتمرات والندوات في

أكثر من ١٩ مدينة، تقع في ثلاثة عشر قطرا. وهذه الأقطار مرتبة حسب عدد المؤتمرات والندوات التي عقدت فيها كالتالي: مصر ـ والأردن، السودان، الولايات المتحدة (فيرجينيا)، ماليزيا، المغرب، فرنسا، الجزائر وفلسطين والكويت وألمانيا وبريطانيا وأذربيجان. وقد تناولت هذه المؤتمرات والندوات كافة اهتمامات المعهد.

### ٤- نشاطات تثقيفية أخرى

للمعهد دار لبيع الكتب وسواها من مواد سمعية وبصرية وهدايا ومنتجات متنوعة مـن سـلع ورمـوز إسلامية يزيد عددها عن (٥٥٠٠) مادة أو موضوعا. وتساهم هذه الكتب والرموز في تعميـق الهويـة الإسلامية لدى المسلمين في الولايات المتحدة والتعريف بها لغير المسلمين.

## تقييم دور المعهد

يبدو لي مما تقدم أن المعهد طرح مشروعا ليس لنهضة العرب والمسلمين فقط، وإنما لإنقاذ البشرية من مخاطر المستقبل الـذي تقودنـا إليـه الأيـديولوجيات الغربيـة وخصوصا نظـام العولمـة الـذي تقـوده الولايات المتحدة، للهيمنة على العالم كله، وبخاصة على الأمتين العربية والإسلامية. وأحـد أبـرز مقومـات هـذه الهيمنـة ليس التقدم التقني أو ثورة المعلومات الناتجة عنه، وإنما يكمن الخطـر في النظام المعرفي الـذي يخـدم هـذه الهيمنة، ويوظف التقدم التقني وثورة الاتصالات من أجلها.

إن مشروع المعهد العالمي للفكر الإسلامي يتلخص في **"المذهبية الإسلامية"** كأيديولوجيا بديلة، تقوم على نظام معرفي مختلف يجمع بين الوحي والعقل. إنه مشروع ذو نظم اجتماعية وسياسية واقتصادية مرتبطة بنظام عقيدي فيه خير الإنسانية كلها،

إنه مشروع يدعو إلى التسامح والمساواة والعدل والحرية، ويرى أن التكامل بين الأخلاق والتشريع هما ضمانة تحقيق المبادئ والمثل العليا. وهو مشروع إنساني معاد للعنصرية والطبقية والاستبداد والاستغلال، مشروع يستوعب التعددية، مشروع يحل مشاكل المرأة والأسرة والفقر والاضهاد ويعيد للإنسان إنسانيته ودوره في خلافة الأرض.

ولكن ذلك كله مرهون بتصحيح الفكر الإسلامي، وهو مجال عمل المعهد. لقد أسهم المعهد العالمي للفكر الإسلامي في التنبيه إلى قضايا كثيرة حول طبيعة الأزمة الفكرية، وتشخيص أعراضها، ورسم برنامجا للإصلاح وشرع في تنفيذه، بمشاركة فاعلة للعديد من العلماء والباحثين والمفكرين من مختلف فئات الأمة، وقد تحقق للمعهد ذلك من خلال مئات المؤتمرات والندوات والدورات العلمية التي نظمها على المستويات المحلية والإقليمية والعالمية، وشارك فيها آلاف من الباحثين والمفكرين والمثقفين من مختلف التخصصات والتوجهات، إضافة إلى مئات الكتب التي نشرها المعهد باللغات المختلفة، وإلى ما تقوم به مجلتا المعهد بالعربية والإنجليزية على توسيع آفاق المعرفة ووضع علماء الأمة ومفكريها أمام التحديات، وبلورة الخطاب الإسلامي تجاهها.

ويمكن القول بثقة أن المعهد قد قدم مشروعا إسلاميا بديلا لبناء العلوم الإنسانية والاجتماعية وبخاصة في علوم الإنسان والتربية والاجتماع والنفس والاقتصاد سواء من حيث البناء المعرفي الشمولي، أو من حيث البدء في تقديم دراسات معمقة في كل من هذه العلوم ضمن هذا البناء المعرفي الشمولي.

وأخيرا، أعتقد أن إنجازات هذا المشروع هي فعلا في طريقها لتحقيق أهداف المشروع وغاياته، وأن هذه الأهداف تلتقي إلى حد كبير مع أهداف مؤتمرنا هذا، فقد جاء في إعلان الدعوة

للمشاركة في المؤتمر أن "السبب الرئيس والدافع القوي لعقد هذا المؤتمر هو محاولة التحرر من مختلف أشكال الهيمنة الغربية، وأن هذا التحرر لا يمكن أن يتم دون تحرير طريقة تفكيرنا ورؤيتنا للعالم، وعندها فقط يمكن أن نتحرر من الهيمنة الفكرية الغربية التي هي أخطر ما نواجه من أشكال هذه الهيمنة، لأن أشكال السلوك تخضع للفكر الذي يتحكم بها ويوجهها". وهذا بالضبط ما قام وما يزال يقوم به المعهد العالمي للفكر الإسلامي.

## فهرس المصادر

أبو سليمان، د. عبدالحميد أحمد

(١٩٩١) أزمة العقل المسلم، المعهد العالمي للفكر الإسلامي، هيرندن، فيرجينيا، الولايات المتحدة.

أحمد، د. أكبر. س

(١٩٩٠) نحو علم الإنسان الإسلامي-تعريف ونظريات واتجاهات، ترجمه عن الانجليزية د. عبدالغني خلف الله، المعهد العالمي للفكر الإسلامي، هيرندن، فيرجينيا،الولايات المتحدة.

أمازيان، محمد محمد

(١٩٩١) منهج البحث الاجتماعي بين الوضعية والمعيارية، المعهد العالمي للفكر الإسلامي، هيرندن، فيرجينيا، الولايات المتحدة.

بدري، د. مالك

(١٩٩٢) التفكر من المشاهدة إلى الشهود-دراسة نفسية إسلامية، ط٢، المعهد العالمي للفكر الإسلامي هيرندن، فيرجينيا، الولايات المتحدة، أعيدت طباعته في مركز بيت المقدس للأدب، رام الله، فلسطين.

حسنة، عمر عبيد

(١٩٩١) مراجعات في الفكر والدعوة والحركة، المعهد العالمي للفكر الإسلامي، هيرندن، فيرجينيا، الولايات المتحدة.

خليل، د. عماد الدين

(١٩٩٠) مدخل إلى إسلامية المعرفة، المعهد العالمي للفكر الإسلامي، هيرندن، فيرجينيا، الولايات المتحدة.

(١٩٩١ أ) مدخل إلى إسلامية المعرفة مع مخطط مقترح لإسلامية علم التاريخ، ط٢، المعهد العالمي للفكر الإسلامي، هيرندن، فيرجينيا، الولايات المتحدة.

(١٩٩١ ب) تشكيل العقل المسلم، ط٤، المعهد العالمي للفكر الإسلامي، هيرندن، فيرجينيا، الولايات المتحدة.

صديقي، أ. د. محمد معين

(١٩٨٩) الأسس الإسلامية للعلم، المعهد العالمي للفكر الإسلامي، هيرندن، فيرجينيا، الولايات المتحدة.

عبدالحميد، د. محسن

(١٩٩٢) الإسلام والتنمية الاجتماعية، ط٢، المعهد العالمي للفكر الإسلامي، هيرندن، فيرجينيا، الولايات المتحدة، أعيدت طباعته في مركز بيت المقدس للأدب، رام الله، فلسطين.

العلواني، د. طه جابر

(١٩٨٧) أدب الاختلاف في الإسلام، ط٣، المعهد العالمي للفكر الإسلامي، هيرندن، فيرجينيا، الولايات المتحدة.

(١٩٩١) إصلاح الفكر الإسلامي بين القدرات والعقبات-ورقة عمل، المعهد العالمي للفكر الإسلامي، هيرندن، فيرجينيا، الولايات المتحدة.

عمر، د. إبراهيم أحمد

(١٩٩٢ أ) العلم والإيمان-مدخل إلى نظرية المعرفة في الإسلام، ط٢، المعهد العالمي للفكر الإسلامي، هيرندن، فيرجينيا، الولايات المتحدة.

(١٩٩٢ ب) فلسفة التنمية-رؤية إسلامية، ط٢، المعهد العالمي للفكر الإسلامي، هيرندن، فيرجينيا، الولايات المتحدة.

الفاروقي، أ. د. إسماعيل

(١٩٨٩) صياغة العلوم الاجتماعية صياغة إسلامية، المعهد العالمي للفكر الإسلامي، هيرندن، فيرجينيا، الولايات المتحدة.

المبارك، محمد

(١٩٨٨) نظام الإسلام العقائدي في العصر الحديث، المعهد العالمي للفكر الإسلامي، هيرندن، فيرجينيا، الولايات المتحدة.

المعهد العالمي للفكر الإسلامي

(١٩٨٦) إسلامية المعرفة: المبادئ العامة-خطة العمل-الإنجازات، المعهد العالمي للفكر الإسلامي، هيرندن، فيرجينيا، الولايات المتحدة.

الصفحة الأليكترونية للمعهد العالمي للفكر الإسلامي، www.iiit.org

النجار، د. عبدالمجيد

(١٩٩٢) دور حرية الرأي في الوحدة الفكرية بين المسلمين، المعهد العالمي للفكر الإسلامي، هيرندن، فيرجينيا، الولايات المتحدة، أعيدت طباعته في مركز بيت الأدب، رام الله، فلسطين.

# من التراث إلى الثورة: دراسة في علم الاجتماع عند علي شريعتي

خالد عودة اللـه*

## مدخل

"العلم المستـقـر هو الجهل المستـقر"

( النفري- ت ٣٧٥ هـ)

على الرغم من ان مشروع "اسلمة" العلوم قد جاوز العقدين من التنظير، الا انه بقي اسير مرحلته التبريرية التأسيسية دون أن ينجح في التقدم نحو البلورة الجادة، وتحديدا في مجال المنهجية . فيما اراه ان المشروع يعاني من أزمة بنيوية يمكننا تشخيص بعضا من جوانبها في الملاحظات التالية:

١) انطلق مشروع "أسلمة العلوم" تأسيسا على خطاب "الهوية" الاسلامية ، حيث أن شرعنة المشروع يمكن تلخيصها بالمقولة التالية: لأن هويتنا إسلامية فيجب ان تكون معارفنا وعلومنا اسلامية. ودون التقليل من شأن الهوية، الا أن الانشغال بها دفع المشروع بعيدا عن سؤال الفاعلية، والذي يمكننا التعبير عنه بالسؤال التالي: كيف لمشروع الأسلمة أن ينتج معرفة فاعلة في المجتمع، أي ذات أثر تغييري.

٢) اعتمد الخطاب التأسيسي للأسلمة على نظريات نقد الفلسفة الوضعية في العلوم الاجتماعية على اعتبار كون المنهج العلمي المبني على الفلسفة الوضعية يتسم بالاختزالية. الا ان منطقية الربط بين " نقد المنهج الوضعي" والاتجاه نحو اسلمة العلوم يبدو متعسفا. حيث ان نقد المنهج الوضعي ليس حكرا على "الاسلاميين" بل ان الداعيين الى الاسلمة انفسهم قد استندوا الى النقد الغربي للوضعية ولم يبتكروه.

---

* محاضر في دائرة علم الاجتماع في جامعة بيرزيت.

٣) يمكننا اعتبار مشروع أسلمة العلوم الاجتماعية كمحاولة للاجابة على سؤال الموقف من الحداثة، الا ان هذه الاجابة لم تتجاوز الطابع التوفيقي( الإسلام-الحداثة).

أن التأسيس على "الهوية والاختلاف" - والاتساق معرفيا مع هذا التأسيس - يضع مشروع "اسلمة العلوم" أمام تحدي معرفي مركب يتمثل في تقديم نقد معرفي يتجاوز نقد الحداثة لنفسها ومن ثم انتاج معرفة مغايرة بناءا على هذا النقد. فيما أراه أن هذا التحدي يصعب الاجابة عليه بالاستناد للنموذج الارشادي السائد حاليا عند منظري اسلمة العلوم. إن اقصى ما يمكن ان يقدمه هذا النموذج هو نوع من "المعرفة الاثنية" التي تحتفي بها فلسفات ما بعد الحداثة.

أما فيما يتعلق بالاسلمة كمحاولة للاجابة على سؤال الحداثة، ففي اعتقادي أنه من العبث الالتفاف على الاجابة على سؤال الحداثة من خلال محاولة اسلمة المظاهر المختلفة للحداثة ومن ضمنها العلوم الاجتماعية. ولكن اذا ما تبنينا مقاربة للحداثة كصيرورة اجتماعية تاريخية فعندئذ تصبح مهمتنا التاريخية الكدح في سبيل انشاء حداثتنا، نحن الإسلامية، والتي تتأسس على الايمان "بالفاعلية الانسانية" التي تتحرك في خصوصيتنا التاريخية. وبهذا تتحدد علاقتنا مع الاخر وعلومه بمحدد الاشتراك بالخبرة الانسانية الناشئة عن فعل الانسان في التاريخ. وضمن هذه الرؤية تتجه فلسفة العلوم لدينا نحو البحث اللاهث لتشخيص امكانيات وتمكين الانسان من ممارسة فعله في التاريخ، وهذا يعني فيما يعنيه الابتعاد عن محاولات التنظير التأسيسي الشامل للعلم ، حينئذ تصبح اسلامية العلوم صفة تكتسبها العلوم من حقيقة كونها تمارس

المجتمعات الإسلامية فعلها المعرفي ومن التزامها بتحرير أرادة الفعل لدى الانسان. وتأسيسا على هذه الرؤية يمكننا تقديم قراءة لسوسيولوجيا شريعتي الاسلامية.

## علي شريعتي: نموذج مغاير في الأسلمة

على الرغم من كون الكتابات التي تناولت شريعتي تنحى نحو ابراز ما هو ايديولوجي وتهميش ما هو سوسيولوجي، يقدم لنا شريعتي نموذجا جديرا بالدراسة وخاصة بتقديمه نموذجا مغايرا يتجاوزالسائد في جدالات "أسلمة" و"اصالة" المعرفة. يتجاوز شريعتي التنظير العام السائد لاسلمة علم الاجتماع الى ما يمكن تسميته بالاسلمة بالفعل من خلال بلورة اولية لنظرية اسلامية في نقد الايديولوجيا للمجتمع الاسلامي ( الايراني في عصر الشاه تحديدا ), قبل الحديث عن المعالم الرئيسة في نظرية شريعتي النقدية، لا بد من التقديم لهذه النظرية من خلال التعرض لمفهومي علم الاجتماع و"العودة الى الذات" عند شريعتي.

### مفهوم علم الاجتماع عند شريعتي

لا يفرق شريعتي في مفهومه للسوسيولوجيا بين النشاط المعرفي لدراسة المجتمع من جهة والإلتزام الأيديولوجي والممارسة السياسية من جهة أخرى. فدراسة المجتمع عند شريعتي تهدف للوصول إلى تحقق الرؤية المثالية للمجتمع كما تقدمها المدرسة الفكرية (شريعتي ٢٠٠٤). ويورد شريعتي تأريخا للسوسيولوجيا في سياق نقده للإتجاه الوضعي في العلوم الإجتماعية، فسوسيولوجيا القرن التاسع عشر كانت ذات طابع أيديولوجي واضح، هذا الطابع بدأ يخبو وذلك مع تبلور الإتجاه العام الذي يدعو إلى الفصل ما بين الأيديولوجيا والعلم حيث تم

إبعاد السوسيولوجيا عن أي نوع من أنواع الإلتزام، وذلك من خلال تحديد لمجالها المعرفي والمتمثل في دراسة الحقائق دون الالتفات إلى الاحكام القيمية.

والسوسيولوجي الملتزم عند شريعتي لا يمكن أن يكون موضوعيا ومنفصلا شعوريا عن موضوع بحثه ودراسته، ويورد شريعتي المثال التالي لتوضيح رؤيته فيما يتعلق بالإلتزام عند السوسيولوجي، فعالم الإجتماع الباحث في السوسيولوجيا التاريخية وعند تحديده للتفاوت الطبقي موضوعا للدراسة، إذا ما وجد شواهد تاريخية على هذا التفاوت الطبقي فهذا يدعم رؤية المجتمع كساحة للصراع الطبقي، وإذا لم يجد مثل هذه الشواهد فانه يبرر وجود هذا التفاوت. فالأيديولوجيا مثل "النظارات" الملونة تمنح الإنسان/ العالم القدرة على رؤية جوانب معينة للمجتمع وتحجب عنه رؤية جوانب أخرى (شريعتي ٢٠٠٤).

هذا التأكيد على تخليص العلوم الإجتماعية من البعد الأيديولوجي، جعل هذه العلوم تتحول إلى اسكولستية جديدة بعيدة وغريبة عن النسيج المجتمعي وبعيدة عن حياة الناس، وغير قادرة على نقد الحاضر الإجتماعي، وبالتالي سلبت القدرة على المساعدة في تقديم حلول لمشكلات هذا العالم، وهذا بدوره تسبب في تراجع وعي الناس الإجتماعي الذي كان يمكنهم من تحديد  وفهم مسببات مآسيهم السابقة والحاضرة. وبالنتيجة أصبح الناس فرائس سهلة للتلاعب بعقولهم وخداعهم، وبهذا وتحت شعار "الموضوعية" تحول علماء الإجتماع والتاريخ لأدوات في أيدي القوى المسيطرة في المجتمع أعداء الناس، وبالتالي تحول العلم الحديث إلى خادم للرأسمالية، وتحول علم الإجتماع الحديث إلى الإكاديمية التي تمارس خلف الأبواب المغلقة بعيدا عن المجتمع، وأصبحت

السوسيولوجيا وسيلة لإشباع الرغبات النفسية للاساتذة، وتسلية للطلاب هذا في أحسن الاحوال وأما في أسوئها فالسوسيولوجيا شريكا كاملا عبر المؤسسات البحثية في خداع الجماهير في الممجتمعات الغربية ونهب الأمم في المجتمعات الشرقية (شريعتي ٢٠٠٤).

**العودة إلى الذات**

فكرة ومفهوم "العودة إلى الذات" عند شريعتي ذات أبعاد متعددة، فالسياق العام لهذه الفكرة هو العودة إلى الذات ضمن الفكر العالمثالثي المقاوم للإستعمار، وبالتحديد عند فرانتز فانون والتي تعرض لها في سياق تحليله لآليات السيطرة الشاملة للكولونيالية على المجتمع في البلاد المستعمرة. "فالكولونيالية لا تكتفي بالسيطرة على الحاضر وإنما تعمد إلى تشويه التراث والثقافة القومية للمجتمع، ومن ثم فإن العودة إلى الروح والثقافة القومية الوطنية هي إستراتيجية مضادة للفعل اللكولونيالي (Fanon 1963, 206). والمقصود بالثقافة الوطنية حسب فانون ليس الفولكلور ولا هو اكتشاف الطبيعة الحقيقية للشعب والناس، وانما هو سعي الناس الدائم لايجاد أنفسهم والحفاظ على هذا الوجود. (Fanon 1963, 233 ). ففانون يرى ان الثقافة الوطنية هي ذات معنى طالما تساهم في المجهود الثوري للشعوب المضطهدة للسعي نحو التحرر والتخلص من الإستعمار.

وأما بالنسبة للبعد المحلي للعودة إلى الذات، فشريعتي يستند إلى هذا المفهوم لتوجيه نقد للمثقفين الإيرانيين بالإشارة إلى نخبويتهم وعجزهم عن الإتصال والتواصل مع الجماهير بسبب بعدهم عن الشخصية التاريخية للمجتمع، والتي يمكن التوصل لمعرفتها إليها من خلال دراسة علم النفس الإجتماعي، ليس

للافراد، وإنما للمجتمع وهي تعني بالنسبة للمجتمع الإيراني الذات الدينية الاسلامية الشيعية(شريعتي ١٩٨٦، ٥). والعودة إلى الذات عند شريعتي ضرورة لإرجاع الدينامية الذاتية للمجتمعات التي وقعت وتقع تحت تأثير الإستعمار الذي سلبها القدرة على التوالد والإنفعال الداخلي (شريعتي ١٩٨٦، ٤٢). العودة إلى الذات عند شريعتي هي تعبير عن حاجة موضوعية وليست مجرد قضية قناعة أيديولوجية أو دينية فهي كما يقول شريعتي في تحديدها "منطلقي من الدين هو من نوع أنه يمكن لمفكر علماني أن ينطلق معي منه والفرق بيني وبينه أن منطلقي يعد إيمانا ومسؤولية إجتماعية، بينما يستطيع ذلك المفكر أن يشترك معي من موقع المسؤولية الإجتماعية فحسب" (شريعتي١٩٨٦، ٣٤).

## قراءة منهجية في نظرية نقد الأيديولوجيا عند شريعتي

### النقد الداخلي: كمنهجية للنقد الاجتماعي

يشير مفهوم "نقد الأيديولوجيا" الى الكشف عن آليات السيطرة وعلاقات الهيمنة التي تخفيها الأيديولوجيات-الثقافات المختلفة، هذه الآليات والعلاقات التي تظهر وكأنها عالمية أو محايدة، أو أنها تمثل الوضع الطبيعي أوالحالة التي "يجب ان تكون عليها الأمور". وهنا يبرز التساؤل: هل يمكن إعتبار كتابات شريعتي بمثابة نقد للأيديولوجيا السائدة في المجتمع الإيراني؟ إن شريعتي يرى أن بنية السيطرة الإجتماعية عبر التاريخ تتكون من ثلاثة مكونات هي: القوة (القمع)، والإقتصاد، والهيمنة الأيديولوجية التي إهتم شريعتي بها وبتحليلها حيث أطلق عليها مسمى "التسبيح"، هذا المسمى يرمز تحديدا إلى البعد الطقوسي للثقافة-الأيديولوجيا الدينية التي تنتجها المؤسسة الدينية التقليدية. و"التزوير" للدلالة على الوظيفة الأيديولوجية لهذه الثقافة والمتمثلة

بتزوير الحقائق والأمور وجعلها تبدو على غير حقيقتها أو تخفي هذه الحقيقة. وهذا البعد الأيديولوجي رأى فيه شريعتي دورا حاسما في استمرارية السلطة الإجتماعية. يقول شريعتي:

"تستطيع مجموعة ما وعن طريق القمع السيطرة على مجموعة أخرى، وتستولي هذه المجموعة على الإمتيازات الإقتصادية والقانونية والإجتماعية للمجتمع، ولكن من الصعب الحفاظ على هذه [ السيطرة على ] الإمتيازات ... وهنا يأتي دور **دين الشرك** للعمل على الحفاظ على هذا الوضع من خلال العمل على أخضاع الناس [ لقبول هذا الوضع ] من خلال الايمان بأن الواقع هو تعبير عن ارادة اللـه" (شريعتي ١٩٩٦، ٣٣).

**النقد الداخلي كمنهجية نقدية**

إن المعنى العام والاساسي للنقد الداخلي هو أستخدام فلسفة ما أو أيديولوجيا ما ضد نفسها من خلال الكشف عن الفجوة والتباين بين الأفكار المدعاة والمؤسسة لها مع وظيفتها الفعلية في إعادة إنتاج القهر والإستغلال، وهذا المعنى يمكن رؤيته وتشخيصه بوضوح في كتابات شريعتي وبالتحديد مفهومه للتشيع العلوي والتشيع الصفوي والدين ضد الدين وبشكل عام في كامل كتاباته النقدية والمتمثلة في تحليله لدور الدين كأيديولوجيا للهيمنة.

النقد الداخلي هو إستراتيجية لممارسة نقد الأيديولوجيا لأجل تحقيق التحرر الإنساني بحيث يتحول المجتمع الحالي إلى مجتمع يكون الإنسان فيه قادرا على إشباع حاجاته الحقيقية وقواه الكامنة. ومن أجل فهم آلية عمل النقد الداخلي يجب علينا ان نفهم أولا الجذور المعرفية التي تؤسس له والمتعلقة أساسا برفض المنهج الوضعي لدراسة المجتمعات، وبالتحديد رؤية المجتمع الإنساني على أنه مجموعة من الحقائق والأحداث والمؤسسات المنفصلة

بعضها عن بعض، وأن هذه الحقائق والمؤسسات الإجتماعية منفصلة عن معرفة ورؤية الناس لها، وكذلك على مستوى البعد المعرفي من حيث إعتبار المفاهيم المستخدمة في دراسة المجتمع مجرد أدوات نعرفها بالطريقة التي نراها مناسبة وكون المفاهيم المستخدمة في الدراسة وصفية بحته (التفريق بين الحقيقة والقيمة).

بناءا على رفض الوضعية كمنهجية للدراسة الإجتماعية، فإن النظرية النقدية ترى أن معرفة الحقائق الإجتماعية تتشكل إلى حد ما بالعقائد والمعارف والمعايير الموجودة في المجتمع، ولا يمكن الفصل بين الحقيقة الإجتماعية والقيمة المرتبطة بها(Geuss 1998). ومن هنا فإن المؤسسات الإجتماعية المختلفة (الدين مثلا) يجب رؤيتها ضمن علاقتها بنموذج مثالي لها (مفهوم) والذي تحاول هذه المؤسسة الاقتراب من تحقيقه للوصول إلى تحقيق الحياة الجيدة. وإكتشاف هذا المفهوم المثالي لا يتم إلا بجهد بنائي نظري معقد يتطلب من الباحث الدخول إلى تاريخ المؤسسة ودراسة وتحليل الطرق التي فهم بها الناس في الماضي هذه المؤسسة و الآمال والقيم التي إرتبطت بها وما آلت اليه هذه الآمال والقيم. وبالتالي فإن الناقد الإجتماعي يختار مفهوما لمؤسسة معينة ويحدده ومن ثم يصادم ويواجه المؤسسة كما هي موجودة الآن مع هذا المفهوم المثالي، ونتيجة لهذه المواجهة تظهر إنحرافات وفروقات ما بين الوقع والمفهوم المثالي ( Held ١٩٨٠).

إن شريعتي وبالاعتماد على نفس الاستراتيجية النقدية -ولكن ضمن سياق ثقافي مغاير تماما للسياق الثقافي للمجتمعات الرأسمالية المتطورة وهو السياق الثقافي للمجتمعات الإسلامية المابعد كولنيالية -يقوم بتحليل لآلية شرعنة السلطة والسيطرة على الإنسان في إيران تحت حكم رضا شاه بهلوي ويصل في تحليله

إلى أن التشيع المشوه والذي أسماه "التشيع الصفوي" هو المحور الأساس المشرعن لحالة السيطرة هذه، وبإستخدام لإستراتجية النقد الداخلي يفرق شريعتي بين هذا التشيع المرتبط بشرعنة السلطة والتشيع الحقيقي ("التشيع العلوي") الذي يحتوي على كل امكانيات السعي نحو العدالة والتحرر والمساواة الإجتماعية.

يمكن فهم رؤية شريعتي للدور الذي يلعبه التشيع كأيديولوجيا للهيمنة في المجتمع الإيراني بالرجوع إلى مفهوم التأويل النقدي. فالتأويل النقدي يضع المعاني والتفسيرات السائدة للتشيع موضع شك لأنها تلعب دورا أيديولوجيا سلبيا يتمثل بشرعنة للسيطرة والهيمنة، وبالرجوع إلى نشأة التشيع الأولى يقوم شريعتي ببناء نموذج مثالي ( بحثيا ومعياريا) للتشيع ويسميه التشيع العلوي، ومن المهم هنا التذكير بأن عملية بناء النموذج المثالي للتشيع هي عملية تركيبية -بنائية وسلبية: من حيث انه ليس المقصود بالبحث التاريخي ضمن استراتيجية النقد الداخلي البحث عن الحقيقة التاريخية كما يقوم به عالم التاريخ، وإنما البحث التاريخي بمعنى إستقصاء للمعاني التي أعطاها الناس للتشيع سابقا. وهي سلبية بمعنى أن النموذج المثالي للتشيع هو ما ينافي صفات التشيع الحاضر وليس تحديد لجوهر أو حقيقة التشيع، وهنا تكمن بنائيته.

يحلل شريعتي الأبعاد الإجتماعية-النفسية للثقافة الشيعية المسيطرة وذلك بإرتباطها بعلاقات القوة الإجتماعية وكونها تدخل ضمن نظام السيطرة الإجتماعية والسياسية، وهذا ما يجعل هذه الثقافة تلعب دورا أيديولوجيا واضحا. يعتبر شريعتي أن التشيع يقوم بهذا الدور بطريقة خفية وبدون أن يمكن الربط المباشر بين التشيع والسلطة والهيمنة. وهذا يتضح من تحليله لآلية عمل دين الشرك الذي يعرفه شريعتي بكونه الدين المشرعن والمتواطئ مع

الوضع القائم. فهو يلعب هذا الدور متخفيا بقناع التوحيد (شريعتي 1996). تتسق هذه الرؤية للوظيفة الأيديولوجية للتشيع عند شريعتي مع مفهوم الأيديولوجيا كنظام ثقافي يتكون أساسا من نظام من الرموز الثقافية التي تلعب دورا ذا طبيعة إدراكية أساسا: يعمل على مستوى رؤية العالم وتفسيره.

**"البراغماتية المعرفية التحررية"**

**كمهنجية في التعامل مع الفكر الحداثي**

يمكن فهم "البرغماتية المعرفية التحررية" كمنهجية للتفاعل مع الفكر الحداثي من خلال التركيز المنهجيات" في هذا الفكر، ولست أقصد بالمنهجيات هنا التقنيات البحثية، وإنما ما أعنيه بالمنهجيات هو الكيفية التي يتم وتم التوصل بها للنتائج الفكرية والنظرية في مقابل النتائج التي أدت اليها إعمال هذه المنهجيات في السياقات المختلفة، وهنا يمكننا توضيح ذلك بالفرق ما بين الإستعانة بمنهجية النقد الداخلي كمنهجية لنقد الأيديولوجيا في مجتمعاتنا وإستخدام مفاهيم من نوع "العقلانية الأداتية" لنقد هذه المجتمعات حيث أن مفهوم العقلانية الأداتية هو أحد مخرجات عملية النقد الداخلي للعقلانية في المجتمعات الغربية.

ولكن تبقى اشكالية مدى إمكانية الفصل ما بين المنهجيات والبيئة الفلسفية والأيديولوجية التي نشأت فيها هذه المنهجيات، وبالتالي مدى شرعية وفاعلية إستخدامها خارج هذه البيئة. وبالرجوع إلى أعمال شريعتي -والتي تحتل والمنهجيات الغربية الحداثية مركزا محوريا فيها- فإن طريقة تعامله مع هذه المنهجيات - الأيديولوجيات يمكن أن يساهم جدياً في التعامل الجدي والمبدع مع التراث ومكتسبات الحداثة معا، بإتجاه تفعيلهما

ومساهمتهما في قضية التحرر الإجتماعي والوطني. فالبنسبة للمكون الحداثي في فكر شريعتي فمنهجية تعامله مع كل من الفكر الماركسي والفلسفة الوجودية تتسم بسمتين أساسيتين:أولاهما أن شريعتي تفاعل مع هذه الأفكار بشكل نقدي، فقدم إنتقادات لمعالجة قضية الإستعمار عند الماركسية وانتقد مفهوم المعرفة البديهية في الفلسفة الوجودية، هذه النقدية التي يفتقدها الكثيرون في تفاعلهم مع الفكر الحداثي والتي كثيرا ما يتم التعامل معه بما يشبه آلية "القص واللصق". وأما السمة الثانية فتتعلق بإنتقائية شريعتي في تعامله مع الفكر الحداثي، فعلى الرغم من أن الإنتقائية الفكرية ينظر إليها في كثير من الأحيان بشكل سلبي، على إعتبار أنه من غير الشرعي سلخ المكونات الفكرية والفلسفية من سياقاتها لأن هذا يؤدي إلى تشويه معاني ومحتويات هذه المكونات، فإن هذه الإنتقائية عند شريعتي تحتكم إلى معيار يمكن تسميته "بالنفعية التحررية" حيث أن تحليل "التناص الأيديولوجي"-والذي أعني به شبكة الإستعارات الأيديولوجية-في أعمال شريعتي، يظهر إنتظام هذه الإستعارات حول مدى مساهمتها وقدرتها في بناء أيديولوجيا للتحرر المجتمعي بشكل أساسي، ومن هنا جاءت التسمية "البراغماتية المعرفية التحررية".

**الخاتمة**

لا معنى لمشروع معرفي اسلامي بدون مشروع ايديولوجي وسياسي تغييري، وبالتالي يجب اعادة التاكيد على الغاية التحررية من المشروع. ولا بد من الانتقال من التأسيس الشمولي لأسلمة المعرفة الى نظرة أكثر عملية في المشروع "سياسة المعرفة" أي التعامل مع الأفكار كاستراتجيات للمعرفة والعمل، هذه الرؤية

تتجلى بوضوح في سوسيولوجيا شريعتي النقدية. ومن هنا يمكننا – وبالرجوع الى التجربة النقدية لشريعتي– اعادة صياغة مبتكرة لثنائية البنية والفعل المزمنة في النظرية الاجتماعية، بحيث يتم دراسة البنية الاجتماعية بهدف تحديد وتشخيص مكامن الفعل الانساني ضمن البنية وهذا يعني التحرر من رؤية للبنية كحاجز امام الفعل الانساني التحرري.

## المراجع

شريعتي، علي

١٩٨٤. **النباهة والاستحمار**. بيروت: الدار العالمية للطبع والنشر والتوزيع.

١٩٨٦. **العودة إلى الذات**. القاهرة: الزهراء للاعلام العربي.

Fanon, Frantz. 1963. **The Wretched of the Earth**. Translated from the French by Constance Farrington. New York: Grove Press.

Geuss, Raymond. 1998. **"Critical Theory,"** in **Routledge Encyclopedia of Philosophy**. Edited by Craig Edward. New York: Routledge.

Held, David. 1980. **Introduction to Critical Theory**. Berkeley and Los Angeles: University of California Press.

Shariati, Ali. 1996. **Religion Aginst Religion.**. Chicage: ABC International Group.

Shariati, Ali. 2004. **Islamology** [online]. [accessed 10 Nov. 2006] . Available from World Wide Web: www.shariati.com/islamgy1.htm

# مكانة النساء في الديانات التوحيدية
## من المسؤولية عن الخطيئة الأولى إلى التبرئة

**أحمد أشقر***

تهدف هذه الدراسة إلى عرض وشرح مكانة النساء في عقائد الأديان التوحيدية، أي اليهودية والمسيحية والإسلام. وسوف نذكر النقاط التي تأتلف وتختلف العقائد فيها. بالرغم من كون موضوع بحثنا، هو مكانتهن في هذه العقائد، إلا أننا لكي نبرهن على ما تقول به كل عقيدة، سوف نقوم باستنطاق ثلاثة من مفكري العصر الوسيط لكي يشرح كل واحد منهم مكانة النساء في دينه. وكذلك الشريعة المستمدة من العقيدة، في عدة أمثلة لنعي تأثير العقيدة على الشريعة. وتعتبر هذه الدراسة دراسة تأصيلية لمكانة النساء في هذه العقائد. لذا سيكون اعتمادنا على المصادر الأولية: "التناخ" والعهد الجديد والقرآن، ثم على الآداب الكلاسيكية، التي من شأنها أن توضح ما بهم في المصادر الأولية. ولن نعتمد إلا بالقليل على المراجع المعاصرة. والهدف، هو تأصيل هذه الدراسة وليس نقاشا مع دراسات أخرى. فقد أنشأنا هذه الدراسة من منطلق علم الأديان المقارن، لكي ندلل على أن الأديان تنسجم انسجاما مع الواقع الذي تعايشه من خلال الصيرورة التاريخية؛ فما نراه في اليهودية يختلف بعض الشيء عما نراه في المسيحية، وما نراه في الإسلام يتعارض كلية مع ما نراه في اليهودية والمسيحية، كما ستكشف لنا صفحات هذا البحث.والعقيدة وفق ما يرد في المعجم الوسيط هي: "الحكم الذي لا يقبل الشك فيه لدى معتقده، وهي في الاصطلاح

---

* باحث في مقارنة الأديان.

الديني: ما يقصد به الاعتقاد دون العمل، كعقيدة وجود الـلـه، وبعثه الرسل".
تتوزع هذه الدراسة على الفصول الآتية:

## الأول- اليهودية: صوت واحد فقط

تعتبر الديانة اليهودية أولى الأديان التوحيدية من حيث النشأة التاريخية والفكرية. وبما أنها كذلك فإن صدى ما جاء فيها سوف نسمعه عاليا في المسيحية، رفضا عند يسوع المسيح وقبولا عند الرسول بولس، وصامتا متحديا في الإسلام.

يبدأ "التناخ" الحديث عن قصة خلق الكون والبرايا الأخرى كافة. ثم يخصص حيزا خاصا لقصة خلق بني الإنسان. فيطالعنا بقصتين مختلفتين عن كيفية خلق الإنسان، الرجل والمرأة (آدم) و(حوه). يقول في القصة الأولى: "وقال إلوهيم: "نعمل الإنسان على صورتنا كشبهنا، [...] على صورة إلوهيم خلقه ذكرا وأنثى خلقهما" **(تكوين ١: ٢٦- ٢٧)**. أما في القصة الثانية فإنه يقول: "فأوقع يهوه إلوهيم سباتا على آدم فنام، فأخذ واحدة من أضلاعه وملأ مكانها لحما. وبنى يهوه إلوهيم الضلع التي أخذها من آدم امرأة وأحضرها إلى آدم. فقال آدم: "هذه الآن عظم من عظامي ولحم من لحمي. هذه تدعى امرأة لأنها من امرء أخذت". **(تكوين ٢: ٢١- ٢٣)**. وبعدها قام (آدم) بتسمية زوجته "ودعا آدم اسم امرأته حوه لأنها أم كل حي" **(تكوين ٣: ٢٠)**.

النصان المذكوران يشيران إلى اختلافين جوهريين فيما بينهما: الأول- في القصة الأولى، الخالق، هو الإله (إلوهيم). وفي الثانية، الخالق، هو الإله (يهوه إلوهيم). والثاني- كان الإله (يهوه) قد خلق (آدم) و(حوه) معا في آن واحد، كما يرد في القصة

الأولى. أما في الثانية، فقد قام الإله (يهوه إلوهيم) بانتزاع ضلع من (آدم) وخلق منه امرأة له، دعاها (آدم) (حوه). نص ومنطق القصة الأولى يشير إلى مساواة تامة في عملية الخلق (والمكانة أيضا). إلا أن نص ومنطق القصة الثانية يصادر من المرأة والنساء مساواتهن بالرجال ويلحقهن كأجزاء من الرجال إلى سلطة الرجال. أي أنه صادر أيضا مكانتهن المتساوية. بهذا خطا "التناخ" خطوته الأولى في سبيل تفضيل الرجال على النساء في العقيدة. وانتهى "التناخ" إلى تحديد مكانة المرأة (حوه) محملا إياها مسئولية أكل (آدم) من شجرة الوعي قائلا: "فرأت المرأة أن الشجرة جيدة للأكل وأنها بهجة للعيون وأن الشجرة شهية للنظر. فأخذت من ثمرها وأكلت وأعطت رجلها أيضا معها فأكل. فانفتحت أعينهما وعلما أنهما عريانان" (تكوين ١: ٢٥)، لذا عاقبها قائلا: "تكثيرا أكثر أتعاب حبلك. بالوجع تلدين أولادا. وإلى رجلك يكون انقيادك وهو يسود عليها. وبعد أن أتم "التناخ" تحميل المرأة مسئولية الخطيئة الأولى وفقدان بني الإنسان الجنة، يأتي دور تحديد مكانتها الاجتماعية. أما ما جاء في إحدى الوصايا العشر، فإنه يستمر في مسخ إنسانية المرأة، وتحويلها جزءا من ممتلكات الرجل، بدليل قوله: "لا تشته بيت قريبك. لا تشته امرأة قريبك ولا عبده ولا أمته ولا ثوره ولا حماره ولا شيئا مما لقريبك" (**الخروج ٢٠: ١٧**). لأنه وضع المرأة في دائرة الممتلكات الخاصة، مثل الدواب والعبيد والإماء والأغراض الأخرى. لذا يحق للرجل بيع ابنته، كما جاء في "التناخ": "وإذا باع رجل ابنته أمة لا تخرج كما يخرج العبيد" (**الخروج ٢١: ٧**).

57

أما صاحب المزامير فيوسع مسؤولية المرأة بتحمل كل ما هو سلبي، إلى أن يصل إلى تحميلها مسؤولية الخطيئة الأولى، بدليل قوله: "إني في الإثم ولدت/ وفي الخطيئة حبلت بي أمي" **(مزمور ٥١ : ٧)**. ويؤكد يهوشع بن سيراخ ما جاء به صاحب المزامير، بدليل قوله: "من المرأة ابتدأت الخطيئة وبسببها نموت نحن أجمعون" **(ابن سيراخ: ٢٥: ٢٤)**.

وننهي محور حديثنا هذا، بالقول: حملت الديانة اليهودية المرأة/ النساء مسئولية الخطيئة الأولى، وهذا عمليا، هو قاعدة اللاهوت والفقه (العقيدة والشريعة) الخاصة بمكانة النساء في المجتمع والحياة العامة، وعلاقة الرجال بهم في اليهودية، كما سنرى.

## الثاني- المسيحية: صوتان مركزيان ومكانة خاصة لمريم العذراء

ينحدر كل من يسوع المسيح وبولس الرسول من اليهودية- حسب العهد الجديد. فقد ولد الأول لفتاة يهودية من غير زواج. ونشأ وترعرع في ظروف ترفضه وترفض أمه - هذا في المستوى الشخصي. أما في المستوى العام، فقد عاش وترعرع في بيئة يهودية تعتبر الرجال أسيادا والنساء عبيدا، وتؤيد الزواج الضرائري والعمل بالتجارة والربا وتكره الآخرين. أما شاؤول الطرسوسي (بولس الرسول) فقد نشأ في أسرة يهودية متدينة، وكان مريدا للرابي جملئيل، وكان متشددا جدا، ويذكر أنه كان يضطهد أتباع يسوع **(غلاطية ١: ١٢- ١٦ و١ تيموثاوس ١: ١٢- ١٦ وأعمال الرسل ٧: ٥٨- ٦٠ و٨: ١-٣ و٢٢: ٤- ٥)**. وكان تلميذا للرابي جملئيل **(أعمال الرسل ٢٢: ٣)**. وأراد الزواج من ابنة جملئيل فرفض الأخير. واعتنق المسيحية. ويعتبر بولس

مؤسس الديانة المسيحية ومنشئ الكنيسة. ومن هذه الخلفية سنأتي على قراءة فكر كل منهما وموقفه تجاه المرأة.

**يسوع: النساء مساويات للرجال**

لا يرد على لسانه كلمة واحدة عن قبوله أو رفضه قصة الخليقة، لأن شغله الشاغل كان اجتماعيا. أي تحدي المكون الاجتماعي الطبقي الظالم للفقراء والمعدمين والعبيد والنساء. وفي الحقيقة لا نسمع تصريحات فكرية كثيرة على لسانه. وكل ما نقرأه في الأناجيل هو نوادر وأحداث ميدانية، عبر عن أفكاره بواسطتها. وفي هذا المقام سنعرض بعض الأحداث والنوادر التي تلعب النساء دورا فيها، وموقف يسوع منها:

أولا: تحريم الزنا والتحرش الجنسي **(متى ٥: ٢٧- ٢٨).**

ثانيا: تحريم الطلاق **(متى ٥: ٣١- ٣٢).** فيها يتحدى حالات التعسف التي كان الرجال يمارسونها ضد النساء.

ثالثا: شفاء نساء مريضات. يخبرنا العهد الجديد أن يسوع قد أشفى ليس فقط رجالا، بل نساء أيضا: حماة بطرس **(متى ٨: ١٤- ١٧).** وابنة أحد الرؤساء **(متى ٩: ٨- ٢٥).** وحماة سمعان **(لوقا ١: ٢٩- ٣٤).** حماة بطرس **(يوحنا ١١ : ٤٤).** سواء قبلنا النص بحرفيته أو مجازيته، فإن المعنى واحد: للجميع، الرجال والنساء، خاصة المرضى، نفس المكانة في عقيدتي، ولا فضل لرجل على امرأة، أو سليم على مريض.

رابعا: تفضيل تبرع الأرملة بفلسين على تبرعات الأغنياء الكبيرة **(مرقس ١٢: ٤١- ٤٤).** واضح أنه يفضل المرأة الإنسان لإيمانها وتقواها، وليس لمكانتها الاجتماعية. وقد جاءت مقارنة المرأة الفقيرة مع الرجال الأغنياء، تأكيدا على أن جوهر عقيدته هو الإيمان والتقوى المعاديين للغنى والأغنياء.

خامسا: ظهور يسوع. يظهر لمريم المجدلية في اليوم الثالث لصلبه (**مرقس ١٦: ٩- ١١**). إن ظهور يسوع بعد صلبه ودفنه لامرأة، وليس لأحد من الرجال، معناه: للنساء أيضا مكانة مفضلة في العقيدة المسيحية.

سادسا: يغفر لامرأة خاطئة (**لوقا ٧: ٣٦- ٥٠**). معناه: لا يجب أن نقبل حكم الناموس (الشريعة اليهودية) على النساء الخاطئات، ولا عقابهن، وتفضيل الرجال عليهن مهما بلغوا من الغنى، بل يجب إعطاؤهن إمكانية التوبة والعودة إلى جادة الصواب.

سابعا: قبوله السامرية الخاطئة (**يوحنا ٤: ٥ - ٣٨**). تعتبر قصة يسوع مع المرأة السامرية من أهم القصص وأشدها بلاغة وعبرة. سواء قبلنا النص بحرفيته بأن لهذه المرأة كان خمسة أزواج، أي كانت متزوجة خمسة رجال، أو التفسير التأويلي الذي يقول أنها كانت من جماعة تعبد خمسة آلهة، فإن يسوع لم يتخذ موقفا سلبيا منها. بل قبلها كما هي، وطالبها بأن لا تخطئ مرة أخرى. بينما لم يقبل منطق جميع الرجال الذين استغربوا منه لأنه كلم وطلب أن يشرب منها. بهذا فضل إعطاءها إمكانية الخلاص على الإدانة. ويعتبر غفرانه لها وقبولها كما هي، تحولا كبيرا عما جاء باليهودية تجاه، ليس النساء، بل النساء الغريبات والخاطئات أيضا.

ثامنا: الغفران للمرأة الزانية (**يوحنا ٨: ١- ١١**). في هذه الحادثة يستمر يسوع بتخليص النساء من وطأة الناموس (الشريعة اليهودية)، برفضه رجم الزانية. وخلاصة القول: لم يعد لاتهام الرجال لنساء بالزنا معنى في عقيدتي الجديدة.

### بولس: المرأة مسئولة عن الخطيئة الأولى

من الواضح أن بولس كان عالما بقصة الخلق "التناخية" وفقهها وعقيدتها، فهو يهودي كان قد تتلمذ على أيدي الرابي (جملئيل) في القرن الأول. ومن الواضح أيضا أنه كان عالما جدا في تدرج العقاب الذي فرضه "التناخ" على المرأة/ (حوه) التي أغوت زوجها الرجل/ (آدم). لذا يقول أن الخطيئة دخلت إلى الإنسانية "بإنسان واحد دخلت الخطية إلى العالم وبالخطية الموت وهكذا اجتاز الموت إلى جميع الناس إذ أخطأ الجميع" **(رومية ٥: ١٢- ١٥)**. و"الإنسان الواحد"، كما يوضح لنا في رسالته الأولى إلى تموثاوس، فيقول: "لأن آدم جبل أولا ثم حوه، وآدم لم يغو لكن المرأة أغويت فحصلت في التعدي" **(١ تموثاوس ٢: ١٣- ١٤)**. والقول والموقف واضحان هنا: الخطيئة دخلت الجنس البشري بفعل معصية المرأة (حوه). نلاحظ أن بولس يضع مسؤولية الخطيئة الأولى ليس على (حوه) المرأة فقط، بل يضعها ضمن ثنائية الشر والخير؛ فالمرأة الشريرة يقابلها يسوع الرجل الخير كله.

### أربع نساء في نسب يسوع

يذكر العهد الجديد أربع نساء في نسب يسوع المسيح "الملوكي"، عدا أمه. يقول: "كتاب ميلاد يسوع المسيح ابن دود [...]، من ثمر. [...] رحب/ رحاب. وبعز ولد عوبيد من روث. وعوبيد ولد يشي. ويشي ولد دود الملك. ودود الملك ولد شلمه من التي لأوريه [بتشبع]. ويعقب ولد يوسف رجل مريم التي ولد منها يسوع الذي يدعى المسيح" **(مت ١ :١- ١٧ )**. والنساء المذكورات، حامت حولهن شبهات أخلاقية.. ظهورهن في سلسلة النسب "الملوكي"، يدل على حصة النساء اللواتي دارت حولهن

شبهات تعاقب عليها الشريعة اليهودية. ويدل أيضا نصيبهن بنسب الـ"المخلص". فنسب "المخلص"، هو من النساء المغضوب عليهن باليهودية، وعليه، يعج العهد الجديد نقلا عن يسوع بمحاولات حثيثة لإعادة الاعتبار لهن.

**مريم العذراء، المنعم عليها/ Kyckaretomen**

جاء في الأناجيل أن الملاك جبرائيل جاء إلى الفتاة مريم العزباء باختيار السماء/ اللـه لها، كي تحمل دون علاقة جنسية بولد، سيكون مخلصا للبشرية من واقعها المأساوي. وفعلا حملت وأنجبت يسوع المسيح، الذي تقرن الديانة المسيحية باسمه.. وقد وصفتها الأناجيل بأوصاف منفردة، تخصها هي دون غيرها من النساء: "ممتلئة نعمة / Kyckaretomen" **(لوقا١ :٢٨ و٤٢)**، و"مباركة بين النساء" **(لوقا١: ٢٨ و٤٢)**،و"امرأة" **(يوحنا٢: ٤ وغلاطية٤: ٤)**،و"أم ربي" **(لوقا١: ٤٣)**، و"التي آمنت" **(لوقا١ :٤٥)**،و"أم يسوع" **(مرقس٣: ٣١)**، و"أم المسيح" **(متى١ :٢١)** و"امرأة متسربلة بالشمس والقمر وتحت رجليها وعلى رأسها إكليل من أثني عشر كوكبا" **(رؤيا يوحنا١٢ :١)**. و الـ Kyckaretomen ، صفة لم ترد إلا مرة واحدة في العهد الجديد والحياة المسيحية، وخاصة بمريم دون غيرها من النساء.

في هذه الفصل نكون قد وقفنا على موقف كل من يسوع المنصف للنساء، وموقف بولس الظالم لهن.

## الثالث- الإسلام: صوت واحد، ومكانة خاصة لمريم العذراء

يعي القرآن ما جاء في "التناخ" (والعهد الجديد)، عن قصة خلق الإنسانية، وتحديدا خلق الرجل/ (آدم) قبل المرأة/ (حوه). ويعي أيضا المسؤولية بالخطيئة الأولى، التي ألقيت على المرأة/ النساء، جراء إغواء الشيطان/ إبليس للمرأة (حوه) وتحريضها زوجها (آدم) على تحدي إرادة اللـه، بالمفهوم الإسلامي. ويعي

أيضا مكانهن وعدم مساواتهن في العقيدة (والشريعة) في الكتابين المذكورين. ويعي أيضا مكانتهن في الآداب الخارجية اليهودية والمسيحية. لذا نراه يتوجه متحديا ما جاء في الكتابين وفي التراثين المذكورين.

يتحدث القرآن عن خلق البشرية دون تمييز بن الرجال والنساء (**سورة ص ٧١- ٧٢**). وبعد ذلك يوجه تحذيره للرجال والنساء دون تمييز (**سورة البقرة ٣٥**). والاثنان وقعا تحدت تأثير الشيطان (**سورة البقرة ٣٦**). و(**سورة طه ١١٥**). و(**سورة طه ١٢٠- ١٢٣**). والذي يتحدى إرادته لا بد من عقابه، وفعلا كان العقاب لكليهما بالتساوي (**سورة البقرة ٣٥- ٣٧**). فقد كان العقاب متساويا للاثنين دون تمييز الرجل على المرأة، ودون تحميلهما عبئا أبديا، كما هو الحال في "التناخ" والعهد الجديد.

ويستمر القرآن بتحديد محددات مكانتهما/ الرجل والمرأة، في أماكن ومواضع وأبواب عدة في القرآن. وهي:

يساوي بينهم في يوم القيامة: (**سورة الإسراء ٧١**). (**سورة الزلزلة: ١٧- ١٨**). ويساوي بينهما بالمغفرة (**سورة آل عمران ١٩٥**). وفي الثواب والعقاب أيضا (**سورة البقرة ١٧٩**)، و(**سورة النساء ١٢٤**)، و(**سورة النحل ٩٧**) و(**سورة غافر ٤٠**). والعقاب (**سورة المائدة ٤٥**)، و(**سورة النساء ٩٣**)، و(**سورة النور ٢**)، و(**سورة المائدة ٣٨**). والواجبات أيضا (**سورة التوبة ٧٢**) و(**سورة الأحزاب ٣٥**).

ويمكن إجمال مكانة الرجال والنساء المتساوية في العقيدة في الآيات الآتية: "كل نفس بما كسبت رهينة" (**سورة المدثر ٣٨**)، "والذين آمنوا واتبعتهم ذريتهم بإيمان ألحقنا بهم ذريتهم وما ألتناهم من عملهم من شيء كل امرئ بما كسب رهين" (**سورة الطور**

**٣١).** و"لا تزر وازرة وزر أخرى" **(سورة الإسراء ١٥، والأنعام ١٦٤، وفاطر ١٨، والزمر ٧ والنجم ٣٨).** إن تأكيد القرآن عل مسألة تحمل كل فرد مسؤوليته في عدة مواقع منه، هو تأكيد على تأصيل مبدأ المسؤولية الشخصية الفردية فقط- نعود ونكرر في العقيدة. وقطعا معرفيا وعقديا مع ما جاء به "التناخ"/ اليهودية والعهد الجديد/ المسيحية. وهو تبرئة تامة لا شك فيها للمرأة والنساء من مسؤولية الخطيئة الأصلية/ الأولى. هذه التبرئة، وهذه القطع سوف نتلمسه عندما نأتي على ذكر تطبيقات من الشريعة، نقارن بواسطتها مدى تأثير الخطيئة الأولى والمساواة في العقيدة على واقع النساء: مكانتهن في الشريعة.

**مريم العذراء، الصديقة**

يسمي القرآن سورة من سوره الـ١١٤ على اسم: مريم. ومريم، هي مريم العذراء والدة يسوع المسيح (في العهد الجديد). ومريم هو الاسم النسائي الوحيد المذكور في القرآن. وكان الـلـه قد أرسل ملاكه جبريل ليخبر مريم، الفتاة العزباء، عن اختياره لها كي تلد عيسى المسيح، آخر أنبياء بني إسرائيل، دون زواج أو علاقة جنسية **(سورة آل عمران:٤٢).** وثم يحدد مكانتها مؤكدا: "ما المسيح عيسى بن مريم إلا رسول قد خلت من قبله الرسل وأمه صديقة" **(سورة المائدة: ٧٥). والصفة،** "وأمه صديقة"، هي مفتاح فهمنا لفرادة وسمو مكانتها. فهذه الصفة وردت مرة واحدة في القرآن، وهي صفة خاصة بمريم فقط. والقرآن لا يذكر مثنى أو جمع لهذه الصفة: صديقة. و"الصديقة"، يعادلها في العهد الجديد والمسيحية الـ"المنعم عليها/ Kyckaretomen".

لاحظنا في هذا القسم من مداخلتنا مدى القطع المعرفي، بما يخص عقيدة ومبدأ مسؤولية المرأة/ النساء عن الخطيئة الأولى الأصلية، الذي أتمه القرآن/ الإسلام مع "التناخ"/ العهد القديم، والعهد الجديد/ المسيحية. فهذه العقيدة من شأنها أن تؤثر كثيرا على تحديد مكانتهن في الحياة العامة، كما سنرى عندما نجري بعض التطبيقات الشرعية.

## الرابع- مواقف ثلاثة مفكرين

في هذا الفصل اخترنا ثلاثة مفكرين واحد من كل دين لنستنطقهم بتحديد مكانة النساء خلال فهم كل واحد لدينه. وهم: أبو الوليد بن رشد (١١٢٦- ١١٩٨)، وموسى بن ميمون (١١٣٨- ١٢٠٤) وتوماس الأكويني (١٢٢٥- ١٢٧٤). اخترنا المفكرين الثلاثة المذكورين لسببين اثنين: أولها، عاش الثلاثة في فترات متقاربة جدا، العصر الوسيط. وثانيها- يعتبر الثلاثة الأبرز بين مفكري أتباع الديانات اليهمسلامية، ويقرن الثلاثة في سياق واحد باعتبارهم مجددين كل في دينه.

### أبو الوليد بن رشد

لم يخصص ابن رشد جهودا ومكانة خاصة في منطقه وفلسفته للنساء. بالطبع لم يكشف لنا عن سبب ذلك. ليس إهمالا لهن، بل العكس هو الصحيح كما يقول: [١٤٠] قلت: إن النساء من جهة **وأنهن نوع واحد [مع الرجال] في الغاية الإنسانية** (التشديد من عندي أ. أ)، فإنهن يشتركن وإياهم فيها [الأفعال الإنسانية] وإن اختلفن عنهم [عن الرجال] بعض الاختلاف [...]". ويضيف في كتابه، <u>الضروري في السياسة: مختصر كتاب السياسة لأفلاطون</u>، للحديث عن مكانة النساء في المجتمع والدولة المنشودين عنده. يقول: "[١٤١] فإذا ذلك كذلك، وكان طبع النساء والرجال طبعا

**واحدا في النوع** (التشديد من عندي/ أ. أ)، وكان الطبع الواحد بالنوع إنما يقصد به في المدينة العمل الواحد، فمن البين أن النساء يقمن في هذه المدينة بالأعمال نفسها، التي يقوم بها الرجال، إلا أنه بما أنهن أضعف منهم قد ينبغي أن يكلفن من الأعمال بأقلها مشقة". لذا "[١٣٩].. فيكون من بينهن محاربات وفيلسوفات وحاكمات وغير هذا [...]". ويؤكد بالقول: "[١٤٣].. ولا يمتنع أن يكون لذلك بينهن حكيمات وصاحبات رياسة [...]" (ابن رشد، ١٩٩٨: ١٢٣ - ١٢٦).

**موسى بن ميمون**

لم يتحرر ابن ميمون من عقيدة الخطيئة الأولى ومسؤولية المرأة/ (حوه) عنها. فقد ورد في تاج كتبه: دلالة الحائرين، الذي يعتبر أهم كتاب فكري كلامي (من علم الكلام) في تاريخ اليهودية ما يأتي: "ومما يجب أن تعلمه وتتنبه عليه كون الثعبان لم يباشر آدم [(آدم)] بوجه ولا كلمه. وإنما كانت محاورته ومباشرته لحواء [(حوه)] وبتوسط حواء [(حوه)]، تأذى آدم [(آدم)] وأهلكه الثعبان والعداوة الكاملة إنما هي حاصلة بين الثعبان وحواء [(حوه)] وبين ذريته، وذريتها. ولا شك أن ذريتها هي ذرية آدم [(آدم)]. وأغرب من هذا ارتباط الثعبان بحواء [(حوه)] أعني ذريته وذريتها في الرأس والعقب وكونها غالبة له في الرأس وهو غالب لها في العقب فهذا أيضا بين" (بن ميمون؛ ١٩٩٣: ٣٨٤). ويضيف: "وهم أجهل الناس وأضل سبيلا من البهايم [البهائم] وقد امتلت [امتلأت] أدمغتهم من عجايب [عجائب] وخرافات وخيالات فاسدة كالصبيان والنسوان [...]". أي أنه يعتبر النساء غير مكتملات عقلا ووعيا كالرجال، بل كالأطفال الذين لم يبلغوا بعد.

## توماس الأكويني

بقي الأكويني أمينا جدا على حرفية وروح "التناخ" والعهد الجديد، بتحميل المرأة/ (حوه) مسؤولية الخطيئة الأولى، وكأن ما "اقترفته" (حوه) حدث قبل لحظات، ولم تمر الإنسانية بثورات معرفية وأخلاقية كبيرة وعظيمة التأثير على عصره، بدليل قوله: "عصي الإنسان الله بسبب خطأ حواء ](حوه)] في الحكم على ما هو خير، وهو يحمل الآن في كل جيل وزر هذه الخطيئة الأولى"(**عند إمام؛ ١٩٩٦: ١٣٥**). **ويضيف:** ولا ينبغي أن يكون هناك شيء ناقص أو مشوه أو عيب في بداية الخلق، ومن ثم فإن المرأة ما كان ينبغي أن تخلق مع بداية خلق الكائنات. والثاني: خضوع المرأة وتقييدها إنما جاء نتيجة للخطيئة [...] ومن ثم فما كان ينبغي أن توجد المرأة في بداية خلق الكائنات قبل الخطيئة [على اعتبار أن الخطيئة قدرية لكي تمهد لمجيء يسوع المسيح]. والثالث: لأنها أغوت (آدم) بالتعدي على إرادة الله (**عند إمام؛ ١٩٩٦: ١٥٠- ١٥١**). ويحدد مكانتها مقارنة بالرجل قائلا: "الرجل أعلى من المرأة، كما أن السيد المسيح أعلى من الرجل. ومن الأمور الثابتة التي لا يمكن أن تتغير: أن مصير المرأة في الحياة خاضع لتأثير الرجل، ولا سلطان لها على سيدها". و"إن المرأة خاضعة للرجل لضعف طبيعتها الجسمية والعقلية معا. والرجل مبدأ المرأة ومنتهاها، كما أن الله مبدأ كل شيء ومنتهاه. وقد فرض الخضوع على المرأة عملا بقانون الطبيعة، أما العبد فليس ذلك. ويجب على الأبناء أن يحبوا آباءهم أكثر مما يحبون أمهاتهم" (**عند إمام: ص ١٣٥ و١٤٤**). ثم يحدد دورها المجتمعي قائلا: "إننا نحتاج إلى المرأة للمحافظة على الجنس البشري، ولإمدادنا بالطعام والشراب أيضا، وإن كان دورها الفريد الذي لا

نظير له إنما يوجد في الحمل، ما دامت الأهداف البشرية الأخرى يستطيع الرجل أن يقوم بها على نحو أفضل بمساعدة غيره من الرجال" (عند إمام: ص ١٤٦).

## الخامس- تطبيقات في الشريعة

في هذا الفصل من بحثنا سنقوم بعرض مقارن لخمس من القضايا الشرعية، من العام جدا إلى الخاص جدا، والتي تتراوح بين تقلد النساء مناصبا في الحياة العامة، وبين حقهن في المتعة الجنسية. ومن شأن هذه القضايا أن تعطينا فهما أوليا عن علاقة العقيدة بالشريعة. والقضايا هي:

### 1- تقلد المناصب في الحياة العامة

يعتبر تقلد النساء المناصب في الحياة العامة مقياسا لمدى علو أو انخفاض مكانتها في المجتمع. وعندما نتحدث عن المكانة، لا نقصد بها السياسية فقط، بل مدى حصتها في الثروة الوطنية العامة ومشاركتها الفعلية باتخاذ القرارات السياسية الاجتماعية، وتأثيرها ليس على بني جنسها من النساء، بل على كافة المستضعفين والمقهورين.

**أ- اليهودية:** أفتى ابن ميمون قائلا: "لا يقلدون امرأة في الملك الذي قيل عليك ولا ملكة، وأيضا كل مهام يسرءل لا يقلدون إلا رجلا". أي تمنع المرأة منعا باتا من الحضور في الحياة العامة.

**ب- المسيحية:** رغم التناقض الحاد بين موقفي يسوع المسيح والرسول بولس في تحديد مكانة النساء العقائدية، إلا أن الغلبة بالتالي كانت لبولس، عنده تقتفي المسيحية أثر اليهودية في هذه القضية. فبولس مؤسس المسيحية العملية، اعتبرهن تابعات للرجال، بدليل قوله: "أيتها النساء، اخضعن لرجالكن كما يليق في

الرب" (كولوسي ٣: ١٨). و"أيها النساء اخضعن لرجالكن كما للرب، لأن الرجل هو رأس المرأة كما أن المسيح أيضا رأس الكنيسة، وهو مخلص الجسد. لكن كما تخضع الكنيسة للمسيح، كذلك النساء لرجالهن في كل شيء" (إفسس ٥: ٢٢- ٢٤).

ج- **الإسلام:** لا يرد في القرآن أي نص يمنع النساء من تقلد المناصب العامة. فمنذ فجر الإسلام الأول اضطلعت المرأة بعدة مهام عامة. فقد كانت السيدة خديجة بنت خويلد الزوجة الأولى للنبي محمد تاجرة. وعمل محمد عندها قبل الدعوة الإسلامية وبعدها. وكانت السيدة خديجة وجها مجتمعيا لها دورها في الحياة العامة في المجتمع المكي. وشاركت النساء أيضا في الغزوات الإسلامية كافة مشاركة فعلية، سواء كمشجعات للمقاتلين وللدعوة الإسلامية عموما، كالخنساء الشاعرة. ومضمدات جراح أثناء المعارك. ولم يستثنين أيضا من القيام بمهام إيمانية عديدة. فالسيدة عائشة بنت أبي بكر، وفاطمة بنت محمد جمعتا القرآن مثل العديد من الرجال. وكانت كل من عائشة وفاطمة والعشرات من النسوة الأخريات من راويات الحديث الذي يعتبر المصدر الثاني للشريعة الإسلامية. وما تأكيد ابن رشد، "فيكون من بينهن محاربات وفيلسوفات وحاكمات وغير هذا". "ولا يمتنع أن يكون لذلك بينهن حكيمات وصاحبات رياسة"، إلا خير دليل على عدم المنع والسماح بتقلد جميع المناصب في الحياة العامة. وكذلك يجوز للمرأة أن تصبح إماما، وتؤم بالمصلين (**أشقر؛ ٢٠٠٥: ١٥- ٢١**).

باختصار: مكانة النساء واضحة جدا: بحسب الشريعة تحرم النساء اليهوديات والمسيحيات من تقلد المناصب في الحياة العامة. أما المسلمات فيحق لهن تقلد أي منصب. بالطبع تتقلد النساء

اليهوديات والمسيحيات المناصب العامة بفضل القوانين الوضعية وليس الشرعية.

**شهادة النساء في المحاكم**

**أ- اليهودية:** تحرم الشريعة اليهودية على النساء الشهادة في المحاكم. ويفتي يوسف قارو: "المرأة مرفوضة للحكم والشهادة".

**ب- المسيحية :** والمسيحية أيضا لا تتحدث عن منع أو إباحة شهادة النساء، إلا أني أعتقد أنها تحرم ذلك لنفس الأسباب التي تمنع النساء تولي النساء مناصب ووظائف في الحياة العامة. أمام القانون الكنسي/ Canon Law، الذي نشأ على أرضية القانون الروماني، فإنه يسمح للنساء الشهادة في حالات محددة، في الحالات التي من شأن شهادتها أن تسرع في الإجراءات القانونية، وعندما يغيب الشهود الرجال. ولا فرق بين طائفة وأخرى بهذه القضية.

**ج- الإسلام:** أما الإسلام فإنه يبيح شهادة النساء، شريطة أن تكون شهادة امرأتين تساوي شهادة رجل واحد، بدليل قول القرآن: "واستشهدوا شهيدين من رجالكم، فإن لم يكونا رجلين، فرجل وامرأتان ممن ترضون من الشهداء. أن تضل إحداهما فتذكر إحداهما الأخرى"**(البقرة ٢: ٢٨٢)**.

**الميراث والحرمان منه**

**أ- اليهودية:** جاء بصريح النص "التناخي" قال (يهوه) لـ(مشه): "وتقول لبني يسرءل: أيما رجل مات وليس له ابن تنقلون ملكه إلى ابنته. وإن لم تكن له ابنة تعطوا ملكه لإخوته. وإن لم يكن له إخوة تعطوا ملكه لأعمامه. وإن لم يكن لأبيه إخوة تعطوا ملكه لنسيبه الأقرب إليه من عشيرته فيرثه". فصارت لبني يسرءل فريضة قضاء كما أمر يهوه مشه" **(العدد ٢٧: ٨- ١١)**.

ب- **المسيحية:** أما الشريعة المسيحية فلم تتحدث أبدا عن حق النساء في الإرث. ولا تختلف طائفة عن أخرى بهذه المسألة.

## حق الأب بيع ابنته

أ- **اليهودية:** جاء في سفر الخروج ما يأتي: "وإذا باع رجل ابنته أمة لا تخرج كما يخرج العبيد" (الخروج ٢١: ٧). وقد اتفق الفقهاء أن عملية البيع يجب أن تتم قبل بلوغ البنت سن السابعة من عمرها. أما ابن ميمون فقد وضع شروطا قاسية جدا على عملية البيع هذه. فقال: "لا يحق للأب أن يبيع ابنته إلا إذا كان فقيرا ولم يبق لديه شيء لا أرض ولا منقولات ولا حتى ملابس تغطي جسده، وبعد ذلك [عندما يتحسن وضعه الاقتصادي] يلزم الأب بافتدائها، لأن ذلك [بقاءها مباعة] خلل في العائلة".

ب- **المسيحية:** أما المسيحية، فلم تتطرق لذلك أبدا. ولا يمكن نفي أن يكون أب مسيحي قد باع ابنته في فترة ما، ولكن يمكن القول أن سبب ذلك كان اجتماعيا بالأساس، كما هو الحال عند ابن ميمون.

ج- **الإسلام:** أما القرآن/ الإسلام فإنه يحرم بيع الآباء أبناءهم، لأنه يرفض أن يتحول الأحرار إلى عبيد. والإسلام، على الرغم من عدم تحريمه العبودية، فإنه شجع على تحرير العبيد، والتراث الإسلامي مليء بمثل هذه القصص والأحداث.

## النساء والمتعة الجنسية

أ- **اليهودية:** لقد حدد "التناخ"/ اليهودية وظيفة العلاقات الجنسية بين الرجال والنساء بقوله: "خلق ءلوهيم الإنسان على صورته. على صورة ءلوهيم خلقه. ذكرا وأنثى خلقهم. وباركهما ءلوهيم وقال لهما: "تناكحوا وتكاثروا واملأوا الأرض وأخضعوها

وتسلطوا على سمك البحر وعلى طير السماء وعلى كل حيوان يدب على الأرض" **(تكوين ١: ٢٧- ٢٨)**. وأطلقت اليهودية عنان خيالها للقدح بأخلاق وقدرات المرأة الجنسية. فتعتبرها شبقة جنسيا ولا حدود لشهوتها، "تريد المرأة قسطا (قليل من الغذاء) وتفاهات (حياة جنسية ممتعة) من تسعة أقساط وعشر عزوف (عن الحياة الجنسية)". ولذلك قيل: "لا تكثر الحديث مع المرأة، لأن كل حديث المرأة ليس إلا أعمالا فاجرة". لذا تعاقبها بعدم المتعة من العلاقات الجنسية التي ترغب بها، وتتحدث فقط عن حاجات الرجال. يقول ابن ميمون:"زوجة الرجل مباحة له، لذلك كل ما يرغب أن يفعل بها يفعل، يمارس الجنس معها، ويقبل كل عضو في جسدها الذي يريد، [يمارس الجنس معها كما يريد وليس كما تريد] وفقط أن لا يرمي بطبقة قليلة من المني عبثا".

بقي أن نضيف ما يأتي: وتعتبر اليهودية المرأة أنها ذات ميول شاذة ومرضية في ميولها الجنسية، لذا تمنعها من الجلوس في البيت دون عمل، "لأن العطالة تجلب الفجور [الجنسي]". وليس تجاه الرجال فقط، بل تجاه الحيوانات أيضا. يمنع التلمود البابلي النساء الأرامل من تربية الكلاب: "تمنع الأرملة من تربية كلب خشية أن تضطر لمضاجعته". ويؤكد موسى بن ميمون ذلك بالقول: "تمنع الأرملة من تربية كلب خشية [مضاجعته]". هذا الكلام لا يحتاج إلى شرح!

**ب-المسيحية:** تقف المسيحية موقفا محافظا جدا من العلاقات الجنسية. وقد حددتها في إطار الزواج الأحادي الأبدي. يقول الرسول بولس: "وأما ما كتبتم به إلي ، فيحسن بالرجل أن لا يمس المرأة ، ولكن، لتجنب الزنى، فليكن لكل رجل امرأته ولكل امرأة

زوجها، وليقض الزوج امرأته حقها، وكذلك المرأة حق زوجها. لا سلطة للمرأة على جسدها فإنما السلطة لزوجها، وكذلك الزوج لا سلطة له على جسده فإنما السلطة لامرأته. لا يمنع أحدكما الآخر إلا على اتفاق بينكما وإلى حين كي تتفرغا للصلاة، ثم عودا إلى الحياة الزوجية لئلا يجربكما الشيطان لقلة عفتكما.[...]. وأقول لغير المتزوجين والأرامل إنه يحسن بهم أن يظلوا مثلي [عزاب]. فإذا لم يطيقوا العفاف فليتزوجوا، فالزواج خير من التحرق" (١ كورنتوس ١- ٩).

ج- الإسلام: خصص الإسلام قطاعا لا بأس به للعلاقات الجنسية بين الزوجين والشريكين- أقصد الشريكين، غير المتزوجين- (سورة النساء ٣)، و(سورة النور ٣٢)، و(سورة النور ٢٥)."وأحل لكم ما وراء ذلكم أن تبتغوا بأموالكم محصنين غير مسافحين" (سورة النساء ٢٤). وينقل العلوي عن كتاب (تحف العقول) عن علي بن أبي طالب: "إذا أراد أحدكم أن يأتي أهله فلا يعاجلها وليمكث يكن منها مثل الذي يكون منه". وكذلك ينقل عن الغزالي: "إذا قضى وطره منها فليتمهل حتى تقضي هي أيضا نهمتها فإن إنزالها ربما يتأخر بتهييج شهوتها ثم القعود عنها إيذاء لها والاختلاف في طبع الإنزال يوجب التنافر إذا كان الزوج سابقا إلى الإنزال والتوافق ألذ عندها ليشتغل الرجل عنها فإنها ربما تستحي".

جاءت التطبيقات الشرعية التي عرضناها للتو تعبيرا صادقا جدا عن تأثير مبدأ وعقيدة الخطيئة الأولى الأصلية، على واقع النساء اليهوديات والمسيحيات. بينما بدا واضحا عدم تحميلهن تلك المسؤولية بالإسلام. صحيح أن الشريعة الإسلامية لم تساو بين الرجال والنساء، إلا أنها حسنت من وضعهن ومكانتهن مقارنة باليهودية والمسيحية.

## الخاتمة والنقاش

في الختام يتوجب علينا التصريح والإعلان عن بعض النتائج والقضايا الهامة التي توصلنا إليها.

**الأولى**- تتفق اليهودية والمسيحية على عقيدة تحميل المرأة مبدأ الخطيئة الأولى، التي نتج عنها خروج الإنسانية من الجنة، والنعيم الإلهي. وبكلمات أخرى: تعتبر اليهودية والمسيحية أن سبب شقاء الإنسانية وبؤس حياتها على الأرض، هو تمرد (المرأة/ حوه) على الإرادة الربانية، بتناول ثمار من "شجرة الوعي". والذي معناه: إن سبب شقاء الإنسانية، هو وعيها المستقل وتمردها على السلطة الزمنية والدينية، وعليه وجب القدح بها واضطهادها دوما.

**الثانية**- قطع الإسلام، قطعا معرفيا لا شك فيه أبدا، وواضحا جدا، وثابتا مع عقيدة الخطيئة الأولى الأصلية، التي شكلت العقيدة في تحديد مكانة النساء. واعتبر أعمال كل فرد، رجلا وامرأة، هي مسؤولية فردية، لا يشاركهما فيها أحد. ومبدأ المسؤولية الفردية، هو عملية ثورة في الفكر الإنساني، الذي ينظر إلى الفرد كذات مستقلة وواعية ومسؤولة عن أعمالها. فمنذ تلك الفترة لم يعد الرجال والنساء كتلتين اثنتين فقط أمام الله، ويحاسبها بمعايير وموازين مختلفة بحسب الجنس. بل أصبحت الإنسانية أفرادا يحاسب كل فرد منها وفق أعماله فقط.

**الثالثة**- يعتبر ظهور مريم العذراء، الفتاة اليهودية العذراء التي أنجبت المسيح دون علاقة جنسية أو زواج، في كل من المسيحية اليسوعية والإسلام وغيابها في اليهودية، رسالة بالغة الدلالة، ليس فقط تأكيدا على عملية القطع المعرفي، وليس فقط دليلا على قدرة الله غير المتناهية ومعجزاته المختلفة. بل يختلط فيها اللاهوت مع

الواقع المعيش، والرسالة هي: عندما قطعت المسيحية اليسوعية والإسلام من عقيدة الخطيئة الأولى الأصلية، تحدتا اليهودية وأعلتا من شأن امرأة إعلاء لم يصل أي من الرجال إليه. أي تقولان: لم تعد الخطيئة الأولى تلعب دورا في تحديد مكانة المرأة في الواقع المعيش واللاهوت. بل بإمكان المرأة أن تصبح "والدة الإله" ووالدة عيسى الذي سيعود إلى الأرض من أجل تخليص الإنسانية من واقعها المأساوي.

لم تبق صورة المرأة الفريدة حبيسة المعجزات، المتمثلة بمريم العذراء، كشخصية إيمانية فقط. بل تعداها الأمر عند المسلمين الشيعة، مقاربة امرأة حقيقية تاريخية، وهي فاطمة بنت النبي محمد وزوج علي بن أبي طالب، بمريم العذراء، أو مريم البتول. الأمر الذي يؤكد أهمية تحرير النساء من عقيدة الخطيئة الأولى، وتأثيرها على الواقع المعيش.

**الرابعة-** لاحظنا تأثير الإيمان/ العقيدة على الواقع المعيش، عندما عرضنا بعض الشرائع المقارنة. أي أن الإيمان ومهما بلغت غيبيته وقدمه بالتاريخ، فإنه ذو تأثير على الواقع المعيش، كما لاحظناها في بعض التطبيقات الشرعية.

# الافتراضات المتضمنة في النموذج
# التربوي الغربي

محمد شريف أبو معيلق[*]

## مقدمة

شهد النصف الثاني من القرن التاسع عشر بدايات النهضة العربية الحديثة، وقد اتجه رواد هذه النهضة منذ بداياتها الأولى إلى الحضارة الغربية ينهلون من علومها وحضارتها، ويعمدون إلى محاولة نقل تلك البذور وإعادة استنباتها في التربة الثقافية والحضارية العربية، وهو ما أدى إلى انقطاع التواصل الحضاري مع التراث في العديد من العلوم الاجتماعية والإنسانية، كما أدى من جهة أخرى إلى حالة من التبعية المعرفية والثقافية للعالم الغربي.

ويقدم د. فؤاد أبو حطب نموذجا لحالة استلاب ثقافي يشهدها أحد فروع العلوم الإنسانية وهو علم النفس، حيث يرى أن علم النفس في البلدان النامية يحيى وفقا للنظريات والأطر والمفاهيم والمصطلحات والتقنيات والأساليب التي يقدمها علم النفس الغربي، بدون وعي بالسياق الثقافي والاجتماعي للأفكار الأصلية، وهو ما أدى إلى اعتماد معرفي كامل على الغرب، وانقطاع الصلة بالتراث الثقافي وضعف الارتباط بين علم النفس في البلدان النامية وبين واقعه الثقافي والاجتماعي، وهو ما أدى لفقدانه أي هوية معرفية تخصصية[1].

---

[*] محاضر في جامعة القدس المفتوحة.

[1]. فؤاد أبو حطب، "علم النفس من منظور غير غربي"، **مستقبل التربية العربية**، القاهرة، المنظمة العربية للتربية والثقافة والعلوم، العدد الثامن، ديسمبر ١٩٩٦، ص٢٩-٣٣ (باللغة الانجليزية).

ويؤكد العديد من التربويين على أن علوم التربية تشهد حالة استلاب مماثل تنم عن قصور معرفي، وهو ما ينعكس في تغريب الفلسفات ومناهج البحث والقيم التربوية، وبالتالي يؤدي إلى ضعف العلاقة بين مشروعات التطوير التربوي وبين خطط التنمية في البلدان النامية، وهو ما ينعكس سلبا على نمو العلوم التربوية ذاتها أو مساعدة المؤسسات التربوية في خدمة مجتمعاتها[٢].

فالمعرفة - وبالتالي التعلم - لا تنفصل عن البناء الاجتماعي المنتج لها، ولا عن التراتب الطبقي في المجتمع، فالمعرفة هي منتج اجتماعي لمجتمع ما في ظروف تاريخية معينة تعكس اهتمامات وأولويات هذا المجتمع، وبالتالي فإن المحتوي المعرفي لعملية التربية يشير إلى التفضيلات الأيديولوجية لاتجاهات اجتماعية بعينها، فالعلم حين ينتقل من مجتمع متقدم إلي مجتمع نامي، فإنه لا ينتقل مجردا، بل ينتقل حاملا معه قيم واتجاهات حضارية خاصة بالمجتمع الذي أنتجه.

ويعتبر هذا المبدأ هو حجر الأساس في الدراسات التربوية المقارنة، والتي تخضع الظروف الاجتماعية والاقتصادية والسياسية والثقافية التي تشكل الظهير الثقافي لنظام التعليم، تخضعها للبحث بهدف الكشف عن إمكانية الاستفادة منه أو نقله من مجتمع إلى آخر.

---

[٢]. أنظر:

أ- سعيد إسماعيل علي، **فلسفات تربوية معاصرة**، الكويت، المجلس الوطني للثقافة والفنون والآداب، سلسلة عالم المعرفة،عدد ١٩٨، يونيو ١٩٩٥، ص١٦٣-١٦٤.

ب- يزيد عيسى السورطي، "التغريب الثقافي وانعكاساته التربوية والتعليمية في الوطن العربي"، **المجلة العربية للتربية**، القاهرة، المنظمة العربية للتربية والثقافة والعلوم، مجلد ٢٣، العدد الأول ص٥١-٨٠، يونيو٢٠٠٣، ص٧٢-٧٣.

إلا أن هذا البحث يتناول منحى مغاير لاتجاهات التربية المقارنة، فهو يفحص الافتراضات المشكلة للنموذج التربوي، أي تلك المبادئ أو البديهيات التي تقوم عليها النظرية التربوية، بهدف الكشف عن استحالة تحقيق الاستفادة المرجوة من نقل الخبرات والنظريات التعليمية، بدون تبني تلك الأطر النظرية التي تشكل أساسا لها.

وحينما نشير إلى النموذج التربوي الغربي، فإننا لا نعني نموذجا قوميا محددا، بل يتم استخدامه للدلالة على مجموعة العلوم التربوية والافتراضات الكامنة خلفها، والتي بدأت وتطورت من خلال الحضارة الغربية الحديثة، الذي يتم الترويج له باعتباره النموذج الأوحد الملائم لتحقيق التنمية المطلوبة في مجتمعنا، ويتم هذا الترويج تحت دعاوى العولمة أو التحديث أو التنمية وغيرها من المصطلحات، سواء من المنظمات فوق المستوى القومي (المؤسسات الدولية المعنية بشؤون التربية والثقافة) أو ما دون المستوى القومي (الجمعيات الأهلية ذات الخلفيات الثقافية الغربية) أو حتى من قبل بعض أجهزة الدولة المعنية بشؤون التعليم التي ترى في النموذج الغربي مثالا جديرا بالاحتذاء، أو تتبنى بعضا من مبادراته التربوية دون وعي بالأسس والمطلقات التي تأسس وفقا لها.

وبالتالي يتحدد الهدف الرئيسي للدراسة في إزاحة ما هو عرضي للتوصل لما هو جوهري ورئيسي لفهم ما يتم الترويج له كنماذج يمكن تطبيقها في فضاءاتنا التربوية، كبداية لمحاولة جدية وأصيلة لرسم مسارات تربوية أكثر تعبيرا وملاءمة لأسسنا وواقعنا الحضاري والتاريخي العربي-الإسلامي.

ولعله من قبيل الخطأ إنكار سيادة النموذج التربوي الغربي في العصر الحالي. ويعتقد الباحث أن هذه السيادة تعود لعاملين أساسيين يرتبط كل منهما بفترة تاريخية محددة:

١- ارتباط نظم التعليم الغربية الحديثة من حيث النشأة بالتنوير، وما أدت إليه الثورة الصناعية من تقدم ورخاء اقتصادي في المجتمعات الغربية، مما دفع الدول النامية - ومنها الدول العربية والإسلامية - في فترات التحرر إلى محاولة تبني الاتجاهات الأساسية لهذه النظم.

٢- سيطرة الحضارة الغربية على مؤسسات وتقنيات إنتاج وتدفق المعرفة والمعلومات في العصر الحالي، والترويج لنماذجها الاجتماعية والسياسية والاقتصادية - وبالتالي التربوية- باعتبارها النماذج الأكثر ملائمة - وربما الوحيدة- للموجة المعاصرة من تاريخ الحضارة الإنسانية.

ولذلك وقبل تناول النموذج التربوي الغربي يفضل الباحث الإشارة إلي الظروف الحضارية لتكون هذا النموذج.

## أولا- العلمانية والمطلق المادي.. التنوير والحداثة

يمكن القول أن الكلمة المفتاحية لفهم الثقافة الغربية الحديثة هي العلمانية، ولعل التعريف الأكثر ذيوعا لمفهوم العلمانية هو تعريف دائرة المعارف البريطانية لها بأنها "حركة اجتماعية تهدف لصرف الناس وتوجيه اهتمامهم بالآخرة، إلى الاهتمام بالحياة الدنيا وحدها"[3].

إلا أن هذا التعريف يبقى قاصرا عن توصيف العلمانية كحالة معرفية ناتجة عن ظروف حضارية بعينها، لذلك قد يكون من المفيد ربط المفهوم بنشأة وتطور الفكر الغربي الحديث.

---

[3]. http://www.britannica.com/eb/article-9066528/secularism

وتعد العلمانية أحدى النتائج الهامة التي تمخضت عن عصر التنوير،ولا يوجد تعريف واحد محدد لمفهوم التنوير، حيث أختلف تفسير التنوير كظاهرة حضارية وتاريخية من مكان إلى آخر داخل أوروبا ذاتها، إلا أنه يمكن القول أن الإيمان بالعقل الإنساني هو نقطة الالتقاء بين مفكري التنوير في القرن الثامن عشر.

"فالسمة الأساسية للتنوير هي الرغبة في حكم الشؤون الإنسانية بالعقل أكثر منها بواسطة الإيمان أو المعتقد، والاعتقاد بقدرة العقل الإنساني على تغيير المجتمع وتحرير الفرد من أعباء العادات أو السلطات التقليدية، في إطار رؤية جديدة للعالم تعتمد على العلم وحده"[4]، فالتنوير هو وحدة أو مشروع واحد يهدف للتحرر من سلطة الدين والعادات، والبحث عن الحرية والتقدم من خلال الاستخدام النقدي للعقل لتغيير علاقات الإنسان بذاته والمجتمع والكون[5].

وشكل هذا الإيمان بالإنسان ككائن عقلي مستقل عن أية قوى ميتافيزيقية المجتمع الإنساني في سائر نواحيه، وظهرت نظريات في السياسة والاقتصاد والقانون تؤكد على مكاسب الحرية النقدية التي فرضها الاستقلال العقلي، وساعد على ذلك التقدم والإنجازات الحديثة في مجال العلوم، فازدادت الثقة بالعقل الإنساني، واتخاذ العلم كوسيلة مضمونة لسبر أغوار الطبيعة وكشف أسرارها والسيطرة عليها[6].

---

[4]. Dorind Outram, **The Enlightenment**, Cambridge: Cambridge University Press,1996, p 3-4

[5]. George H.Mead, **Movements of Thought in The Nineteenth Century**, Chicago, University of Chicago Press, WD, p 17.

[6]. N. Hampson, **The Enlightenment and its Assumption:Atitudes and Valus**, New York: Penguin Books,1974, p 37.

وانعكست هذه الروح أولا في مجال السياسة، حيث تحددت العلاقة بين التنوير والدولة كرد فعل للصراعات الدينية في القرنين السابقين، ومكنت حركة الإصلاح الديني الأفراد والجماعات من نقد النظم الاجتماعية والقوانين القائمة على الإيمان، و أنتجت نظاما متحللا من الدين عبر أوروبا، فانتهت السيطرة المزدوجة للكنيسة والملك باعتباره حقا إلهيا، وأصبح المبدأ هو سيادة الشعب أو حكم الشعب لنفسه، "وتمت صياغة الدساتير وفقا للمبادئ العقلية المستقلة واعتبر الفرد هو وحدة مستقلة لها حقوقها وواجباتها باعتباره مواطنا بغض النظر عن أي انتماءات عرقية أو طبقية أو دينية"[7].

وأدت هذه التغيرات السياسية إلى انقلاب في البنية الاجتماعية للمجتمعات الأوروبية، حيث أدى انهيار النظام الملكي – الكنسي لانهيار مماثل في الطبقات الإقطاعية صاحبه صعود للطبقات البرجوازية من أصحاب رأس المال ولمثقفي الطبقات الوسطى، والتي أدى تنقلها من مكان إلى آخر داخل أوروبا وحصولها على وظائف هامة بالدولة ونظم التعليم إلى تشكيل تيار طاغي من الفكر سيطر على البرامج الإصلاحية والاقتصادية والاجتماعية في مناطق واسعة من أوروبا[8]، "وتمت عقلنه الحياة الاجتماعية والاقتصادية كمجال للإدارة في سبيل ملاقاة حاجات المجتمع والدول الناشئة"[9].

[7] . Lucien Goldmann, **The Philosophy of Enlightenment**, Transl: Henry Maas, London: Routledge & Kegan Paul, 1993, p 65.

[8] . See:

    a-    Dorind Outram, **Op.Cit** , p103.

    b-    Lucien Goldmann, **Op.Cit** , p 54

[9] . Dorind Outram. **Op.Cit**, P103.

وشكلت الفردية الليبرالية أساسا للاقتصاد الأوروبي، فساد مبدأ التحرر الاقتصادي للفرد من الخضوع للدولة كأساس للتقدم، أصبحت حرية العمل والاستثمار وتنقل رأس المال هي أهم معالم الحياة الاقتصادية في تلك الفترة.

وأدت كل هذه التغيرات إلى الإيمان بالتقدم الاجتماعي والتفاؤلية المفرطة بشأن المستقبل البشري المدعوم بالآلة "والذي كان نوعا من الإيمان الطوباوي بالمستقبل، غير المتصل مع الحاضر الذي هو ماض بالنسبة له، وأصبحت الأشياء صحيحة بالصورة التي ستصبح عليها في المستقبل"[10].

ولم تكن هذه التفاؤلية التي سادت معظم الفكر الأوروبي حتى نهاية القرن الثامن عشر لتستمر كثيرا في القرن التاسع عشر، حيث فقدت الكثير من مقوماتها بسبب عدة عوامل، وأول تلك العوامل وأهمها هو الثورة الفرنسية، فلقد نظر المفكرون الأوروبيون للثورة الفرنسية في بادئ الأمر كتجسيد لقيم التنوير السياسية والاجتماعية، وأصبحت الثورة الفرنسية نموذجا للتحرر من المعتقدات والنظم التقليدية، "إلا أن النتائج جاءت مخالفة للمأمول منها، فحكم الشعب تحول إلى حكم الإرهاب والعنف، قبل أن تنتهي إلى الديكتاتورية المطلقة التي أسسها نابليون"[11]، وتحولت أوروبا كلها إلى مسرح للحرب بين جيوش نابليون وجيوش الحلف المقدس، والتي انتهت بعودة الملكية مرة أخرى إلى فرنسا، بعد أن

[10]. Geoffrey Clive, **The Romantic Enlightenment**, New York, Meridian Books INC, 1960, p32.

[11]. Rudolph Vierhaus,"Progress:The Heritage of The Enlightenment"In:James Schmidt (Ed in Brief), **What is Enlightenment**, pp 330-342, Berkeley, University of California State Press, 1996, p 330.

قضت على ملايين الرجال، وتركت ملايين الأفدنة من الأراضي مهملة، وخلفت آثار الخراب في معظم أوروبا، "أما الآلة التي اعتبرت عماد التقدم الحضاري وتحسين مستقبل البشرية فقد حولت مئات الآلاف من العمال إلى عبيد في المدن الصناعية في أوروبا، في أسوأ ظروف بيئية واجتماعية"[١٢].

وإزاء هذه التطورات ، لم تعد لروح التفاؤل التنويري وجود حقيقي، "وتحول التشاؤم إلى فكرة ثابتة لدى الشعراء والفلاسفة والمفكرين في مطلع القرن التاسع عشر، وبدا أن الازدهار الرائع في حياة الإنسانية قد توقف واتجه في طريق الانحدار"[١٣] وظهرت حركة جديدة في الفكر تستلهم الطبيعة وتنادي بالرجوع إلى الماضي. وكرد فعل طبيعي تمخض عصر التنوير عن الحركة الرومانتيكية، وانتقلت الأفكار الرومانتيكية من ألمانيا إلى باقي الدول في أوروبا، لتستبدل الفردية بالخضوع لسلطات الدولة والكنيسة، وتستبدل النظرة للمستقبل بالنظر إلى الماضي، والقضاء على الحدود بين عالم العقل المجرد وعالم التجربة، وبين الإنسان والطبيعة.

وشهد النصف الثاني من القرن التاسع عشر بصورة عامة انحسار تيار الفكر الرومانتيكي، لوجود العديد من الاتجاهات الفكرية الجديدة التي لم يستطع أن يحتويها، مثل مذهب المنفعة الإنجليزي والوضعيين الفرنسيين، والهيجليين الجدد والليبراليين والاشتراكيين في كل أوروبا، وقد حملت هذه الاتجاهات خصائص التنوير إلى القرن التاسع عشر، بصور ودرجات مختلفة، لعدة

---

12 . **Ibid**, p 332.

١٣. السيد شعبان حسين، **فكرة الإرادة عند شوبنهاور**، بيروت: دار التنوير للطباعة والنشر،١٩٩٣، ص ١٥.

خصائص تختلف مع الأفكار الأساسية للفكر التنويري، وهي (القومية، العرقية، التطور):

**أولا- القومية**: حيث أصبحت القومية قوة فاعلة في السياسة الأوروبية بعد الثورة الفرنسية ١٧٨٩، واحتل مفهوم الذات القومية مكانه هامة، ويرجع هذا المفهوم في الأساس للفكر الرومانتيكي في مطلع القرن التاسع عشر[١٤]، وأدت انتصارات نابليون وسيادة الأمة والثقافة الفرنسية إلى إعطاء دفعة قوية لفكرة القومية، خصوصا مع انهيار المؤسسات القديمة المسيطرة على المجتمع وظهور قوة الإرادة الشعبية[١٥]، وقد بلغت الدعوة إلى النهضة والوحدة القومية ذروتها على يد فشته Fichte (١٧٦٢-١٨١٤) في خطبته ( نداء إلى الأمة الألمانية) ١٨٠٧، ثم انتقلت الفكرة إلى التيارات الأخرى عن طريق هيجل G.F.Hegel (١٧٧٠-١٨٣١)، والذي أشار للدولة باعتبارها تجسيدا للروح المطلق ، أي أن الدولة بمفهومها الحديث أصبحت تحل محل الإله باعتبارها محل التقديس والتنزيه، كمرجعية غير متجاوزة للإنسان الحديث.

**ثانيا- العرقية**: وبعكس التنوير في القرن الثامن عشر، فقد عكس التنوير الجديد بصورة قوية تمركزا أكبر حول القارة الأوروبية، وظهر ذلك بقوة في الافتراضات العامة عن تفوق الحضارة الأوروبية على باقي حضارات العالم مدعومة بالنزعة الإمبريالية والسيطرة العسكرية، "حتى أن التاريخ العالمي في هذه المرحلة لم يعن أكثر من تاريخ القوى والأقاليم الأوروبية"[١٦].

---

14 .Urlish Im Hof, **The Enlightenment** ,Transl:William Yuill,Oxford:Black Wall Publusher, 1997, p 283

15 .George H.Mead, **Op. Cit**, p 56.

١٦. فرانكلين ل.باومر، **الفكر الأوروبي الحديث:الاتصال والانقطاع في الأفكار**، الجزء الثالث:القرن التاسع عشر، القاهرة:الهيئة المصرية العامة للكتاب ،١٩٨٩ ص ٨٢.

**ثالثا- التطور:** ورغم المقاومة التي شهدتها حركة التطور الداروينية في البداية إلا أنها سرعان ما سادت وأصبحت روح القرن، وامتدت من تفسيرها الأحيائي إلى تفسير الكون والمجتمع والدولة والأخلاق[١٧]، وذلك بسبب التقدم الاقتصادي التقني وتطبيق المعرفة العلمية والاستثمارات الموجهة لرأس المال، مما دعم رؤية إمكان تطور المجتمع بصورة مشابهة لتطور الجسم البشري، " فلم يعد التاريخ يعرض مجرد أمثلة للتقدم وإنما التقدم بمعنى التغير للأفضل، أي فكرة التاريخ كخط منحنى أو تقدم على هيئة مدار دائري"[١٨].

وكان التأثير الأهم للتنوير على القرن التاسع عشر هو التأكيد على التجربة كقانون للعقل في فحصه للحقيقة والمعرفة، وكذلك على التحول من التعليم التقليدي إلى التعليم الوضعي القائم على تحقيق احتياجات البشر في المجتمع، كما قدمت أرضية صالحة لإعادة تنظيم المجتمع وفقا لأسس علمية[١٩].

ولم تفسح هذه التيارات الفكرية الجديدة لنمو العلم فحسب، بل حتى تحويل كل شيء بما في ذلك المجالات الإنسانية إلى علم، وهكذا سعى كونت E.Conte لخلق علم جديد للاجتماع أو فيزياء اجتماعية، وإنشاء لاهوت جديد مناسب للعصر (ارنست رينان E.Renane) واشتراكية علمية ( كارل ماركس K.Marx) وعلم للطبيعة البشرية (جون ستيوارت مل J.S.Mill) وحتى أدب محكم بالعلم ( إميل زولا E.Zola)[٢٠]، وقد قدم التنوير الجديد بذلك دفعة قوية لاتجاه كان ملحوظا بالفعل في التنوير في القرن السابق عليه.

---

[١٧]. **المرجع السابق**، ص ١١٥-١١٦.

[18]. Henry D.Aiken, **Op.Cit**, pp 134-135.

[١٩]. فرانكلين ل.باومر،**مرجع سابق** ، ص ٥٥.

[٢٠]. **المرجع السابق** ، ص ٦٤.

كما أدت الوضعية والأفكار الآلية والحتمية إلى تشديد الهجوم على الدين المسيحي باعتباره إيمانا بغيبيات لا يمكن التأكد منها، إلا انه على الجانب الآخر كان هناك تقدير للدين من حيث نفعه الاجتماعي، فظهرت عدة محاولات لابتكار دين جديد يجمع في الوقت ذاته بين المصداقية العلمية وإشباع الرغبة السيكولوجية والنفع الاجتماعي، "وهكذا أصبح المجتمع الإنساني كأساس للحكم الأخلاقي ومبدأ لتقييم السلوك أكثر من كونه موضوعا للدراسة"[٢١].

وظهر في ألمانيا في النصف الثاني من القرن التاسع عشر- تيار فكري مادي جديد متأثرا بشكل عام بالنزعات الوضعية والتجريبية عند الفلاسفة الإنجليز والفرنسيين والنظرية التطورية الداروينية[٢٢]، وشكل أوج هذه النزعة المادية الألمانية الفيلسوف فردريش لانجه Friedrich Lange (1828-1875) وكتابه "تاريخ المادية" History of Materialism، الذي نادى فيه بأن التفكير المادي هو وحده التفكير الحقيقي والذي يجب أن يتم دفعه إلى أقصى حدوده وتطبيقه على جميع مجالات الحياة، ليترجم العالم بأسره إلى سلسلة من العلل والأسباب[٢٣].

ويرى لانجه أن هذا الشك في بناء نسق إدراكي قائم على المعطيات الحسية لا يشير إلى الشك في إمكانية المعرفة ذاتها، وإنما في إقامة أي نسق معرفي يتجاوز حدود العلم المادي الطبيعي.

٢١. آلان تورين، **نقد الحداثة**، ت: أنور مغيث ، القاهرة: المجلس الأعلى للثقافة، المشروع القومي للترجمة،١٩٩٧، ص ٣٧.

22 .Harald Höffding, **A History of Modern Philosophy**,Transl:B.E.Meyer, Dover:Dover Publication INC,1955, Vol II, p 491.

23 .**Ibid**, p 455.

وبناء على العرض السابق نرى أن العلمانية –من حيث المفهوم لا المصطلح- انتهت للاستغناء ليس فقط عن سلطة الدين، ولكن عن كل ما هو مفارق أو متعالي عن الطبيعة المادية البشرية، واستبدال المطلق الإلهي بمطلق مادي عقلاني بديل، وهو ما شكل أساسا للحضارة الغربية المعاصرة.

ويتفق هذا العرض مع الرؤية التي يقدمها عبد الوهاب المسيري للعلمانية الشاملة بأنها "رؤية شاملة للعالم ذات بعد معرفي غائي ونهائي، تحاول بكل صرامة تحديد (تقنين) علاقة الدين والماورائيات، وهي رؤية عقلانية مادية تدور في إطار المرجعية الكامنة والواحدية المادية، وأن العالم بأسره مكون من مادة واحدة لا قداسة لها، في حالة حركة دائمة لا غاية لها ولا هدف، ولا تكترث بالخصوصيات أو التفرد أو المطلقات أو الثوابت، هذه الرؤية الواحدية المادية تنطبق على كل من الطبيعة والإنسان"[٢٤].

وقد أدت هذه الرؤية العلمانية لمجالات الحياة الإنسانية إلى إنتاج منظومات فرعية ذات طبيعة مادية في مجالات المعرفة والأخلاق والتاريخ ورؤية الإنسان والدين، وقد أثرت هذه المنظومات على الجوانب المختلفة للنموذج التربوي الغربي، وهذه التأثيرات هي محور الجزء القادم من الدراسة.

## ثانيا- أسس النموذج التربوي الغربي

وفقا للعرض السابق يمكن الوصول لصياغة مفاهيمية غربية لعملية التربية من خلال القراءة العلمانية المادية لها، وترتكز هذه القراءة على عدد من الأسس أهمها:

---

٢٤. عبد الوهاب المسيري، "العلمانية الشاملة والعلمانية الجزئية"، المجلد الأول، القاهرة ، دار الشروق، ط٢، ٢٠٠٥، ص ص ٢٢٠-٢٢١.

### ١- التربية والاقتصاد: الإنسان ذو البعد الواحد

تؤدي سيادة النظرة المادية على الرؤية إلى أسبقية المكون المادي على غيره من المكونات في تفسير الطبيعة الإنسانية، فالإنسان بحسب هذه الرؤية هو بالأساس إنسان اقتصادي، وهو ما يعرفه ماركوس H.Marcus بـ"الإنسان ذي البعد الواحد"، وهذا البعد الواحد هو البعد الاقتصادي، الإنسان كمنتج/مستهلك.

وبحسب ماركوس، فالإنسان ذو البعد الواحد هو ثمرة الحضارة الغربية المادية، ونتيجة لسيطرة الفكر المادي الاقتصادي وسيادته على الجوانب المختلفة للمجتمع[٢٥]، ويستمد الإنسان أهميته في ضوء هذه الرؤية من خلال كونه منتجا أي مساهما في تعظيم الثروة المادية للمجتمع، أو مستهلكا يغذي آليات الإنتاج ويدعم بقاءها من خلال استهلاكه لمنتجاتها، وتصبح سائر الجوانب الإنسانية الأخرى تابعة لهذا البعد المادي الاقتصادي، (ويؤدي ذلك إلى سيادة نمط اقتصادي للايدولوجيا بديل عن الايدولوجيا الدينية أي ايدولوجيا يتمثل العامل المسيطر عليها في هيمنة الأبعاد الاقتصادية، وتجريد المجتمع من غائيته)[٢٦].

ويسيطر هذا البعد الاقتصادي المادي على رؤية وتفسير التربية، وتصبح التربية هي "صناعة المستقبل"، ويتحول التعليم إلى نظام فرعي للنظام الاقتصادي ومجال دراسة خصب

---

٢٥. آرثر هيرمان، **فكرة الاضمحلال في الفكر الغربي**، ت: طلعت الشايب، القاهرة، المجلس الأعلى للثقافة، ٢٠٠٠، ص ٣٨٩.

٢٦. شبل بدران،حسن البيلاوي، كمال نجيب، "**التنمية الثقافية والتنوير**"، القاهرة، دار قباء للطبع والنشر، ٢٠٠٣، ص ٧١.

للاقتصاديين، وتسود مفاهيم رئيسية مثل الاستثمار في رأس المال البشري، وتنصب الدراسات تبعا لذلك على كشف العلاقات بين الإنفاق على التعليم والنمو الاقتصادي.

وهو ما يؤكده العديد من الباحثين في هذا المجال، "للاستثمار في التعليم علاقة ايجابية بالنمو الاقتصادي من حيث تكوين المهارات والقدرات البشرية المؤدية إلى تحسين إنتاجية العمل، وبالتالي زيادة معدلات الإنتاج"[٢٧]، وبالتالي يتحول عائد الاستثمار إلى جانبه البشري أكثر منه إلى جوانبه المادية، لما يمكنه من تحقيق أرباح هي بالأساس اقتصادية بحتة.

"ويعد استثمار الإنسان في نفسه – طبقا لعلماء الاقتصاد- محصلة لقرارات سليمة ومتفائلة، وذلك من منطلق تقديرات القيمة الحالية المحتملة لموارد الدخل البديلة على امتداد الحياة، إلا أن هذا الاستثمار يثير بعض القضايا غير المثارة أصلا في مجال رأس المال المادي، فهناك جانب استهلاكي في التعليم يمكن تمييزه عن الجانب الاستثماري، غير أنه لا يوجد خط فاصل بين المجالين"[٢٨]، ويشير هذا الجانب الاستهلاكي إلى ما يمكن للتربية أن تقدمه من جوانب قيمية وثقافية وإنسانية بحتة، قد لا تتعارض في النهاية مع الاستثمار في مجال التعليم، إلا أنها تعتبر "هدرا" لجزء من العائد الاقتصادي لعملية التربية.

ويتناول هذا المنحى الاقتصادي المادي التعليم باعتباره خط إنتاج يساعد على إمداد سوق العمل بالقوى البشرية اللازمة.

---

[٢٧]. حامد عمار، **"من همومنا الثقافية والتربوية"**، القاهرة، مكتبة الدار العربية للكتاب، ١٩٩٥، ص ٦٤.

[٢٨]. منذر الشرع، "الاستثمار في رأس المال البشري:مدخل التكاليف والأرباح"، في **"ندوة التعليم والعالم العربي: تحديات الألفية الثالثة"**، أبو ظبي، مركز الإمارات للدراسات والبحوث الإستراتيجية، ٢٠٠٠، ص ١١٣.

وبالتالي يعد الحديث عن حق الفرد الإنساني في الحصول على قدر مناسب من التربية، وكذلك دور التربية في الحفاظ على التراث الإنساني وتطويره، هو من قبيل الجانب الاستهلاكي الذي يبدو أنه لا يمكن تجنبه، ويبقى المحور الأساسي لهذه الرؤية هو العوائد الكمية لعملية التعليم وكيفية تعظيم فوائدها الاقتصادية.

وتؤدي العولمة وما تفرضه من قوانين السوق إلى فرض مزيد من القيود والضوابط الاقتصادية لعملية التعليم، حيث يصبح الاستثمار في مجال القوى البشرية مجال دقيق وحساس، وتطبيق مباشر لقوانين السوق الرأسمالية على المستوى المجتمعي والفردي.

فالتحول من نمط الإنتاج الضخم إلى نمط الإنتاج المرن في المجالات الصناعية والخدمية، يتطلب تغير مشابه في مجال التعليم، وهو التعليم المرن الذي يسمح بإمداد سوق العمل بأعداد محددة ومتخصصة في مجالات دقيقة، مع القابلية لتحويل مسارات التعليم بحسب التقلبات التي يواجهها السوق.

ولا يشكل ذلك خطرا على أنظمة التعليم في حد ذاته، إذا ما فهمناه على أنه مجرد خطوات إستراتيجية تسهم في حل المشكلات الاجتماعية مثل البطالة أو العمالة الزائدة وما إلى ذلك، إنما يكمن الاعتراض الأساسي على ذلك في تحول المعايير التربوية - سواء كانت دينية أو ثقافية أو ايديولوجية- إلى المعايير التي تفرضها قوانين السوق، أي أن تصبح قوانين السوق هي الإله الجديد، والمرجعية الوحيدة للفكر التربوي، وما يمثله من تطبيقات في مجال نظم التعليم، حيث يصبح دور التعليم بمثابة القاطرة التي تقود المجتمع نحو نمط متزايد من المادية الاقتصادية، وفق ما يعرف بالتغيرات البنائية الاجتماعية نتيجة للتطور الاقتصادي.

"لا يؤدي الاستثمار في التعليم دوره، إلا إذا صاحبه سياسات اقتصادية واجتماعية مرتبطة بحجم الاستثمار العام، وظروف سوق العمل والاستخدام وهيكل العمالة، وهيكل الأجور والسياسة الضريبية وسياسات الضمان الاجتماعي......"[٢٩].

وينطبق ذلك بصورة ثانية على الأفراد وقراراتهم ورغباتهم ومستوى الطموحات والإنجازات الفردية، فاختيار الفرد لنمط التعليم ونوعه وحجمه يصبح رهنا بالسوق وقوانينه وتسلع المعرفة – تحولها إلى سلعة-، حيث يميل الفرد بصورة أساسية للمجالات ذات العائد المادي الأعلى، ويتحول معيار القيم الثقافية والعلمية نحو ذلك الاتجاه، وكما يفرض قانون السوق من أنه لا مجال للخاسرين أو انسحاب الخاسرين من مجال الاستثمار، نجد نفس النبرة تسود الكتابات الاقتصادية التربوية، "فالطلبة الراسبين ينتهي بهم المطاف في وظائف هامشية، كما أن أجور العمالة غير الماهرة، والعاملين في مجالات غير اقتصادية – المقصود بها المجالات الثقافية والاجتماعية غير ذات العلاقة بسوق العمل واتجاهات الاستثمار- في انخفاض مستمر، وإذا لم تحدث تعديلات فإن الكلفة الاجتماعية والاقتصادية لهذه المجالات سوف تزداد"[٣٠].

ويرى ألفين توفلر A.Tofler – أحد أهم مراقبي العولمة- أن تلك الاتجاهات سوف تزداد من خلال النمو المتزايد للسوق وفرض قوانينه، ويفسر ذلك بظهور ما يعرف "بالمادية العظمى"، حيث تكتسب الأفكار والإبداعات الفنية والعلمية قيمتها من خلال

---

[٢٩]. حامد عمار، مرجع سابق، ص ٦٤.

[٣٠]. عدنان بدران، ، "رأس المال البشري والإدارة بالجودة: استراتيجيات لعصر العولمة"، في **"ندوة التعليم والعالم العربي: تحديات الألفية الثالثة"** ، مرجع سابق، ص ١٥٣.

قابليتها للتحول إلى مقابل مادي يمكن تسويقه عالميا من جهة، وقدرتها على إمداد المؤسسة -الشركة أو الدولة أو المنظمة- بمزيد من القوة اللازمة للهيمنة والسيطرة[٣١]، وبالتالي امتداد المرجعية المادية إلى الفضاء الداخلي العقلي والروحي للفرد وتكميمه.

أي أن منطق السوق قد أصبح يشكل المنطق الداخلي لنظم التعليم، أو حتى عملية التربية بأسرها - وهو ما يمكن أن نلاحظه من خلال التوجهات الوالدية تجاه تعليم الأبناء ووظائفهم المستقبلية- يقابله تراجع في الاعتبارات الثقافية والحضارية والاجتماعية والدينية لعملية التربية، نتيجة للإغراق في النزعة المادية/الطبيعية، حيث تشكل القوانين المادية المعيار الأوحد، في ضوء ثقافة عالمية تقوم على تقديس السوق وقوانينه.

**٢- علم الإدارة التربوية: حوسلة الإنسان**

ينحت عبد الوهاب المسيري مصطلح الحوسلة من عبارة "تحويل إلى وسيلة"، ويرى أن هذا المصطلح هو ثمرة للحضارة الغربية الحديثة، والتي عملت على تحويل كل الموجودات إلى وسائل لتحقيق غايات ذات طبيعة مادية كامنة بالأساس، بدءا من الموارد المادية وانتهاء بالإنسان ومشاعره وأفكاره.

"الحوسلة مرتبطة تماما بالواحدية المادية، والترشيد الإجرائي، والعقل الأداتي والعقلانية المادية و الرؤية العلمانية المادية، فالواحدية المادية ترد العالم بأسره إلى مبدأ واحد هو الطبيعة المادة، وتراه في إطار المرجعية المادية الكامنة، والترشيد

[٣١]. ألفين توفلر، "**بناء حضارة جديدة**"، ت: سعد زهران، القاهرة، مركز المحروسة للبحوث والتدريب، ١٩٩٩، ص ٧٠.

هو إعادة صياغة الواقع في هدي القانون الطبيعي/ المادي، ثم إدارته انطلاقا من هذا المبدأ، والرؤية العلمانية المادية هي أيضا رؤية ترد العالم إلى مبدأ واحد، وترى الإنسان والطبيعة باعتبارهما مجرد مادة استعماليه يمكن توظيفها في أي هدف أو غرض تحدده السلطة الحاكمة -بغض النظر عن طبيعتها أو مصدرها.. وهذه هي الحوسلة"[٣٢].

ويرتبط مفهوم حوسلة الإنسان بظهور علم الإدارة الحديث، أو بشكل أدق فإن علم الإدارة الحديث هو تطبيق لمبدأ الحوسلة، وحيث يهدف علم الإدارة الحديث إلى الضبط المنهجي لجميع جوانب المجتمع (والذي يتم مأسسته) على أساس تصورات علمية وقواعد ومبادئ عامة تستبعد الولاءات التقليدية والزعامات الكاريزمية، وما يرتبط بهما من مرجعيات متجاوزة، وإعادة صياغة العالم وفقا لقوانين عقلانية مادية قابلة للاكتشاف والتطبيق، من خلال فرض النماذج الكمية والبيروقراطية القادرة على التحكم في النشاط الإنساني وتقنينه وفقا لتلك المبادئ، "وتسود ظروف المصنع - بما يميزها من ضبط وتنميط-كافة جوانب المجتمع"[٣٣].

ومن خلال هذا المنظور يتم إعادة صياغة العلاقات الإنسانية في مفهوم وظيفي تم عقلنته وترشيده، وتحديد الهدف النهائي له في تحقيق التعاون الداخلي بما يضمن تحقيق الإنتاج وزيادته، وبالتالي التركيز على بعد العلاقات الإنسانية ذات العلاقة بالهيكل التنظيمي، ومحورية الكفاية الإنتاجية وما تفترضه من قيم التماسك والتجانس الناجمة عن الاعتمادية المتبادلة والتي تحتمها الضرورة الوظيفية داخل المؤسسة.

---

[٣٢] عبد الوهاب المسيري، **مرجع سابق**، المجلد الأول، ص ١٣٢.

[٣٣] **المرجع السابق**، ص ١٣٣.

"وتتوقف المسافة الاجتماعية بين الأفراد وفقا لاعتبارات فنية (تفرضها طبيعة العمل أو التوزيع الإداري داخل المؤسسة أو المجتمع ككل)، وتتجاهل الحاجة الأساسية للأفراد للدخول في علاقات حميمة وشخصية.... كما يصبح الطموح الديني والشخصي وسائل يمكن استخدامها لتحقيق التجانس داخل بيئة العمل ورفع دافعية الأفراد للإنجاز"[٣٤].

ووفقا لذات الرؤية والإطار المرجعي، يتم تقسيم المؤسسات التربوية إلى مؤسسات رسمية وأخرى غير رسمية، وتلك الأخيرة هي التي لا يمكن تكميم العلاقات داخلها وصياغتها في شكل معادلات رياضية (مثل الأسرة والمؤسسات الدينية والاجتماعية)، ويعول على الشكل الآخر - المؤسسات الرسمية- في تحقيق غايات المجتمع، حيث يمكن صياغة العلاقات داخلها بشكل عقلاني رشيد، ويتم تطبيق القوانين والإجراءات الإدارية للمؤسسات الاقتصادية والبيروقراطية على مؤسسات التربية.

"لقد أقيم نظام التعليم الحديث على نمط المصنع، حيث يوجد مشرفون ومكاتب مركزية لإصدار الأوامر وهيكلية تنظيمية يتعين على العاملين بالمدارس الالتزام بها، لتحقيق المهم الأساسية وهي تخريج طلاب قادرين على تلبية احتياجات سوق العمل"[٣٥].

ووفقا لذلك يصبح الأداء الإداري داخل المؤسسة التربوية أداء تنظيمي عملياتي وظيفي يتجاهل البعد الإنساني لعملية التربية إلا بالقدر اللازم لتحقيق مستويات الأداء المطلوبة، "وهو ما يسمح

---

[٣٤]. محمد حسن رسمي، **"أساسيات الإدارة التربوية"**، الأسكندرية، دار الوفاء لدنيا الطباعة والنشر، ٢٠٠٤، ص ١٤٠.

[٣٥]. جيف سبرينج، "مدارس المستقبل: تحقيق التوازن"، في **"ندوة التعليم والعالم العربي:تحديات الألفية الثالثة"** ، مرجع سابق، ص ٢١٩.

بتحويل الأداء التربوي إلى أداء كمي يمكن قياسه وتقويمه وتعديله"[٣٦].

ويتم تطبيق منهجيات مثل الجودة الشاملة وإعادة الهندسة الإدارية، لتشمل جميع جوانب العملية التربوية، والمقصود هنا بالدرجة الأولى هو "حوسلة التربية أو حوسلة العملية التربوية"، أي تحويل الفعل التربوي إلى عمل مؤسسي محدد المعايير يمكن تقنينه وترشيده إلى أقصى درجة ممكنة من الدقة، والهدف من ذلك هو تعظيم قدرة الفائدة التربوية من منظور مادي طبيعي، يمكن قياسه من خلال معايير (مثل جودة التخطيط، جودة المخرجات، رضا العميل) وهي في معظمها معايير لأداء المؤسسات الاقتصادية، يتم تطبيقها على العملية التربوية وفقا لنفس المنظور العقلاني الرشيد.

ويتم ذلك في ضوء منظومة تحول الأفراد داخل دائرة العملية التربوية (طلاب، معلمين، إداريين، أولياء أمور) إلى أدوات – وسائل- لتطبيق الإستراتيجية أو الآلية، وتتراجع العوامل الذاتية والشخصية إلى مرتبة متأخرة من اهتمامات النظام التعليمي، أو هي مهمة فقط من حيث قدرتها على التأقلم مع الآلية المستخدمة وتساهم في تحقيقها بنجاح.

**٣- علمنة المعرفة**

تعد محاولات فصل العلم الحديث عن المجال الديني هي البشائر الأولى للعصر الحديث، لضمان حرية البحث العلمي والتعليم كممارسات لا دينية، أو حتى تتعارض مع الدين، وتأسيس

---

[٣٦]. إبراهيم عصمت مطاوع، "**الإدارة التربوية في الوطن العربي**"، القاهرة، دار الفكر للطباعة والنشر والتوزيع،٢٠٠٣، ص ٤٦١.

العلوم الطبيعية على أسس تجريبية، إلا أن تلك الروح التجريبية لم تلبث أن امتدت لتشمل سائر مجالات المعرفة البشرية، والتي تتجاوز حدود التفكير العلمي التجريبي.

ولتوضيح التناقض الذي وقع فيه الفكر الغربي الحديث لابد من التمييز بين العلم والمعرفة العلمية من جهة وبين نظرية المعرفة من جهة أخرى، فالمعرفة العلمية هي معرفة منهجية تسعى للكشف عن القوانين الطبيعية التي تحكم العالم (المادي) بهدف تفسير الظواهر الطبيعية والتنبؤ بها، أما نظرية المعرفة فهي أحد مجالات الفكر الفلسفي (الميتافيزتيقي) والذي يسعى للإجابة عن الأسئلة الرئيسية حول المعرفة البشرية، ما الشروط اللازمة للمعرفة؟ ما مصدر المعرفة؟ ما بنيتها وحدودها؟ كيف يمكن التمييز بين المعرفة اليقينية والظنية؟، وهو ما يكمن تطويره إلى نظرية أو نموذج شامل حول المعرفة الإنسانية.

وقد أدى الفكر عن المطلقات الدينية والأخلاقية لظهور الفلسفات العقلانية المادية التي لا تقبل المرجعية النهائية المادية (التجريب والحواس كمصادر وحيدة للمعرفة).

وقد انتقلت تلك النزعة التفسيرية من مجال العلوم الطبيعية إلى العلوم الإنسانية، وهو ما يتجلى في إيمان العديد من المفكرين الغربيين في إمكانية الوصول لصياغات رياضية وفيزيائية وفسيولوجية تفسر الوقائع الاجتماعية والإنسانية بنفس الدقة والجدوى التي تحدثها في العلوم الطبيعية، وأن كل تفكير غائي[٣٧]، سواء في الكون أو الإنسان هو مجرد أوهام ميتافيزيقية[٣٨].

---

[٣٧]. التفكير الغائي هو التفكير القائم على أن للكون غاية يسعى إليها، هي العلة في وجوده، والتي يمكن وصفها بالإلوهية.

[٣٨]. يمنى طريف الخولي، مشكلة العلوم الإنسانية،القاهرة، دار الثقافة للنشر، ١٩٩٠، ص ٥٣-٥٤.

ويشير عبد الوهاب المسيري إلى سيطرة العلمانية على نظرية المعرفة الغربية من خلال مفهوم وحدة العلوم، وهو افتراض نظري لا توجد وقائع تجريبية يمكن أن تدعمه. يقول المسيري:

"إن مفهوم وحدة العلوم مفهوم أساسي في مناهج البحث الحديثة يفترض أن ثمة وحدة عامة شاملة تنتظم بها العلوم كافة (الطبيعية والرياضية والإنسانية) باعتبار أن الإنسان جزء لا يتجزأ من الطبيعة المادية، وبالتالي تصبح أي دراسة للإنسان مثل دراسة أية ظاهرة طبيعية أخرى، وتتحدد مدى دقة العلوم أو عدم دقتها بمدى قربها أو بعدها عن القوانين الطبيعية الصارمة".

وقد أدت هذه المفاهيم إلى سيادة النزعة المادية التجريبية في المعرفة الإنسانية، وكذلك في نزع القداسة عن المجتمع والكائن الإنساني الفرد وإخضاعه لمقولات وقوانين الطبيعة، والتي تبلغ مداها في مفهوم السيبرناطيقا Cybernetics -ليس المقصود هنا السيبرناطيقا كمفهوم تطبيقي للعمليات التقنية- ولكن كتصور معرفي، يشير إلى إمكانية الوصول إلى تزويد الآلات والروبوتات بالمشاعر والأحاسيس إذا ما توصلنا للصياغة العلمية لهذه المشاعر، وكذلك إمكانية إخضاع جميع العمليات الإنسانية -بما فيها إصدار الأحكام الأخلاقية والرسم وكتابة الشعر- إلى آلات محوسبة، لنصل إلى نقطة التماهي بين الإنسان والآلة، أو الإنسان والطبيعة[٣٩].

[٣٩]. **حول مفهوم السيبرناطيقا، انظر:**

مظفر وحسين شعبان، "**السيبرنتيك: فكر مبدع يجسد وحدة الطبيعة** "، دمشق، منشورات وزارة الثقافة السورية، ١٩٩١.

والمعرفة وفقا لهذا المنظور هي معرفة عقلانية، إلا أن مفهوم العقل هنا هو مفهوم طبيعي/ مادي، يستمد قوانينه من الطبيعة والتجربة، حيث يولد الإنسان وعقله صفحة بيضاء، ويكتسب معارفه من خلال الوقائع الحسية والتجربة، وبالتالي لا يقبل أي شكل آخر من أشكال المعرفة، "حيث تتحدد صدقية الوقائع والقوانين بمقدار خضوعها للتجربة وإعادة التجربة، ومدى اتساقها مع القوانين الطبيعية للكون"، وقد أدى هذا إلى مشكلتين رئيستين ميزت المعرفة الغربية الحديث:

١- الانفصال بين العقل كمرجعية متجاوزة وبين الوجود الإنساني الشامل والمعقد، ولحل هذا التناقض أو الانفصال عمل العقل الغربي على إخضاع المجالات الإنسانية للدراسة العقلية المادية، بغية الكشف عن مدى انسجامها مع القوانين الطبيعية، ومن هذا المنطلق يتم البحث عن موضوعات مثل الأسس البيولوجية للسلوك، الشروط المادية للإبداع، نشأة وارتقاء الأديان، باعتبارها ظواهر طبيعية مادية.

٢- مشكلة الغائية: فبعد استبعاد المرجعيات المتجاوزة خارج إطار العلم، مثل الأديان والقيم والأنساق الميتافيزيقية، يستمد العلم غائيته من العالم الطبيعي، "وتصبح وحدة الوجود المادية والمرجعية المادية الكامنة هي الإطار المعرفي النهائي للحضارة الغربية الحديثة"[٤٠].

ويصبح التقدم المستمر في مراكمة المعرفة هو هدف الوجود الإنساني، ويصاحب هذا النمو المعرفي زيادة في القوة، فكل معرفة هي معرفة صالحة طالما يؤدي تطبيقها لمزيد من القوة

---

[٤٠]. عبد الوهاب المسيري، مرجع سابق، المجلد الثاني، ص ١٨٣.

الاقتصادية (بما أن المادة هي المرجعية النهائية فإن القوة الاقتصادية هي معيارها النهائي)، ويتم التعبير عن هذه القوة من خلال إخضاع العالم لقوة المعرفة الغربية، وتنشأ الامبريالية الغربية كأداة لتطبيق هذه المعرفة على نحو عالمي، وهو ما يتمثل في العبارة الامبريالية القديمة (عبء الرجل الأبيض)، والتي تقوم على الاستفادة من شعوب وثروات العالم "غير المتحضر" بما يساهم في تقدم حضارة العالم الغربي.

ويقدم باومان Z.Bauman الإبادة النازية للفئات الغير صالحة في المجتمع من وجهة نظر النازية (اليهود- المعاقين- المرضى العقليين- الغجر) باعتبارها تجسيد للعقلية المعرفية الغربية، فقد تم تصنيف هذه الفئات باعتبارها عالة على المجتمع "أفواه غير منتجة Useless Eaters"، وبالتالي فالحل العلمي هو التخلص منها، ولكن بصورة علمية تمكن من الاستفادة من بقايا هذه الأجساد[٤١].

ووفقا لذلك يمكن أن نجمل نتائج هذه الرؤية المعرفية في نقطتين هامتين:

١- أن العلم قد حل محل الأنساق الكلية (الأديان والأيديولوجيات والقيم).

٢- الانفصال بين العلم من جهة والأخلاق من جهة أخرى، أو بمعنى أدق الانفصال بين القيم الداخلية للعلم (الدقة، النظام، التعاون، الحرية، التعاون) وبين النسق الأخلاقي الكلي، أو المسؤولية الأخلاقية لنتائج تطبيق المعرفة – فصناعة أسلحة الدمار الشامل هي نتيجة للعلم اللاأخلاقي أو لا أخلاقية العلم-.

[41] .Bauman, Zygmunt, *Modernity and the Holocaust*, Cambridge, Polity Press, 1989, p 44.

وتعد البراجماتية Pragmatism من هذا المنظور أحد أشكال تطبيق العقلانية المادية في مجال المعرفة، وترى البراجماتية كنظرية معرفية أن الوقائع تعد حقيقية بقدر ما هي نافعة، ومعيار القيمة هو مدى قابلية المعرفة للتحقيق النفع للإنسان في تحقيق أهدافه بمعزل عن أية مرجعية دينية أو أخلاقية - العراق يملك أسلحة دمار شامل هي مقولة حقيقية بالقدر الذي يسمح للمجتمع الغربي بتدميره-.

والبراجماتية أحدى أهم الفلسفات التربوية الغربية الحديثة، وقد أثرت إلى حد كبير على العديد من المفكرين والتربويين العرب لما تحققه من نتائج كأسلوب في التعليم، "وتعد الفلسفة البراجماتية من أبرز الفلسفات التي ركزت على المتعلم والتي انعكست بصورة واضحة على تنظيم المنهج باعتبار أن الفلسفة تدخل في كل قرار مهم بالنسبة للمنهج والتدريس.

والطالب في منظور البرجماتية ما هو إلا حزمة من نشاط الاتجاهات النظرية والمكتسبة للفعل, وأن نشاطه أساس كل تدريس، وكل ما يفعله التدريس له أنه يوجه الطالب الذاتي، وأن تعليم الطالب ليس ما ينبغي أن يتعلمه وإنما تشجيعه باتجاه معرفة نتيجة نشاطه الذهني والتجريبي"[٤٢].

والبراجماتية في تصورها عند وضع المنهج يجب مراعاة الأسس التالية:

١. أن يحتوي المنهج التربوي على المعرفة التي يتم التأكد منها من حقيقتها عن طريق التجربة.

---

[٤٢]. نادر الملاح، **الفلسفة التربوية البراجماتية** ،

http://www.tarbya.net/SpSections/ViewSection.aspx?SecId=36&ArtId=168

٢. تشجيع التلاميذ على تقبل القوانين الطبيعية والتعميمات العملية.

٣. أن يحتوي المنهاج على المعلومات والخبرات التي لها علاقة مباشرة بحياة الإنسان الحاضرة فقط.

٤. إشراك الطلبة في عملية تصميم البرامج التربوية ونشاطاته المتعددة.

٥. مراعاة الفروق الفردية بين المتعلمين.

٦. مراعاة قدرات المتعلمين وميولهم ومواهبهم.

٧. مرونة المنهاج وإشراك الطلبة في تخطيطه وتعديله[٤٣].

وهكذا تحقق البراجماتية كنظرية تربوية كافة عناصر الرؤية المعرفية الغربية، وذلك من خلال تحديد الشروط اللازمة لإنتاج المعرفة ونقلها بأفضل الطرق الممكنة، والتي تمكن المتعلم من تعظيم الاستفادة من تعلمه، وفي نفس الوقت فهي تتجنب تحديد أية مرجعية أخلاقية لعملية التربية، لأنها بالأساس نظرية لا أخلاقية، ترى أنه لا يوجد أي دور للأخلاق في عملية التعلم، وهي من جهة ثانية لا تتقيد بأية قيم روحية أو أخلاقية مسبقة، "لأنها ترى أن القيم تنشأ من خلال المواقف المختلفة، ويتبناها الفرد بقدر ما تحقق له فائدة"[٤٤].

ويتوافق ذلك مع ما ينتقده كثير من التربويين من ظاهرة غياب أثر الجوانب الدينية والروحية في المناهج الدراسية الحديثة، وغياب التكامل الإنساني بين الجوانب العقلية والمادية والجوانب الروحية والقيمية، وحتى حين يتم الإشارة إلى أهمية تحقيق

---

[٤٣]. أحمد حسن الحياري، التربية في ضوء المدارس الفكرية، اربد، دار الأمل، ١٩٩٣، ص ٩٠-٩١.

[٤٤]. نادر الملاح، مرجع سابق.

التكامل، فإنما يعني التكامل على أسس مادية عقلية، أو الاستفادة من الجوانب الروحية والإنسانية لتحقيق أكبر قدر من الفائدة المعرفية المرجوة[٤٥].

وقد أثرت هذه الروحية المعرفية المادية على الجوانب القيمية والأخلاقية للتربية، وهو ما سيتم تناوله في الجزء التالي من الدراسة.

**٤- علمنة القيم والسلوك**

يعد النسق الأخلاقي أحد الدعائم الرئيسية للتربية، ويحقق وظيفتين أساسيتين لعملية التربية، هما:

١- تحديد الغايات النهائية لعملية التربية، والتي تؤثر بشكل كبير على عملية صياغة الاستراتيجيات والأهداف التي تحققها (أو يجب أن تحققها) التربية.

٢- تشكل القيم نمطا معياريا للأفراد يمكن من خلاله الحكم على السلوك المقبول وغير المقبول.

وكما ناقشنا في العرض السابق، فقد أدى تحول الرؤية الغربية عن الفكر الغائي الديني والميتافيزيقي إلى تحول في النظرة إلى القيم، من كونها قيم مطلقة وقبلية إلى النمط الجديد للقيم، وهو القيم والأخلاق الوضعية، والتي تستمد مرجعيتها من الفلسفات العقلانية المادية، ضمن إطار من مرجعية المادة/الطبيعة.

---

[٤٥]. حول هذا النقد ، انظر:

أ- عادل سلامة، "**تخطيط المناهج بين النظرية والتطبيق**"، عمان، دار ديبونو للنشر والتوزيع، ٢٠٠٤، ص١٩-٢١.

ب- يعقوب حسين نشوان،"**التفكير العلمي والتربية العملية**"، عمان، المطبعة التعاونية، ٢٠٠٥، ص ٢٠٩.

"وتتم العلمنة الشاملة للنظرية الأخلاقية بحيث تدور داخل إطار القانون الطبيعي الذي يوحد الإنسان والطبيعة ولا يقبل أية مرجعية متجاوزة، فإذا كان العلم يكشف عن خلو الطبيعة من القيم الإنسانية أو الدينية، فإن القانون الطبيعي يشير إلى حالة مماثلة بالنسبة للإنسان، ومن ثم يظهر مفهوم الإنسان الطبيعي الذي هو مجموعة من الدوافع البيولوجية"[٤٦].

وفي ضوء تلك الرؤية تنشأ فلسفات مادية تنادي بأخلاق البقاء (أي أن الإنسان يستمد قيمه من كل ما يساعده على البقاء)، أو أخلاق اللذة (أصل القيم البحث عن اللذة وتجنب الألم)، أو من خلال الاتفاق والتعاقد -بهدف حفاظ كل فرد أو جماعة عن مجموع المصالح المادية الخاصة وفقا لإطار يرتضيه الجميع-، وكلها ترد الأخلاق إلى أصل وضعي، لا يتجاوز واقع الإنسان وطبيعته المادية.

ويتحول البحث الأخلاقي إلى الدراسة التاريخية الاجتماعية للقيم، وتقوم تلك الدراسات وفقا لأساسين، الأول هو أن السلوك الإنساني هو مرحلة راقية من السلوك الحيواني (غريزة القطيع، الصراع والبقاء للأصلح)، والثاني هو أن الأخلاق مسألة تاريخية اجتماعية متغيرة (عوامل سياسية واقتصادية واجتماعية تتحكم في نمط الأخلاق السائد)[٤٧].

فبعد أن تم تحويل مرجعية الأخلاق والقيم من المرجعيات المتجاوزة إلى الإنسان، يتم تحويلها إلى المجتمع، والمجتمع هنا

---

[٤٦]. عبد الوهاب المسيري، مرجع سابق، المجلد الثاني، ص ١٢٨.

[٤٧]. حسام الدين الألوسي،"**التطور والنسبية في الأخلاق**"، بيروت، دار الطليعة للطباعة والنشر،١٩٨٩، ص ٥-٦

ليس مقولة ثابتة، بل هو مقولة متغيرة وفق للظروف الحضارية، وتكون القيم وفقا لذلك مجرد نمط تابع يتحول بتحول المجتمع، بدون أي ثبات أو إطلاق أو معيارية.

وتتمثل تلك النظرة فيما يعرف "بالداروينية الاجتماعية"، وهي تطبيق لمبدأ داروين في التطور على الإنسان والأخلاق والمجتمع، وتقوم هذه النظرية على أساس أن الغائية الوحيدة هي الوجود المادي، وأن التطور هو طبيعة هذا الوجود (من الأدنى إلى الأرقى)، فكل ما يبقى هو جدير بالبقاء، وان القانون الإنساني الأساسي هو الصراع والبقاء للأصلح، وبالتالي فالقيم التي يتبناها الإنسان هي القيم التي تساعده على البقاء، والتي تمكنه من الانتصار في صراعه ضد الآخر (الآخر قد يكون فرد أو جماعة أو أمة أو دولة).... إنها أخلاق التنافس والفوز التي يجسدها المجتمع الغربي الحديث.

ويذهب أحد مفكري الغرب أن تلك النسبية في الأخلاق، أو ما يعرف بالديمقراطية الأخلاقية، قد تسببت في انهيار النمط الأخلاقي للحضارة الغربية، فبعد التخلي عن القيم المطلقة والمرجعيات الدينية، تحولت القيم إلى قيم فردية بحتة، بحيث أصبح من حق كل إنسان أن يؤمن بما يناسبه من القيم الأخلاقية، مما يؤدي إلى تشظي النمط الأخلاقي للحضارة وانهياره[٤٨].

وعلى مستوى الفكر التربوي نرى تخلي النظريات التربوية الحديثة عن التأكيد على البعد القيمي الأخلاقي لعملية التربية، وغياب الدور المرجعي المعياري للقيم، مع انتقال مجال دراسة القيم إلى العلوم النفسية والسلوكية.

---

[48] .Alan Bloom,**The Closing of The American Mind,** New York,Simon and Schuster,1983, pp 70-72.

حيث يذهب بعض المفكرين التربويين إلى أن القيم تنبع من حقيقة مؤداها أن المعارف الإنسانية مصدرها عالم الوقائع، نتيجة لتفاعل المجتمع مع الخبرات اليومية، ويمكن التعرف إليها ودراستها من خلال النظر إليها في موقعها كمادة للقوانين التي تحكم سير العالم الطبيعي، "فالقيم الأخلاقية نسبية، لأنها تنشأ وتتولد في العادات والتقاليد، وهي مختلفة من مجتمع لآخر (أو من جماعة لأخرى) بحسب المعايير الأخلاقية المتفق عليها"[٤٩].

ويعد انتقال مجال الاهتمام بالقيم من مجال الدراسة الأخلاقية إلى المجالات النفسية والسلوكية (التي تحاول تطبيق القوانين الطبيعية على الإنسان)، كنتيجة لغياب المرجعية المتجاوزة (الأديان والأنساق الأخلاقية الكبرى) كمعيار للسلوك، لذلك انتقل الفكر الغربي إلى دراسة السلوك الإنساني دراسة موضوعية تجريبية[٥٠].

إلا أن تلك العلوم تستمد مرجعيتها من العالم الطبيعي/المادي، فيذهب فرويد إلى أن الدوافع الجنسية والعدوانية هي المحركات الأساسية للسلوك، أما السلوكية في أحسن صورها فترى السلوك الإنساني نتيجة لتكون ارتباطات بين الفعل ونتائجه (النتيجة الايجابية للسلوك تؤدي إلى تعزيزه)، وقد حاولت النظريات النفسية الإنسانية والوجودية البعد عن المرجعية الطبيعية، فتحول اتجاه التركيز على الإنسان ذاته، أي أنها أيضا لا ترى إمكانية وجود مرجعية متجاوزة بعيدا عن العالم الإنساني، ورغم تأكيد بعض منظريها على دور الأديان أو القيم المرجعية

---

[٤٩]. إبراهيم عصمت مطاوع، "**أصول التربية**"، القاهرة، دار الفكر العربي، ١٩٩٥، ص ١١٨-١١٩.

[٥٠]. عبد اللطيف محمد خليفة، "**ارتقاء القيم: دراسة نفسية**"، الكويت، سلسلة عالم المعرفة، عدد ١٦٠، أبريل ١٩٩٢، ص ١٣-١٤.

التي يؤمن بها الإنسان، إلا أن ذلك الدور مرهون بالقدرة على مساعدة الإنسان على السواء النفسي وتحقيقه لذاتيته الحقة.

وبالتالي فإن عالم النفس في تقريره لماهية السلوك ودوافعه، وتحديد السلوك السوي وأعراض الانحرافات، فإنما يحل نفسه في الدور الذي كان يمارسه في السابق رجل الدين، مع اختلاف الزاوية والتوجه، فبينما يستمد رجل الدين سلطته ومرجعيته من قوى متجاوزة "الإلوهية"، فإن عالم النفس يستمد مرجعيته من قوى كامنة في الطبيعة لا تتجاوز الوجود الإنساني بمعناه المادي الطبيعي.

وتشكل وجهة النظر الأخلاقية أو النفسية الوضعية على ماهية التربية بصورة أساسية، فتصاغ الأهداف والخطط التربوية وفقا لتلك التصورات المسبقة عن القيم، وتمتد تأثير ذلك النسق داخل الصف الدراسي، ويتم بثها من خلال علاقة المعلم والطلاب والتي هي بالأساس علاقة حيادية لا شخصانية بعكس ما يتطلبه طبيعة الفعل التربوي ذاته.

تلك بصورة عامة هي الافتراضات الأساسية التي تقوم عليها النظرية الغربية في التربية، والتي قد لا تتحقق بشكل كامل في كل النظريات التربوية الغربية، إلا أنها موجودة بدرجات متفاوتة، للحد الذي يسمح بالحديث عنها باعتبارها مجموعة من النظريات التي تعبر عن نموذج تربوي شامل، يستمد مرجعيته من ذات الأسس الطبيعية المادية.

للتحقق من تأثير ذلك النموذج التربوي الغربي على مجال الدراسات التربوية الغربية، قد يكفي استعراض المؤلفات العلمية والدراسات والرسائل الجامعية العربية في المجال التربوي، والتي تشير من حيث الأطر والافتراضات والمنهجيات البحثية إلى ذات النظريات، بوعي أو بدون وعي لما تشير إليه من أطر ومرجعيات.

## ثالثا- نحو نموذج أصيل للتربية العربية

قد يعد من قبيل الانغلاق الفكري والحضاري رفض العلوم الغربية وما قدمته من نتائج وتطورات خلال القرنين السابقين، إلا انه في ذات الوقت فإن قبول تلك العلوم بما تحمله من افتراضات حضارية وثقافيه يعمل على مسخ الهوية الاجتماعية والحضارية للمجتمع والثقافة العربية-الإسلامية .

وقد تنبه العديد من المفكرين العرب لتلك المعضلة المعرفية، وعبروا عن ذلك الانتباه في محاولات جادة ومستمرة نحو التأصيل لنماذج إسلامية حضارية وعلمية في مجال العلوم بصفه عامة والعلوم الاجتماعية بصفه خاصة، ويمكن أن نجمل هذه المحاولات في تيارين أثنين:-

**التيار الديني:** ويتمثل في محاولات العديد من علماء الدين في البحث عن مصادر التأصيل الإسلامي للمجتمع بصفة عامة، والجوانب المعرفية والإنسانية بصفة خاصة، والسمة الغالبة على هذا التيار هو الاعتماد على النصوص الأساسية – الكتاب والسنة- كمصادر لهذا التأصيل، والالتزام بالتفسيرات الفقهية لها ومحاولة تطبيقها على الجوانب المختلفة.

**التيار الحضاري:** وينظر هذا التيار للمجتمع العربي الإسلامي المعاصر نظرة حضارية شامله باعتباره مجتمع له سماته المميزة على مدى العصور المتعاقبة. والهم الأساسي لممثلي هذا التيار هو تحقيق التنمية وإعادة الريادة الحضارية للأمة الإسلامية، من خلال ربط جسور التواصل مع التراث العربي الإنساني وخاصة في فترات ازدهار الحضارة الإسلامية، وفي نفس الوقت حل قضايا المجتمع والمعرفة من خلال نموذج حضاري يتسم بالغائية والواقعية في الوقت ذاته، بالشكل الذي يسمح له بالاستفادة من العلوم الغربية وتطورها.

وتتخذ التربية مكانة هامة لدى كلا التيارين، ففي حين ينظر إليها التيار الديني باعتبارها وسيلة لإعادة تأصيل الدين الإسلامي كرؤية واحديه للمجتمع، والاهتمام بالعلوم الإسلامية كأساس لتربية النشء، فان التيار الحضاري يتناول التربية باعتبارها الأداة القادرة على إعادة تشكيل مجتمع قوي من خلال رؤية تنبئ عن قدرة الحضارة الإسلامية استيعاب الثقافات الأجنبية وتطويرها.

وقد انعكست سمات التيارين في المحاولات التربوية، خصوصا في الأعوام القليلة السابقة، لتأسيس نمط معرفي وثقافي للتربية الإسلامية العربية، كنمط مستمد من خصائص الحضارة الإسلامية العربية وقادر في الوقت ذاته على تنمية المجتمع وتطويره، إلا أن تلك المحاولات ما زالت في أطوارها الأولى نحو سعيها لتحقيق ذلك. ويرى الباحث أن تلك المحاولات قد اتسمت بالعديد من السمات التي ربما من الأجدر تلاقيها. من أهم تلك السمات:

● غياب النموذج الشامل: فالنظرة المستقلة للتربية باعتبارها علم قادر على النمو الذاتي تعد مجانبة للحقيقة، فالعلوم التربوية قد نشأت وتطورت من خلال نظريات ومنهجيات العلوم الاجتماعية والإنسانية، لذلك تبدو التربية بحاجة للاستناد إلى نموذج معرفي شامل ومفصل في العلوم المختلفة .

● ترتبط بالسمة السابقة سمة أخرى مشابهة، وهي محاولات الانتقال من النصوص –الكتاب والسنة- مباشرة إلى تفصيلات الواقع العملي المعاصر بدون تأسيس لمنهج علمي دقيق.

● في المقابل نجد محاولات الفرد للقفز على النصوص، من خلال ربط بعض نتائج العلوم الإنسانية الغربية بنصوص شرعية أو فقهية قد تحمل مشابهة شكلية، متجاهلا الخلفيات المعرفية والمجتمعية المختلفة.

● استخدام منهجيات وتقنيات نابعة من العلوم الغربية في تأسيس نظريات إسلامية عربية، رغم التأكيد الذي يسوقه العديد من العلماء على أن المنهج مهما بلغت درجة علميته لا يمكن أن يكون محايدا.

وفقا لذلك يمكن القول إن نقطة البداية في بناء نموذج تربوي إسلامي عربي أصيل تكمن بشكل أساسي في القدرة على خلق الشروط الحضارية اللازمة لإنتاج المعرفة الخاصة، والذي يؤدي بدوره إلى خلق نموذج معرفي شامل يمكن للفكر والممارسات التربوية أن تستند إليه.

ويستلهم الباحث في رؤيته لبناء نموذج تربوي عربي أصيل تجربتين تاريخيتين هامتين: الأولى هي تجربة بناء العلوم العربية في القرن الأول الهجري، والثانية هي تجربة عصر النهضة في أوروبا في القرن الخامس عشر الميلادي ، ففي كلا التجربتين تم بعث حضارة علمية حديثة من خلال هضم وتمثل وتطوير المنجزات العلمية لحضارة أخرى (الحضارة اليونانية في الحالة الأولى  والحضارة العربية الإسلامية في الحالة الثانية)، لإنتاج ما يسمى بالشروط الحضارية اللازمة لإنتاج نموذج معرفي شامل وأصيل.

ويمكن دمج هذه الشروط في شرطين اثنين متلاحمين عضويا هما:

١ - إنتاج المعرفة الخاصة بالمجتمع.

٢- تطور اللغة بالصورة التي تسمح بالتعبير عن مفردات العلم والثقافة الحديثين.

ويكمن الحل من خلال هذه الرؤية في سعي المجتمعات النامية لإنتاج المعرفة اللازمة لها والخاصة بها عن طريق التقدم

العلمي الذاتي، وتكوين منظورها الخاص للعالم، والأخذ من المنظورات الأخرى ما يتفق معه ويعمل علي دعمه وتنميته، ويعد تكوين المنظور الخاص هنا عملية أولية وأساسية لتحديد المنطلقات والفروض التي يقوم عليها البناء المعرفي الخاص بالمجتمع، ليشكل مبدأ تصنيفيا للنقل عن المجتمعات أو المناظير الأخرى.

وتساعد اللغة في تحقيق بناء هذا المنظور الخاص، باعتبارها قادرة على غرس مصطلحات العلوم الحديثة ودمجها ضمن إطار الثقافة العامة للمجتمع، وهو ما يتطلب الاهتمام بتطوير اللغة الأم وإعطائها مكانا أكبر داخل النسق العلمي للمجتمع، وضمان وصول هذه اللغة للمتعلمين بشكل صحيح وفقا لاحتياجاتهم من جهة ولمتطلبات الثقافة والمجتمع من جهة أخرى.

لذلك يمكن تقديم مدخل التعريب في مقابل الترجمة في مجال العلوم الحديثة، فإذا كانت الترجمة تعمل على نقل أفكار الآخرين إلينا فإن التعريب لا يكتفي بنقل الأفكار بل يعمل على دمجها ضمن إطار اللغة العربية. والثقافة العربية، وتمثل اللغة من هذا المنظور تطبيقا لإرادة القوة، يمكن من خلالها الاستحواذ على المفهوم أو المصطلح وإكسابه دلالات جديدة ضمن إطار لغوي ثقافي مغاير. وذلك ضمن إستراتيجية أشمل تعمل على تحرير مصطلحات العلوم الإنسانية من إطارها الحداثي الغربي، ودمجها في بيئة الثقافة القومية، والعمل على التفاعل المعرفي بين التراث الثقافي والاحتياجات الاجتماعية والثقافية المعاصرة، ودعم وتطوير دراسات الإبداع والتأكيد على المهارات العقلية العليا لتحقيق المناخ الاجتماعي الثقافي الداعم للإبداع، وتشكيل الهوية المعرفية التخصصية. وفقا لذلك فان أية محاولة لبناء نموذج تربوي أصيل لابد أن تعتمد على نموذج معرفي واجتماعي شامل

قادر على الإجابة عن التساؤلات الرئيسية التي تفترضها علمية التربية في مجالاتها المختلفة، وتقديم الفروض والنظريات والمنهجيات العلمية الملائمة.

# المناهج العربية- الإسلامية والمناهج الغربية
## بين الاتصال والانفصال

سميح حمودة*

### مقدمة

يدور السؤال المركزي لهذه الورقة حول العلاقة بين مناهج البحث العلمي والاجتماعي الإسلامية ونظيراتها الغربية. فهل يمكن الحديث عن انفصال تام واختلاف كامل بين هذه المناهج؟ وهل نشأت المناهج البحثية الغربية وتطورت بمعزل عن تلك الإسلامية؟ وإن كان هناك توافق وتداخل بينها فأين يقع؟

ما تحاجج به هذه الورقة هو أن المناهج الغربية في مراحل تشكلها وتطورها الأولى قد استمدت واقتبست بغزارة من المناهج الإسلامية، لذا فهي ما زالت للآن تتفق في حقول كثيرة مع ما عرفه علماء العرب والمسلمين في الماضي من أصول وطرق للبحث والتنقيب. بيد أن النمو العظيم للعلوم في الغرب قد استدعى تطوير هذه المناهج وتنميتها كي تستطيع مواكبة متطلبات البحث والاستكشاف. وخلال مرحلة النمو هذه تشكلت المناهج الغربية بصورة هي بالتأكيد مختلفة عن صورتها الابتدائية الأولى. ثم إنها أخذت تتشرب من الثقافة الأوروبية ومفاهيمها واهتماماتها، بحيث أنها في قضايا عديدة كانت، مثلها مثل الفكر الأوروبي، تحمل مظاهر العنصرية وتدور في إطار المركزية الأوروبية.

إن ما يستدعي الانتباه حقا هو أن عددا من الدراسات قد بحثت بشكل تفصيلي في العلاقة بين الأدب العربي والأدب الأوروبي، وبين العلوم العربية كالفلك والكيمياء والرياضيات

---

* محاضر في دائرة الدراسات الثقافية في جامعة بيرزيت.

والطب والصيدلة وبين نظيراتها الغربية، مسلطة الأضواء على فضل العلماء العرب على تطور العلوم في الغرب. بيد أن تأثير المناهج البحثية العربية-الإسلامية على نظيراتها الغربية لم تحظ، في حدود معرفتي، بدراسة مفصلة وشاملة، تبين حدود ومدى الاقتباس الغربي من العلماء العرب. ورغم أن هذه الورقة تعالج قضية المنهج هذه إلا أنها لا تهدف بأي حال تقديم الإجابات الوافية عن القضايا المتعلقة بها. بل إن أقصى ما يمكن أن نطمح إليه هنا هو لفت النظر لهذا الموضوع الهام، والدعوة إلى مزيد من الدراسات والبحث.

**المنهج:**

نقصد بالمنهج هنا الطريقة والأسلوب والكيفية التي يعتمدها الباحث في النظر لموضوعه، وفي معالجة القضية التي يدرسها ويبحثها. فهو الأسلوب الذي يعتقد أنه يوصل إلى معرفة صحيحة ومعقولة ومتناسقة حول القضية المدروسة. ويشمل المنهج طرق جمع المعلومات المتعلقة بقضية البحث، ومعايير غربلتها وتصنيفها والحكم عليها. كما يشمل طرق توليفها وتحليلها وتركيبها مع بعضها البعض كي تقدم في النهاية تفسيرا مقترحا للظاهرة قيد البحث. وبهذا فإن المنهج ليس مجرد قواعد جامدة وميكانيكية، بل هو مجال فكري له عمق فلسفي يتحكم في الطريقة التي يرى الباحث بها موضوعه وبكيفية تحليله ودرسه. والمنهج يختلف عن العلم نفسه، فالأحداث التاريخية التي نقرأها في كتب التاريخ ليست المنهج التاريخي ذاته. فهذه الأحداث المدونة هي خلاصة ما اعتقد المؤرخ أنه رواية صحيحة لما حصل في الماضي بالفعل، بينما يضم المنهج التاريخي الطرق التي اتبعها هذا المؤرخ للوصول إلى روايته، وتبريرات الاعتقاد عنده بأن هذه الأحداث التي رواها هي ما حصل بالفعل.

## الرواية الغربية المتحيزة لتاريخ الفلسفة والعلوم

إن معرفتنا بتاريخ العلوم والمعارف، وبانتقالها من أمة إلى أخرى يعتمد على ما كتب ودون حول هذا الموضوع. ومن الواضح أن عناية الغرب بكتابة تاريخ العلوم قد فاقت عناية العرب والمسلمين بها. ولقد استخدم الغربيون هذا المجال للتعبير عن رؤاهم الفلسفية، وعن رؤيتهم لذاتهم وللآخرين، فأصبح تاريخ العلوم حقلا لإظهار وإثبات وترسيخ فكرة تفوق الغرب على سائر العالم، وفكرة تفرد الرجل الأبيض بالعبقرية الخلاقة وأنه صاحب الفضل في إطلاق مسيرة الحضارة الحديثة. واقتضى مثل هذا التنظير للمركزية الأوروبة (الغربية) إنكار دور الأمم والشعوب الأخرى، أو التقليل والتهوين من شأن مساهماتها في دفع عجلة الحضارة والعلوم. لقد جاء تدوين هذه العلوم في عصر كان فيه الغرب يستعمر الشعوب الأخرى في آسيا وإفريقيا، ويخضعها لحكمه العسكري المباشر، ولسلطته السياسية والثقافية، فكيف يمكن له والحال هذه أن يقر بأن لها فضل عليه وعلى حضارته؟!!

بهذا السياق تقول المستعربة الألمانية زيغريد هونكه صاحبة كتاب **شمس العرب تسطع على الغرب** (١١:١٩٨٠): "وحتى هذا اليوم [عام ١٩٦٢]، فإن تاريخ العالم، بل وتاريخ الآداب والفنون والعلوم لا يبدأ – بالنسبة إلى الإنسان الغربي وتلميذ المدرسة – إلا بمصر القديمة وبابل بدءا خاطفا سريعا، ثم يتوسع ويتشعب ببلاد الإغريق وروما، مارا مرورا عابرا ببزنطية، ومنتقلا إلى القرون الوسطى المسيحية لينتهي منها آخر الأمر، بالعصور الحديثة." على أن هذه الرؤية المتحيزة قد بدأت بالانقشاع أمام رؤية أخرى موضوعية وواقعية.

الدراسة الرائدة في هذا المجال لمارتن برنال (١٩٨٧)، والتي تبين خطأ الفكرة التي سادت في الرواية الغربية لتاريخ الفكر والعلوم، ومفادها أن الحضارة اليونانية كانت إبداعا ذاتيا لليونان، وأنها كانت تنمو باستقلال ذاتي تماما. ونقيضا لهذه الفكرة يثبت برنال أن هذه الحضارة كانت متأثرة بشكل عميق بالحضارات القديمة الأخرى مثل مصر القديمة وحضارات العراق وحضارة آسيا الصغرى. ويرى أن رواية الانفصال هذه قد تبلورت في نهايات القرن الثامن عشر حين أخذت العنصرية الأوروبية تشكلها التام، ففي تلك الفترة أخذ العلماء الغربيون يحاولون تصوير الحضارة اليونانية القديمة وكأنها عالم مستقل بذاته تماما، وأنها شكلت الأسس الكاملة للحضارة الأوروبية. ويوضح برنال أن هذه العنصرية احتقرت الشرق الوسط وأفريقيا عمدا، ووصفتهما بأنهما غير متطورين، وأنهما مناطق متدنية المستوى وليس لهما تأثير عملي على المجد الإغريقي، ولا على العظمة الرومانية ولا الحضارات الأوروبية التالية.

وفي دراسة غربية أخرى يعالج هوبسون (٢٠٠٦) موضوعة التحيز في رؤية مدرسة "المركزية الأوروبية" للعالم، فهذه المدرسة تقدم رؤية تؤكد على أعلوية الغرب المتأصلة على الشرق، وتتضمن أفكارا مثل أن الأوروبيين ينتشرون إلى الخارج فاتحين الشرق والغرب الأقصى، وفي نفس الوقت يرسون مسارات الرأسمالية، والتي يمكن بها نقل العالم كله من أنياب الحرمان والبؤس إلى نور الحداثة البراق. وعليه يصبح من المنطقي والطبيعي دمج قصة تاريخ العالم في نهضة الغرب وانتصاره. فالغرب، وفق هذه المدرسة، يستحق بجدارة شغل البؤرة المركزية لتاريخ العالم المتقدم، بماضيه وحاضره. وكما يشرح هوبسون،

فإن هذه المدرسة تنظر لفكرة أن أوروبة قد نمت بشكل مستقل عن طريق منطق حديدي من الحلول الذاتية، فارتقاء العالم الحديث هو قصة نهوض الغرب. ويتوسع هوبسون في بيان تهافت رؤية المركزية الأوروبية هذه، ويورد الحقائق التاريخية التي كشفت عنها عدة دراسات علمية مرموقة، وهي تثبت تقدم الشرق في مجالات حضارية متنوعة قبل أن تنجح جيوش الغرب الغازية من إخضاعه، واستلاب ثرواته، وإعاقة نموه وتطوره.

إن عملية التأريخ للعلوم والمناهج قد استمدت روحها من هذه المدرسة العنصرية، فأنكرت فضائل العلماء غير الغربيين ومساهماتهم الأساسية في تطوير الفكر والعلم والفلسفة، واستبعدت مثلا أن يكون العرب قد طوروا مناهج عقلانية للتفكير والبحث والتحليل. علق المستشرق فان-فلوتين (Van-Vlotene) في دراسته لكتاب **مفاتيح العلوم** على كاتبه أبو بكر الخوارزمي بالقول: "إن المؤلف يتسم بالنظام وتكثيف للعرض نادرين بالنسبة إلى مؤلف عربي" (البرغوثي ٢٠٠٧). يتسق هذا مع ما رآه هيجل في حضارة العرب، واعتقاده أنها برهة ماضية في تطور الروح البشرية، كما يتسق مع تحليله للأمم وللتاريخ، وهو تحليل مليء بالعنصرية ومشبع بروح المركزية الأوروبية، فقد قاده احتقاره للإنسان الإفريقي الأسود إلى تبرير الرق، كما قاده اعتقاده بتفوق أوروبة إلى تبرير الاستعمار.

وحسب ما يورده ألبرت حوراني في دراسة له حول أرنولد توينبي وكتابه "**دراسة التاريخ**"، فإن الأخير يؤكد أن المؤرخين الغربيين قد أخطأوا في مناهجهم الدراسية لأنهم كانوا متمحورين حول الذات بطرق عديدة، فهم قد تعاملوا فقط مع التاريخ الغربي، ولم يعتبروا التواريخ الأخرى إلا بقدر ارتباطها بالتاريخ الغربي،

وهم قد تعاملوا مع التواريخ الأخرى ضمن تصنيفات ومعايير تنطبق فقط على التاريخ الغربي. ويرى توينبي أن هؤلاء المؤرخين قد أخطأوا أيضا حين اعتقدوا أنهم يقفون خارج التاريخ، وأنهم بهذا قادرون على محاكمته بإصدار أحكام عامة عنه، وكأن التاريخ قد وصل إلى نهايته وخلاصته بطريقة ما في العالم الغربي.

إن طمس عمليات "التأريخ الغربية لتطور العلوم" لدور وإسهامات الآخرين قد شمل أيضا حقل الفلسفة ومناهج البحث والتفكير، فقد غابت الفلسفات العربية والصينية والهندية بفعل روح المركزية الأوروبية عن تاريخ الفلسفة برواياتها الغربية. وفي الحالات التي تم ذكر الإسهامات الفلسفية العربية فيها فإنها كانت حالات عابرة، قدمت العرب كناقلين للفلسفة اليونانية فقط. يلاحظ روبرت برناسكوني (Bernasconi 1997:213, 223) أن أغلب دوائر الفلسفة، ليس في أوروبة وأمريكا الشمالية فقط، تدرس الفلسفة كقصة بدأت في اليونان، وأن محاولات كسر هذا التقليد ما زالت ضعيفة. ويوضح برناسكوني أنه منذ أواخر القرن الثامن عشر فقد اعتبرت الفلسفة بشكل أساسي مشروعا فكريا غربيا. وحسب برناسكوني فإن الفيلسوف الألماني هايدجر، مثله مثل سلفه هيجل، قد رفض فكرة أنه كان هناك فلسفة صينية أو هندية. ومقابل ذلك فقد كرر الادعاء لصالح اليونان وبالتفصيل في كتابه: **ما هي الفلسفة؟** وتلاحظ هونكه (١٩٨٦: ١٢) أنه "في سياق الحديث عن الإغريق، اعترف الأوروبيون بدور العرب في التاريخ حين قالوا: إن العرب قد **نقلوا** كنوز القدامى إلى بلاد الغرب."

يتضح من هذا العرض السريع لأثر مدرسة "المركزية الأوروبية" على كتابة التاريخ، وتاريخ العلم والفكر، وأكثر تحديدا تاريخ الفلسفة، أن إنكار دور الآخر، غير الأوروبي، كان متعمدا ومنطلقا من دوافع عنصرية محضة. ويبقى أن نتساءل في المقابل، هل كان هناك تأثيرات عربية-إسلامية على أوروبة في حقل المناهج الفلسفية والفكرية والبحثية؟ وإذا كانت الإجابة بالإيجاب فماذا كان هذا الدور؟

وللإجابة على هذين السؤالين سنعرض أولا للأساس الديني الذي مهد وأسس للمنهجية البحثية والعلمية في الثقافة العربية-الإسلامية، وسنعرض ثانيا لبعض تفاصيل هذه المنهجية، ثم سنعرض أخيرا لانتقال هذه المنهجية للغرب واقتباسه لها، نتيجة للاتصال بينه وبين الإسلام في أماكن متعددة وأزمان مختلفة.

## أولا- الأصول الدينية للمنهج في
## الثقافة العربية-الإسلامية

إن التفكير المنهجي والعقلي موجود في نصوص الإسلام الأساسية، القرآن الكريم والأحاديث النبوية الشريفة، ومنها استمد المسلمون في نهضتهم المنهج القويم للبحث والتفكير. يلخص اللواء أحمد عبد الوهاب (١٩٩٠: ٢٤-٢٧) بعضا من الملامح الأساسية لما يمكن تسميته بالمنهج القرآني في البحث والتفكير، وهو ما يطلق عليه هو التنوير من مفهوم إسلامي، ففي القرآن الكريم آيات تدل على تحرير البحث الفكري من خلال:

- **التحرر من تقاليد الأولين**: كما في الآية ٢٣-٢٤ من سورة الزخرف: "وكذلك ما أرسلنا من قبلك في قرية من نذير إلا قال مترفوها إنا وجدنا آباءنا على أمة وإنا على آثارهم مقتدون (٢٤) **قال أولو جئتكم بأهدى مما وجدتم عليه آباءكم قالوا إنا بما أرسلتم به كافرون.**"

● **التحرر من الهوى:** كما في الآية ٢٦ من سورة ص: "يا داوود إنا جعلناك خليفة في الأرض فاحكم بين الناس بالحق **ولا تتبع الهوى** فيضلك عن سبيل الله إن الذين يضلون عن سبيل الله لهم عذاب شديد بما نسوا يوم الحساب،" والآية ٢٩ من سورة الروم: "**بل اتبع الذين ظلموا أهواءهم بغير علم** فمن يهدي من أضل الله وما لهم من ناصرين."

● **إقامة المنهج العلمي على ترك الظن:** كما في الآية ٢٨ من سورة النجم: "وما لهم به من علم إن يتبعون إلا الظن **وإن الظن لا يغني من الحق شيئا.**"

● **وإقامته على ضرورة البرهان:** كما في الآية ١١١ من سورة البقرة: "وقالوا لن يدخل الجنة إلا من كان هودا أو نصارى تلك أمانيهم **قل هاتوا برهانكم** إن كنتم صادقين،" والآية ٧٥ من سورة القصص: "ونزعنا من كل أمة شهيدا **فقلنا هاتوا برهانكم** فعلموا أن الحق لله وضل عنهم ما كانوا يفترون،" والآية ١٧٤ من سورة النساء: "يا أيها الناس **قد جاءكم برهان** من ربكم وأنزلنا إليكم نورا مبينا."

● **تأسيس قواعد صحيحة ووسائل سليمة لتحصيل العلم مثل:**

**التعلم من ذي علم:** كما في الآية ١٤ من سورة فاطر: "إن تدعوهم لا يسمعوا دعاءكم ولو سمعوا ما استجابوا لكم ويوم القيامة يكفرون بشرككم **ولا ينبئك مثل خبير،**" والآية ٤٣ من سورة النحل: "وما أرسلنا من قبلك إلا رجالا نوحي إليهم **فاسألوا أهل الذكر إن كنتم لا تعلمون.**"

**اعتماد المشاهدة واستخدام الحواس:** كما في الآية ١٩ من سورة الزخرف: "وجعلوا الملائكة الذين هم عباد الرحمن إناثا **أشهدوا خلقهم** ستكتب شهادتهم ويسألون،" والآية ١٠١ من سورة

يونس: "**قل انظروا ماذا في السماوات والأرض** وما تغني الآيات والنذر عن قوم لا يؤمنون."

**الدراسة والتعليم:** كما في الآية ٧٩ من سورة آل عمران: "ما كان لبشر أن يؤتيه الـلـه الكتاب والحكم والنبوة ثم يقول للناس كونوا عبادا لي من دون الـلـه ولكن كونوا ربانيين **بما كنتم تعلمون الكتاب وبما كنتم تدرسون،**" والآية ٤٤ من سورة سبأ: "وما آتيناهم من **كتب يدرسونها** وما أرسلنا إليهم قبلك من نذير."

**استخدام المنطق:** كما في الآية ٢٢ من سورة الأنبياء: "**لو كان فيهما آلهة إلا الـلـه لفسدتا** فسبحان الـلـه رب العرش عما يصفون،" والآية ٤٢ من سورة الإسراء: "**قل لو كان معه آلهة كما يقولون إذا لابتغوا إلى ذي العرش سبيلا.**"

**استخدام القياس:** كما في الآية ٢٩ من سورة الأعراف: "**قل إن تخفوا ما في صدوركم أو تبدوه يعلمه الـلـه ويعلم ما في السماوات وما في الأرض و الـلـه على كل شيء قدير،**" والآية ٢٧ من سورة الروم: "قل أمر ربي بالقسط وأقيموا وجوهكم عند كل مسجد وادعوه مخلصين له الدين **كما بدأكم تعودون.**"

**استخدام الاستنباط:** كما في الآية ٨٣ من سورة النساء: "وإذا جاءهم أمر من الأمن أو الخوف أذاعوا به ولو ردوه إلى الرسول وإلى أولي الأمر منهم **لعلمه الذين يستنبطونه منهم** ولولا فضل الـلـه عليكم ورحمته لاتبعتم الشيطان إلا قليلا."

**البحث والاستكشاف:** كما في الآية ٢٠ من سورة العنكبوت: "**قل سيروا في الأرض فانظروا كيف بدأ الخلق** ثم الـلـه ينشئ النشأة الآخرة إن الـلـه على كل شيء قدير."

أما في مجال الأحاديث النبوية فإن تيرنر (٢٠٠٤: ٤٧) يوضح أن التعاليم والوصايا الواردة فيها تبين المكانة التاريخية

الهامة المخصصة للمعرفة عند المفكرين المسلمين. وهو في دراسته للعلوم الإسلامية يرى أن التعاليم الإسلامية تقول "بأن كل الكون المادي دليل على وجود اللـه الخالق القابض عليه. وحتى تدرك الذات الإلهية لا بد من دراسة كافة أشكال الخلق، كل الظواهر الموجودة في العالم من حيوانات وخضروات ومعادن وكل ما يتعلق بحياة الإنسان، ومن الطبيعي أن تشمل هذه الدراسة الجنس البشري نفسه. وتبعا للعقيدة الإسلامية الصحيحة، فإن هذا الجهد المبذول لإدراك الذات الإلهية هو أمر أساسي للتوصل إلى حياة دنيوية مستقيمة وعادلة كما بين الرسول. ومن الصعب تصور واقع أبسط أو أكثر روحانية للبحث العلمي من ذلك، ناهيك عن الدراسات الميتافيزيقية."

## ثانيا: مساهمات العلماء العرب المسلمين بالمنهج العلمي وتطويره

### (١) أسس المنهج العلمي عند العرب:

يلاحظ الدكتور كحالة (٧٥:١٩٧٢) أن العلماء العرب قد امتازوا "في بحوثهم بالملاحظة وحب الاستطلاع والرغبة في التجربة والاختبار، فأنشأوا المعامل ليمتحنوا نظرياتهم ويستوثقوا من صحتها، واستنبطوا مبادئ الميكانيك وقوانينها الأساسية، مما ساعد على تقدمها ونموها." ويشير كحالة (٧٤-٧٦) إلى أن عالم البصريات المعروف ابن الهيثم كان قد سار على الطريقة العلمية في بحوثه عن الضوء، فأخذ بالاستقراء وبالقياس وبالتمثيل، والتزم ضرورة الاعتماد على الواقع الموجود، وهذا مطابق للمنوال المتبع في البحوث العلمية حاليا.

وقد استخدم العلماء العرب طرائق التصنيف في كتاباتهم، وهي من ركائز البحث العلمي، فهذا ابن البيطار المالقي (ت ٦٤٤ هـ = ١٢٤٨م) المعروف بأنه أعظم علماء النبات والصيدلة في الإسلام، يصنف في كتابه **الجامع في الأدوية المفردة** ألفا وأربعمائة صنفا من الأدوية المختلفة، ويرتبها حسب حروف المعجم. وثلاثمائة من هذه الأصناف لم يتناول بحثها مثله أي كتاب في الصيدلة. ويبين كحالة (١٩٧٢: ٥٦-٥٧) أن وصف ابن البيطار للأدوية يمتاز بالدقة البالغة، "فهو يذكر المترادفات، كما يذكر ترجمتها الإغريقية، وكثيرا أيضا [يذكرها] بالفارسية والبربرية والاسبانية الدارجة [في زمنه]." ويذكر كحالة أيضا أن ابن البيطار اتبع طريقة أخرى في التصنيف في كتابه **المغني في الأدوية المفردة**، إذ "رتب مادته تبعا لنظام العلاج بالأدوية."

ويقول الدكتور عمر فروخ في كتابه **تاريخ العلوم عند العرب** (١٩٧٠: ١٩٥-١٩٧) أنه كان للفيلسوف الكندي (ت ٢٦٠ هـ = ٨٧٤م) محاولة للاعتماد على الملاحظة الشخصية والتجربة العلمية المنظمة في كتابه **في البحار والمد والجزر**.

وفي مجال تأسيس المعرفة على مناهج علمية واقعية وواضحة فان للعالم المسلم الأندلسي الشهري ابن حزم (ت ٤٥٩ هـ = ١٠٦٤م) باع طويلة، فقد رد في كتاباته، حسب ما يشرحه فروخ (١٩٧٠:٢١٨)، الأحداث إلى أسبابها الطبيعية، وحارب الأوهام والخرافات، ونفى في كتابه **الفصل بين الملل والنحل** أن تكون الأفلاك والنجوم عاقلة أو أنها تسمع وترى. وقال بأن هذه الدعوى (أنها تسمع وترى وأنها عاقلة) بلا برهان، وأكد أن النجوم "لا تعقل أصلا وأن حركتها على رتبة واحدة لا تتبدل عنها، وهذه صفة الجماد المدبر الذي لا اختيار له."

ويشبه مسلك ابن حزم المنهج الذي اتبعه الفيلسوف الشهير ابن رشد (ت ٥٩٥ هـ = ١١٩٧م)، فقد سلك مسلكا علميا حتى في بحوثه الماورائية. ويشير فروخ (١٩٧٠:٢٢٠) إلى أن ابن رشد "كثيرا ما كان يعتمد الواقع الطبيعي في حياة الإنسان سبيلا إلى المعرفة الصحيحة،" وهو يستنتج أن الحقيقة عند ابن رشد "لا تدرك إلا بالوسائل البشرية والوسائل الطبيعية." ويعلق بأن مبدأ ابن رشد المتعلق بالنظام الكوني الضروري، الذي يحققه الإنسان طوعا واختيارا، وعن طريق الحكمة، "قد فتح المجال لتصور العلم الحديث وإدراكه مستقلا عن أي طراز آخر من طرز المعرفة، وقد ألبس ابن رشد هذه المعرفة لباسا جديدا وأضفى عليها صفة الكمال والاستقلال والتجربة" (فروخ ١٩٧٠:٢٢١).

### (٢) مناهج العرب والمسلمين في دراسة التاريخ

يبين أسد رستم (١٩٨٤:أ-ز) أن أول من نظم نقد الروايات التاريخية ووضع القواعد لذلك هم علماء الدين الإسلامي، "فإنهم اضطروا اضطرارا إلى الاعتناء بأقوال النبي وأفعاله لفهم القرآن وتوزيع العدل." ويقول أنهم بجمعهم للأحاديث ودرسها وتدقيقها قد أتحفوا "علم التاريخ بقواعد لا تزال في أسسها وجوهرها محترمة في الأوساط العلمية حتى يومنا هذا." ويصف رستم رسالة القاضي عياض في علم المصطلح، والتي كتبها ابن أخيه سنة ٥٩٥ للهجرة، بأنها "من أنفس ما صنف في موضوعها، وقد سما بها القاضي إلى أعلى درجات العلم والتدقيق في عصره." ويستطرد بالقول: "والواقع أنه ليس بإمكان أكابر رجال التاريخ اليوم أن يكتبوا أحسن منها في بعض نواحيها وذلك على الرغم من مرور سبعة قرون عليها، فإن ما جاء فيها من مظاهر الدقة في التفكير والاستنتاج تحت عنوان "تحري الرواية والمجيء باللفظ" يضاهي ما ورد في الموضوع نفسه في كتب الفرنجة في أوروبة وأمريكا."

ويستنتج رستم أن "المثودولوجية الغربية التي تظهر اليوم لأول مرة بثوب عربي ليست غريبة عن علم مصطلح الحديث بل تمت إليه بصلة قوية، فالتاريخ دراية أولا ثم رواية، كما أن الحديث دراية ورواية. وبعض القواعد التي وضعها الأئمة منذ قرون عديدة للتوصل إلى الحقيقة في الحديث تتفق في جوهرها وبعض الأنظمة التي أقرها علماء أوروبة فيما بعد في بناء علم المثودولوجية."

ولعلماء العرب فضل إخضاع الرواية التاريخية للعقل ومنطقه، فكما يرى عبد الحليم عويس (١٩٨٨:١٦٣) فإن ابن حزم امتاز عن غيره من المؤرخين العرب، كالطبري مثلا، بأنه لم يكتف بتوثيق الرواية التاريخية فقط، بل أقدم أيضا على إعمال العقل في المتن المروي، وقام بعرضه على بديهيات الحس وأولويات العقل. وهو بهذا، كما نرى، قد نهج نهجا جديدا في التعامل مع الرواية التاريخية لم يسبقه إليه أحد.

**(٣) إسهامات البيروني وآخرين في مناهج علم الإنسان:**

لقد قدم بعض علماء العرب والمسلمين مساهمات في دراسة الثقافات الأخرى (غير الإسلامية) منذ وقت مبكر، وقرونا قبل نشوء علم الإنسان وتطوره في الغرب كعلم يهتم بالثقافات الإنسانية. يطلق عالم الإنسان المعروف في بريطانيا وأمريكا أكبر أحمد (١٩٨٩: ١١٣-١١٤) على العالم المسلم أبو الريحان البيروني (٩٧٣م-١٠٤٩م)، صاحب كتاب "**تحقيق ما للهند من مقولة مقبولة في العقل أو مرذولة**،" لقب "أبو علم الإنسان." وحجته أنه "إذا كان علم الإنسان يقوم على الملاحظة من الداخل على نطاق واسع في الثقافات الأخرى، والإفادة من المادة العلمية

التي تجمع بالتحليل المحايد، وبالرأي البريء من الهوى من بدايته، وباستخدام الطريقة المقارنة، فإن البيروني يكون عالما من علماء الإنسان بأرقى المعايير المعاصرة."

ويشير الدكتور عمر فروخ إلى منهج الجغرافي المقدسي (ت ٣٩٠ هـ = ١٠٠٠م) في كتابه **أحسن التقاسيم في معرفة الأقاليم،** إذ اعتمد في مادته على الكتب المؤلفة سابقا، وعلى سؤال أهل التجربة، وعلى ما رآه وعرفه بنفسه. وهذا المنهج، في اعتقادي، قريب جدا من مناهج البحث في الكثير من العلوم الإنسانية، وبالأخص علم الإنسان (الأنثروبولوجيا). ويخبرنا فروخ أن المقدسي كان رائدا في حقل الجغرافيا السياسية، إذ فصل فيها، وبحث في المناخ والزرع، وطوائف الناس واللغة، والتجارة والأخلاق والعادات، والأحوال السياسية والضرائب، والأماكن المقدسة، وهذه الشمولية في البحث هي ما تعتمده مناهج علم الإنسان البحثية.

وكما هو واضح مما سبق فإن طريقة البحث الميداني كانت معروفة ومتبعة لدى العلماء العرب، وهي طريقة أساسية في حقول المعرفة الإنسانية حاليا. ويذكر فروخ (١٩٧٠:٢١٣) أن الجغرافي الشهير أبو الحسن علي بن سعيد العنسي الغرناطي الأندلسي المغربي (ت ٦٧٤ هـ = ١٢٧٥م) كان قد سافر أسفارا مترامية في المشرق والمغرب. "وقد تطوف في معظم نواحي أوروبة فكتب كثيرا عن شرقيها وغربيها وشمالها، في كتابه **كتاب الجغرافية في الأقاليم السبعة،**" كما أنه ضمن فيه "وصفا لأرمينية وأواسط أوروبة وشماليها ومنطقة بحر البلطيق وجزيرة آيسلند." وتراث العرب الجغرافي غزير في هذا المجال، وقد اشتهرت رحلات الجغرافيين العرب كرحلة ابن بطوطة (١٣٠٤-١٣٧٨م)

والتي استغرقت ثمانية وعشرين عاما، زار خلالها بلاد القفقاس وروسيا، ورحلتي ابن فضلان (ت ٣٠٩ هـ = ٩٢١م) وابن جبير (١١٤٥-١٢١٧م). والثابت أن كتب هؤلاء قريبة إلى حد ما من كتب علماء الإنسان الغربيين الذين درسوا ووصفوا المجتمعات والثقافات غير الغربية، بعد أن عاينوها شخصيا، ودرسوها ميدانيا.

## ثالثا- الاتصال بين المناهج الإسلامية ونظيرتها الغربية

بداية ينبغي القول أن فكرة الانفصال بين المناهج الغربية والمناهج الإسلامية مخالفة لحقائق التاريخ. ففي حين ترى مدرسة المركزية الأوروبية تطورا حضاريا للغرب بمعزل عن الشرق (بما فيه حضارات الصين والهند والعرب المسلمين)، نجد أن التاريخ يثبت بصورة قطعية أن الشرق والغرب كانا متصلين بشكل أساسي ودائم على الأقل منذ العام ٥٠٠م. وحسب هوبسون فلقد كان الشرق أكثر تقدما من الغرب طوال الفترة بين ٥٠٠-١٨٠٠م. ولم تقم حضارة الغرب الصناعية إلا على قاعدة تدمير الآخر وإخضاعه، فعندما عانت بريطانيا في منتصف القرن التاسع عشر من عجز مبادلاتها التجارية مع الصين، قامت بتصدير الأفيون لها. وحين صادرته الحكومة الصينية، تدخلت القوات العسكرية البريطانية تساندها القوات الأمريكية لفرض بيعه. يبين هوبسون(١٣:٢٠٠٦) أن الشرقيين كانوا قد خلقوا اقتصادا عالميا وشبكة اتصالات عالمية بعد عام ٥٠٠م، وقد نشرت هذه الشبكة في الغرب أكثر "الموارد الفكرية"، الشرقية تقدما "مثل الأفكار الشرقية والمؤسسات والتكنولوجيا"، حيث تم استيعابها بعد ذلك فيما أطلق عليه العولمة الشرقية. ثم قاد الاستعمار الغربي الأوروبيين بعد عام ١٤٩٢م إلى الاستيلاء على كل أشكال الموارد الاقتصادية الشرقية لتمكين نهضة الغرب.

أما فيما يتعلق بدور الفكر العربي في تكوين الفكر الأوروبي فيقول عبد الرحمن بدوي (5:1979)، أنه كان واسع المدى وعميق الأثر. فلم يقتصر على الفلسفة والعلوم الطبيعية والفيزيائية والرياضيات، بل قد شمل الصناعات، و"امتد كذلك إلى الأدب: الشعر منه والقصص، والى الفن: المعمار والموسيقى منه بخاصة." ويقول بدوي أن عملية الإخصاب بين الفكر العربي والعقل الأوروبي قد تمت في منطقتين: "الأولى إسبانيا وفي مدينة طليطلة منها بخاصة، والثانية صقلية، وجنوب ايطاليا، خصوصا في عهد ملوك النورمان وأشهرهم، رجار الثاني المتوفي سنة ١١٥٧ وفردريك الثاني المتوفي سنة ١٢٥٠م."

ولقد سنحت حروب الفرنجة (الحروب الصليبية) للأوربيين للاتصال الوثيق بالثقافة والفلسفة وأنماط الحياة الإسلامية، ولاشك أن تبادلا تقافيا قد حدث بين الفريقين. ويرى مؤرخو هذه الحروب أن الأوروبيين والذي كانوا أقل حضارة ومدنية وعلما من المسلمين، قد اقتبسوا الكثير منهم في مجالات الحياة والعلوم المختلفة.

وحسب برنارد لويس (د.ت:٤) فقد كان وصول حركة الفكر والعلوم العربية إلى الغرب بصفة عامة وإلى إنكلترا بصفة خاصة بعد أن فتح العرب شمال إفريقيا وساروا بانتصاراتهم إلى أوروبا واستعمروا إقليمين هامين في منطقة البحر الأبيض المتوسط مدة طويلة. ويقول لويس أن العرب أسسوا في إسبانيا وصقلية مدنية زاهرة أرقى كثيرا من أية مدنية معاصرة لها في ذلك الوقت في البلاد المسيحية. ويؤكد أنه حتى بعد أن استعاد المسيحيون سيادتهم على تلك البلاد، فقد ظلت العلوم العربية مزدهرة مدة من الزمن.

يرى حسن حنفي (1992:103-104) أن أثر الحضارة الإسلامية على أوروبة قد تمثل بعد ترجمة علومها، خاصة الفلسفة والكلام والعلوم الطبيعية والرياضية، بتصحيح العلاقة بين العلم والإيمان. فبعد أن كان الفكر الأوروبي يرى أن الإيمان يتجاوز حدود العقل، وأنه سر لا يستطيع العقل الوصول إليه أو إدراكه، أصبح هذا الفكر يتجه نحو تبني نظرة الإسلام التي اعتبرت أن الإيمان هو العقل والعقل هو الإيمان. ويستطرد حنفي بتوضيح جانب مهم آخر: "كما استطاعت الترجمات أن تعطي نموذجا جديدا بالنسبة لصلة الفضل الإلهي بالطبيعة، فبعد أن كانت العصور الوسطى ترى أن الفضل الإلهي يمزق قوانين الطبيعة ويتدخل في مسارها، استطاعت هذه الترجمات عن المعتزلة والفلاسفة أن تعطي نموذجا جديدا هو اتفاق العلم الإلهي والإرادة الإلهية مع قوانين الطبيعة، وأنه من الحكمة الإلهية أن نعيش في عالم يحكمه القانون، دون أن يقلل ذلك من تصورنا للإرادة الإلهية." وبالتالي أعطت الفلسفة الإسلامية للعصور الوسطى المتأخرة نموذج اتفاق الوحي والعقل والطبيعة، في مقابل النموذج المسيحي الذي يجعل الإيمان يفوق العقل، ويجعل الطبيعة تتجاوز قوانين العقل.

يبين جلال محمد عبد الحميد موسى (1972:٢٣)، في رسالته للدكتوراة المنشورة بعنوان "**منهج البحث العلمي عند العرب في مجال العلوم الطبيعية والكونية**"، خطأ نسبة الطريقة العلمية الحديثة في البحث إلى فرنسيس بيكون (١٥٦١-١٦٢٦)، ويحاجج بأن عناصر هذه الطريقة وجدت كامنة في أبحاث العلماء العرب، فابن الهيثم (٤٣٠هـ) مثلا، كان في بحوثه العلمية مستوعبا لعناصر الطريقة العلمية، فاهما لوظائفها. ويرى موسى أن العلوم الطبيعية عند اليونان كانت دراسات فلسفية ميتافيزيقية

تقوم على منهج عقلي استنباطي، فتحولت على أيدي العلماء العرب إلى دراسات علمية تستند إلى منهج تجريبي استقرائي. "وما كان يتأتى إدراك هذا المنهاج إلا عن طريق المشاهدات وإجراء التجارب وافتراض الفروض واستنباط النتائج، وتلك هي الطريقة العلمية التي سار عليها علماء الطبيعة العرب في بحوثهم العلمية."

يتفق رأي جلال موسى هذا مع ما ذهب إليه برنارد لويس والذي يقول أن لمجهودات العلماء الإنكليز الذين زاروا البلاد العربية الفضل في "أن ما أنتجه العرب في الفلسفة والعلوم أصبح معروفا في إنكلترا وفي البلاد الغربية. وبذلك خطت الثقافة الأوروبية خطوة هامة في سبيل ارتقائها. وكان الأثر الذي أحدثته ترجماتهم ومؤلفاتهم أثرا عظيما، ومن بين أولئك الذي تأثروا تأثرا عميقا بالعلوم العربية ذلك الفيلسوف الإنكليزي العظيم روجر بيكون." ويقر لويس بأن أوروبا القرون الوسطى تحمل دينا مزدوجا للعرب ولمن شرح كتبهم من علماء الغرب، فالعرب كانوا أولا هم الواسطة التي انتقل بها إلى أوروبا جزء كبير من الميراث اليوناني الثمين في ميدان الفكر والعلوم. والعرب ثانيا هم الذين علموا أوروبا طريقة جديدة للبحث "وضعت العقل فوق السلطة ونادت بوجوب البحث المستقل والتجربة." ويستطرد بأنه "كان لهذين الدرسين الفضل الكبير في القضاء على العصور الوسطى والإيذان بعصر النهضة وبعث أوروبا الجديدة" (لويس د.ت:٦).

يتطرق لويس (٤-٥) لزيارات العلماء من البلاد الشمالية وخاصة إنكلترا للجامعات العربية في إسبانيا في القرن الثاني عشر للبحث عن العلوم والمعارف. ويذكر أن أول هؤلاء العلماء وأعظمهم العالم الإنكليزي أدلارد (Adelard) من مدينة باث الذي قام بأسفار واسعة في إسبانيا وسوريا في الربع الأول من القرن

الثاني عشر، وقد كان أحد السابقين إلى نشر الثقافة العربية في الغرب.  ويعقد أدلارد في كتابه "**المسائل الطبيعية**" مقارنة بين المذهبين (المنهجين) العربي والفرنجي، ويقول، حسب ما ينقله لويس، في المقدمة :"أنا سأدافع عن مذهب العرب ولست أعبر عن رأيي الشخصي." ويصر بإسهاب على تفوق الطريقة العربية. يقول أدلارد: "إنني وقائدي ودليلي هو العقل...قد تعلمت شيئا من أساتذتي العرب...إن الإنسان قد منح العقل لكي يستخدمه حكما عاليا في الفصل بين الحق والباطل.  إن علينا أن نبحث أول كل شيء عن العقل فإذا اهتدينا إليه- لا قبل أن نهتدي إليه- نبحث في السلطة، فإن سايرت العقل قبلناها" (لويس:٧).  وقد ساعد أدلارد بنفوذه، إذ كان معلما للأمير هنري الذي أصبح فيما بعد الملك هنري الثاني ملك إنكلترا، على انتشارها في الغرب. وهذا دليل واضح على انتقال مناهج البحث والتفكير العربية-الإسلامية للغرب منذ القرن الثاني عشر.

وأما عن تأثير العرب على الحداثة الغربية، فإن ماريا روزا مينوكال (٢٠٠٦:٧)، وهي أكاديمية أمريكية من أصل كوبي، وأستاذة للغة الإسبانية والبرتغالية في جامعة ييل (Yale) الأمريكية، ترى أن الحداثة الأوروبية تعود في كثير من مظاهرها وأفكارها إلى ما قدمته الأندلس الإسلامية من نموذج حضاري وإنساني.  والدكتورة مينوكال معروفة على المستوى الدولي لقيامها بإعادة قراءة التاريخ الثقافي والأدبي في الأندلس، ورد الاعتبار للمساهمة العربية-الإسلامية فيه. وهي ترى أن تعايش الديانات السماوية الثلاث في ظل الإسلام الأندلسي، وفي الأندلس العربية، يظل حلما إنسانيا مفتوحا على المستقبل.

وفي الحقيقة فإن الدكتورة مينوكال ليست شاذة في آرائها حول تأثير الحضارة الإسلامية الأندلسية على الغرب، إذ يذكر شوقي أبو خليل (١٩٩٦:٥٩١) أن هناك اعترافا صريحا باقتباس الغرب للمنهج العلمي الحديث عن العرب. فقد تقرر في مؤتمر الحضارة العربية-الإسلامية، الذي عقد في جامعة برنستون في واشنطن عام ١٩٥٣، أن هذا المنهج العلمي القائم على البحث والملاحظة والتجربة، والذي أخذ به علماء أوروبة، إنما كان نتاج اتصالهم بالعالم الإسلامي في الأندلس.

## الخلاصة

طرحت هذه الورقة العلاقة بين مناهج البحث الغربية ونظيراتها العربية، وبينت أن علماء الغرب قد استفادوا واقتبسوا بدرجة كبيرة من معلميهم العرب. ويمكن لنا في ضوء المعطيات التاريخية أن نحاجج بأن فكرة الانفصال بين الإسلام والغرب، أو حتى ما بين الغرب وسائر حضارات الشرق، فكرة غير صحيحة، ولا تصمد أمام الوقائع التاريخية الثابتة.

لقد ابتكر العلماء العرب مناهج دقيقة وموثوقة للبحث العلمي، فاعتمدوا الاستقراء والاستنباط، والملاحظة الدقيقة، والتصنيف والتوثيق، والعمل الميداني ومعايشة الثقافات الأخرى من أجل دراستها. كما طوروا مناهج علمية في علم التاريخ، وبحثوا طرق تحقيق الروايات والأحداث ووسائل الحكم على صحتها، واحتكموا إلى العقل في ذلك. وفي مجال العلوم الطبيعية فقد اعتمدوا منهج الملاحظة والتجربة والاختبار. وعن العرب اقتبس الأوروبيون هذه المناهج والطرق الفكرية والبحثية.

على أن الرواية الغربية لتاريخ العلوم والفلسفة تجاوزت، حتى عهد قريب، الحديث عن مساهمات العلماء والمفكرين العرب،

ووقعت هذه الرواية بشراك التحيز للغرب، وللمواقف العنصرية الأوروبية التي احتقرت وازدرت سائر الشعوب والثقافات والحضارات. وكما استعرضت الدراسة، فإن توجها واضحا تبلور بين عدد من المنصفين من الباحثين الغربيين نحو إعادة الاعتبار للدور العربي-الإسلامي في تطوير المعارف والعلوم والمناهج البحثية.

## مراجع الدراسة

أبو خليل، شوقي

(١٩٩٦) **الحضارة العربية-الإسلامية وموجز عن الحضارات السابقة**، دمشق: دار الفكر وبيروت: دار الفكر المعاصر.

أحمد، اكبر

(١٩٨٩) **نحو علم إنسان إسلامي**، هيرندن، فيرجينيا: المعهد العالمي للفكر الإسلامي.

البرغوثي، عبد الكريم

(٢٠٠٧) "في عقلانية حجة الإسلام الغزالي،" بحث غير منشور.

بدوي، عبد الرحمن

(١٩٧٩) **دور العرب في تكوين الفكر الأوروبي**، الكويت: وكالة المطبوعات وبيروت: دار القلم.

تيرنر، هوارد

(٢٠٠٤) **العلوم عند المسلمين**، ترجمة فتح الله الشيخ، القاهرة: المجلس الأعلى للثقافة.

حنفي، حسن

(١٩٩٢) **مقدمة في علم الاستغراب**، بيروت: المؤسسة الجامعية للدراسات والنشر والتوزيع .

رستم، أسد

(١٩٨٤) **مصطلح التاريخ**، بيروت: المكتبة البولسية، الطبعة الرابعة.

عبد الوهاب، اللواء أحمد

(١٩٩٠) **التغريب طوفان من الغرب**، القاهرة: مكتبة التراث الإسلامي.

العقاد، عباس محمود

(٢٠٠٧) **أثر العرب في الحضارة الغربية**، القاهرة: نهضة مصر، الطبعة الثالثة.

عويس، عبد الحليم

(١٩٨٨) **ابن حزم الأندلسي وجهوده في البحث التاريخي والحضاري**، القاهرة: الزهراء للإعلام العربي، الطبعة الثانية.

فروخ، عمر

(١٩٧٠) **تاريخ العلوم عند العرب**، بيروت: دار العلم للملايين.

كحالة، عمر رضا

(١٩٧٢) **العلوم البحته في العصور الإسلامية**، دمشق: مطلعة الترقي.

لويس، برنارد

(د.ت) **تاريخ اهتمام الانكليز بالعلوم العربية**، لندن: هيئة الإذاعة البريطانية (البي بي سي)، ست مقالات نشرت لأول في مجلة "المستمع العربي"، الطبعة الثانية.

موسى، جلال محمد عبد الحميد

(١٩٧٢) **منهج البحث العلمي عند العرب في مجال العلوم الطبيعية والكونية**، بيروت: دار الكتاب اللبناني.

مينوكال، ماريا روزا

(٢٠٠٦) **الأندلس العربية إسلام الحضارة وثقافة التسامح**، ترجمة عبد المجيد جحفة ومصطفى جباري، الدار البيضاء: دار توبقال للنشر.

هوبسون، جون إم

(٢٠٠٦) **الجذور الشرقية للحضارة الغربية**، ترجمة منال قابيل، القاهرة: مكتبة الشروق الدولية.

هونكه، زيغريد

(١٩٨٦) شمس العرب تسطع على الغرب "اثر الحضارة العربية في أوروبة"، ترجمة عن الألمانية فاروق بيضون وكمال دسوقي، بيروت: دار الآفاق الجديدة، الطبعة الثامنة.

Bernal, Martin

(1987) **Black Athens-The Afroasiatic Roots of Classical Civilization**, New

Brunswick, New Jersey: Rutgers University Press

# نحو تحرير العقل الإنساني من هيمنة الفكر الغربي

**د. مصلح كناعنة***

**مدخل**

للهيمنة طرفان: مهيمـن ومهيمـن عليه. ولا تتوفر الهيمنة إلا إذا اجتمـع أمـران: مقـدرة المهيمـن عـلى فرض سيطرته على المهيمن عليه، وعدم تمكن المهيمن عليه من ردع تلك السـيطرة بدايـة والتحـرر منهـا فيما بعد. من هذا المنظور علينا أن ننظر إلى وضعية هيمنة الفكر الغربي على دراسات الإنسان والمجتمع في الـوطن العربي. فلكي نعرف بأي اتجاه نسير في بحثنا عن "مدخل عربي – إسلامي إلى دراسة الإنسان والمجتمع"، علينا أن ننطلق من تشخيص سليم لأسباب المشكلة التي استوجبت هذا البحث. فلهيمنة الفكر الغربي عـلى العقـل العربي الإسلامي سببان لا يمكن فهم أحدهما دون الآخر: مقـدرة الفكـر الغربي عـلى فـرض نفسه عـلى العقـل العربي الإسلامي، وعجز العقل العربي الإسلامي عن إنتاج فكر يضاهي الفكر الغربي فيمنع اسـتفراده بالنفوذ ويحرر العقل العربي الإسلامي من سلطانه المطلق.

بالعودة إلى منابع الفكر الغربي المعاصر، سوف أحاول أن أثبت أن "الحداثة" (تلك الحداثـة التـي تبهـر عقول المثـقـفـين العرب وتشـكل الغايـة القصوى لطموحاتهم الفكرية) هي أصل المشكلة ومنبع الأزمـة التـي نعاني منها نحن وبقية العالم. ثم بالعودة إلى منابع الفكر العربي الإسلامي، سوف أحاول أن أثبت أن عجز هذا الفكر عن مضاهاة الفكر الغربي يكمن في إغلاق أبواب الاجتهاد وإطلاق العـنان لمـنهج القيـاس الـذي يعـادي الفكر المبدع

---

* أستاذ علم الاجتماع في جامعة بيرزيت.

ويكرس الجمود الفكري. وفي النهاية سوف أطرح بعض الأفكار المتعلقة بمستقبل العقـل العربي الإسلامي والأهداف التي يجب أن يسعى إليها هذا العقل بعد تحرره من هيمنة الفكر الغربي.

### الحداثة

الحداثة كتيار فكري، نشأت في أوروبا نتيجة للثورة الصناعية التي أدت إلى نمو اقتصادي هائل وظهـور الطبقة العاملة، والثورة الفرنسية التي أوقدت الإيمان بتحرر الإنسان وخلاص الإنسانية، ونشوء الدولة القوميـة الذي اقترن بنشوء النظام البيروقراطي وتركـز الثروة والقـوة في أيدي النخب السياسية (Berman, 1983).

تميزت الحداثة (١) بالتوسع الاستعماري الذي أخضع "العالم غير الأوروبي" لسيطرة أوروبا المباشرة ليتم استغلاله كحشد من المستهلكين لمنتوجات الصناعة الأوروبية وكمصدر رخيص للمواد الخام، بما في ذلك البشر ـ كأيد عاملة مستغلة أو مستعبـدة، (٢) بنمو اقتصادي سريع أدى إلى ازدياد الأمل بحياة أفضل من ناحية، وإلى اتساع الفجـوة بين من يملك ومن لا يملك من ناحية أخرى، (٣) بنشـوء ثقافـات طبقيـة منفصلـة عـن بعضـها بشكل شبه كلي: "كانت ثقافات الطبقات المختلفة بوجه عام منغلقة ومنفصلة عن بعضها البعض بشكل يكاد يكون كليا، بحيث كان انتقال الأفراد من طبقة إلى أخرى معدوما إلا في حالات استثنائية جدا. "كان المرور عبر الحدود الثقافية للطبقات شبه مستحيل، وهـذا لا ينطبق فقـط على الصـعود مـن أسـفل الهـرم إلى الأعـلى" (Heller, 1990:2).

جوهر الحداثة، كحالة اجتماعية ثقافية وكتيار فكري، هـو "مشـروع التنـوير". و"التنـوير" هـو الإيمـان بالعقل والعلم

ومقدرتهما على تمكين الإنسان من السيطرة على البيئة الطبيعية والاجتماعية التي يعيش فيها، أي على الطبيعة والمجتمع. وعليه فإن التقدم العلمي بمفهوم التنوير يعني ازدياد مقدرة العقل الإنساني على السيطرة على الطبيعة والمجتمع والتحكم بهما، ومن هنا ينبع الإيمان التنويري الحداثي بأن التقدم العلمي يؤدي حتما إلى تقدم الإنسان وتحرر الإنسانية (Boyne & Rattansi, 1990).

يصف المفكر الألماني يورغـن هابرماس هذا الإيمان المطلق بالعقل والعلم على أنه نظرة أحاديـة البعـد للعقلانية، فبموجب هذه النظرة لا يسعى الإنسـان لفهم الطبيعة والمجتمع إلا مـن أجـل السـيطرة علـيهما والتحكم بهما واستغلالهما، وهي نظرة مبنية على الاعتقاد بأن العقل ليس إلا وسيلة استغلالية بحكم طبيعتـه (Habermas, 1987). إلا أنه من الواضح أن الطبيعة الاستغلالية للعقل الإنسـاني تنبـع في الأسـاس مـن الإيمان المطلق للتنويريين الغربيين بالعقلانية كما عـرفوها هـم، أي بالعقلانيـة الغربيـة. فليس كـل عقـل قـادر علـى السيطرة على الطبيعة والمجتمع واستغلالهما، وإنما العقل الوحيد القادر علـى ذلك هـو العقـل الغربـي الـذي يتمتع بعقلانية مبنية على المنطق الأريسطوطالي، أي "العقـل الخـالص" (pure reason) كـما سـماه إيمانويل كانت. إنه العقل الوحيد القادر على أن يعـرف، وعلى أن يفهم، وعلى أن يستغل، وعلى أن يـنجح في السـيطرة على الطبيعة والمجتمع، وبالتالي على أن يـنتج تقدم الإنسان وتحرر الإنسانية. وهكذا فإن التفريق الحداثي بـين "العقل الخالص" الذي يعنى بالمعرفة وبين "العقل العملي" (practical reason) الذي يعنى بالأخلاق

العملية، أدى إلى التفريق بين الغرب وغير الغرب. وهكذا أدى الإيمان الحداثي بمقدرة العقل على التحكم بالطبيعة إلى الإيمان الحداثي بمقدرة الغرب على التحكم ببقية العالم كما أن الإيمان بواجب الإنسان العقلاني في السيطرة على الطبيعة من خلال العلم، أدى إلى الإيمان بواجب، وحق، الإنسان الغربي في السيطرة على شعوب العالم من خلال "التحديث" (modernization) (Rorty, 1979; Trouillot, 1991).

هذا الجانب من الحداثة مرتبط بجانب آخر بالغ الأهمية ويحتاج إلى شرح مطول. فالمنطق الوضعي في الفلسفة الواقعية (realism) التي سادت الفكر الأوروبي في فترة ما قبل الحداثة، كان مبنيا على الإيمان بـ "المحاكاة الساذجة"، أي بالتماثل المباشر أو التطابق الكامل بين الواقع والنظرية، وبين المضمون والهيئة، وبين الشيء والمفهوم الذي يمثله ويعبر عنه، وبأن المعنى كامن هناك، في الواقع المرئي والمدرك، ليتم الكشف عنه ووصفه من خلال العمل الفني أو الأدبي أو العلمي (رسل، ١٩٨٣). وجاءت الحداثة كردة فعل على هذه النظرة "السطحية الساذجة" للواقع. ففي الحداثة لا يوجد تماثل مباشر أو التطابق الكامل بين الواقع كما هو وبين الواقع كما يعبر عنه في النظرية العلمية أو الهيئة الفنية أو النص الأدبي. فالنظرية في العلم والهيئة في الفن والنص في الأدب ليست ( ولا يجب أن تكون) مجرد "صورة مرآة" ولا مجرد وصف مباشر للواقع كما هو هناك، وإنما هي الوسائل العقلية التي تزودنا بمعنى الواقع، وبجوهر الأشياء، وبحقيقة الوجود، وبقوانين الطبيعة، من أجل السيطرة على طبيعة الواقع وواقع الطبيعة في العالم واستغلالهما لتقدم الإنسان وتحرر

الإنسانية. إلا أن معنى الأشياء ليس في ظواهرها ولا يبدو لنا على السطح لنلتقطه بحواسنا ثم نصفه في النص أو نعبر عنه في الهيئة أو نمثله في النظرية، بل هو مستتر من خلف الظواهر ومختبئ تحت طبقات متعددة من المظاهر الحسية للأشياء، ولذلك يجب أن نستنتجه استنتاجا ونحل ألغازه ونميط اللثام عنه (Bertens, 1986). ففي منظور الحداثة، ما يهمنا ليس هو الواقع كما يبدو للحواس، وإنما هو الواقع كما ينظمه العقل... وما له قيمة في نظر التنوير الحداثي هو ليس الأشياء في مهابتها (*the sublime*) (أي في شكلها الطبيعي قبل أن يصقلها ويشكلها الإنسان) بل الأشياء في جماليتها (*the esthetic*) (أي كما يصقلها ويشكلها وينظمها الإنسان) (Lyotard, 1984). فقط حين ينظم العقل ظواهر الواقع... فقط حين يفرض العقل نظامه على الواقع، يستطيع العقل أن يخترق السطح ليصل إلى المعنى والجوهر، ويصبح للواقع معنى، ويصبح للأشياء أهمية، ويصبح العالم قابلا للمعرفة والفهم والسيطرة والاستغلال من أجل تقدم الإنسان وتحرر الإنسانية. وعليه فإن المعنى لا يكمن في الواقع كواقع، وإنما يكمن في الواقع الذي يتم تنظيمه وإعادة بنائه في النظرية أو الهيئة أو النص، من قبل العقل الحداثي المستنير الذي هو وحده (بحكم عقلانيته) يملك القدرة على اختراق السطح والغوص في بواطن الأمور والكشف عن طبيعة الطبيعة. وهنا يجب التنبيه إلى أن اعتقاد معظم ممارسي العلم في مجتمعنا العربي بأن المنهج الإمبيريقي (التجريبي) هو منهج واقعي، هو اعتقاد خاطئ على المستوى الفلسفي، فمع أن هذا المنهج يعتمد على معطيات الحواس، إلا أنه لا "يكتشف" المعنى في معطيات الحواس ذاتها ولا

في الواقع الذي تأتي منه، بل في تنظيم هـذه المعطيـات وتصـنيفها وتحليلهـا مـن قبـل العقـل الباحـث، بمعنى أن "الحقيقة" لا تأتي من الواقع مع معطيات الحواس، بل تأتي من العقل الباحث مع النظـام والترابطـات التي يفرضها هذا العقل على المعطيات ثم يخضع المعطيات لها ولمنطقها الخاص.

بما أن المعنى مستتر خلف المظاهر وكامن في التنظيم العقلاني للواقع، فإن اكتشاف معنى الأشياء يعنـي في منظور الحداثة "اختراق سطح الأشـياء بواسـطة التحليـل التفسـيري" (Bertens, 1986:15) واخـتراق سـطح الأشياء بواسطة التحليل التفسيري لا يتأتى إلا للإنسان الغربي، لأنه هو الوحيد الذي يملك عقلا عقلانيـا، وبالتـالي يملك القدرة على تنظيم الواقع بشكل عقلاني. إلا أن هذا الشرط غير كاف على الرغم من أنه ضروري، فالتحليل التفسيري "الصحيح" واكتشاف المعنى "الحقيقي" للأشياء يتطلبان قدرات فكريـة ومهـارات جماليـة ومـؤهلات فلسفية ومواصفات نفسية خاصة لا يتمتع بها، في الغرب نفسه، إلا من يتمتعون بامتياز الحصول عـلى المعرفـة والعلم والثقافة، وهو امتياز تحدده الثقافـة الطبقيـة والنـوع الاجتماعـي(Huyssen, 1986). ولـذا فـإن رجـل النخبة (أي الرجل من طبقة النخبة) هو وحده القادر على اكتشاف "المعنى الحقيقي" للأشـياء، وإدراك جـوهر الأمور، وفهم حقيقة الواقع، واستيعاب مغزى الوجود، وتذوق الجماليات، وتقدير مكونـات الطبيعـة، وبالتـالي التحكم بالطبيعة والمجتمع والمساهمة في تقدم الإنسان وتحـرر الإنسـانية (المصـدر السـابق، وكـذلك ,Keller 1985 ورسل، ١٩٨٣). إن فن الحداثة، وموسيقى الحداثة، وأدب الحداثة، وعلم الحداثة، وفلسفة الحداثة، هي كلها

وبدون استثناء نخبوية وذكورية ليس فيها وجود للمرأة ولا للعامة، مع وجود فجوة هائلة تفصل بين النخبة التي تفهم وتقدر الفن والموسيقى والأدب والعلم والفلسفة وبين الجماهير التي لا تفهم هذه الأمور ولا تقدرها؛ بين الرجل الذي يمارس تجربة الحداثة وينفذ مشروعها التنويري وبين المرأة التي لا دور لها في هذا كله.

لقد أدى هذا إلى إنتاج أبرز ما تمتاز به الحداثة وأوضح مؤشر على طبيعتها، وهو مجموعة من أزواج المتناقضات تعرف بـ "مزدوجات الحداثة" (Trouillot, 1991: 34):

| | | |
|---|---|---|
| **الواقع** | العمق | السطح |
| | الجوهر | المظهر |
| | النظام | الفوضى |
| | الواقع في الصيغة | الواقع في الواقع |
| | المعنى | الوجود |
| | | |
| **الأشياء** | شكل جمالي (مصقول) | شكل مهابي (طبيعي) |
| | مثقف (مهذب) | طبيعي |
| | قابل للمعرفة | غير قابل للمعرفة |
| | الشيء كموضوع للمعرفة | الشيء في ذاته |
| | | |
| **العقل** | عقلاني | لاعقلاني |
| | منطقي | لامنطقي |
| | معرفة من الخارج | معرفة من الداخل |

| | معرفة علمية | معرفة حدسية |
|---|---|---|
| | | |
| الإنسان | عصري | غيرعصري |
| | حداثي | ما قبل-حداثي |
| | ثقافي | طبيعي |
| | حضاري | بدائي |
| | | |
| المعرفة | ذات معنى | بدون معنى |
| | صحيحة | خاطئة |
| | مهمة | غير مهمة |
| | علمية | غير علمية |
| | | |
| ... = ... | الغرب | الشرق |
| | الأبيض | غير الأبيض |
| | النخبة | الجماهير |
| | الثقافة العليا | ثقافة العامة (الفلكلور) |
| | الثقافة | الطبيعة |
| | الرجل | المرأة |
| | العقل | الجسد |
| | الرأس | القلب |
| | الفكر | العاطفة |
| | الذهن | الغريزة |
| | علمي | خطابي/عاطفي |
| | العلم | الخيال/العقيدة |

هذه الأزواج من المتناقضات في الحداثة لم تـنتج فقط التناقض والصراع بين ذكر الثقافة وأنثى الطبيعة، وبين الغرب العقلاني والشرق اللاعقلاني، وبين النخبة المثقفة والجماهير الساذجة، بل هي أنتجت كذلك التناقض والصراع داخل ذات الفرد الواحد. فالذات الحداثية ممزقة بين العقلانية واللاعقلانية... بين الفكر والغريزة... بين رغبة العقل في المعرفة ورغبة الجسد في الانغماس في العيش (Lunn, ١٩٨٥). ففي محاولتها اليائسة لفرض النظام والهيئة المصقولة على المظهر اللامنتظم لموضوع المعرفة، مزقت الحداثة الذات الإنسانية العارفة. وبخلاف الذوات المنسجمة لعهد الواقعية، فإن ذوات عهد الحداثة تنوء تحت وطأة الصراع الداخلي ويمزقها التناقض بين الحرارة الدموية للقلب الذي ينبض بالحياة وبين البرودة الهندسية للعقل الذي ينظر إلى الحياة من عليائه... من "أبله" دوستويفسكي، إلى الأجساد المشوهة في لوحات بيكاسو، إلى التردد بين صخب العاطفة وصمت العقل في مقطوعات شايكوفسكي، إلى الصراع الأبدي بين "الإد" و "الأنا" عند فرويد، إلى "الإنسان الأعلى" لنيتشه الذي لا يبارح فراش المرض والموت، إلى العجوز الذي يصارع الأقدار بمفرده عند هامنغوي، إلى التخبط اللانهائي بين "الوجود والعدم" وبين الفكر والهلوسة لدى سارتر. وهكذا تحول مشروع الحداثة في النهاية إلى لهاث محموم للتغلب على الصراع، وإلى سلسلة من المحاولات الفاشلة للتوفيق بين المتناقضات وتوحيد التجربة الحياتية التي مزقتها الحداثة نفسها (Lyotard, 1984).

وبما أن الحداثة حصرت المعرفة العقلانية والصقل الجمالي للواقع في النخبة المثقفة التي تحتل قمة الهرم الاجتماعي، فقد

كانت مضطرة إلى مأسسة العلم والفن والأدب لكي تمنع انزلاق "العقلاني" و"الجمالي" إلى كتـل الرعـاع وعامة الجماهير (Huyssen, 1986). إن الأكاديميا (الجامعة)، والغاليريا (معرض الرسومات)، ودار الأوبـرا، والمسرح، وصالات الأدب، وهي مفاخر الحداثة بلا منازع، كلها أنشئت في أرقى الزوايا من أرقى الأحياء في أرقى المدن، بعيدا عن الفلاحين الجهلة في الحقل، والعمال السذج في المصنع، و "حثالة المجتمع" في أحياء الفقر!

يتضح لنا من خلال التعمق في فكر الحداثة أن محاولة الإنسان للسيطرة على الطبيعة والمجتمع ليست إلا محاولة العقل لافتراض معايير كلية وشمولية ومطلقة للحقيقة، تكفل صحة ومصداقية البحث العلمي مـن خلال قوانين فوق-طبيعية وقبل-تجريبية مفروضة مقدما، تقول لنا ما هو الواقع وكيف يبدو وكيـف تتصرف الأشياء فيه. وبكلمات أخرى، فإن الأسس الإبستمولوجية والأنطولوجية المفروضة من العقل على الواقع مقدما (أي قبل التجربة) هي التي تتيح إمكانية معرفة العالم الذي يجب السيطرة عليه والتحكم به. هذه "الأسسية" اللاتجريبية تعكس الإيمان الحداثي بأن الإنسان الغربي، بعقله العقلاني، "يملك أرضية امتيازية لليقين المعرفي والسلطة الفكرية التي لا يمكن الارتياب بها أو الخروج عليها" (Margolis, 1986:38 وكذلك الخولي، ٢٠٠٠). وهذه "الأسسية" المطلقة هي التي أنتجت النظريات الكبرى للحداثة، وهذه النظريات الكبرى هي نوع جديـد من الميتافيزيقا التي تفرض نفسها على التجربة ولا تخضع للتجربة، بدءا بـ "كوغيتو" ديكارت ومرورا بمقولات كانت الإثني عشر، ثم تجريبية كونت وهوبز، ثم

ديالكتيك هيغل وتاريخه الشمولي، ثم تطورية داروين، ثم ليبيدية فرويد، ثم الوظيفية البنائية لرادكليف براون، ثم فينومينولوجية هوسرل وبرغسون. كل هذه النظريات الكبرى هي "مجرد رغبة في إيجاد أسس يجب أن نتشبث بها وأطر يجب أن لا نخرج منها" (Rorty, 1979:315).

أما فيما يتعلق بالنظريات الاجتماعية على وجه الخصوص، فمنذ منتصف القرن التاسع عشرــ سيطرت على الحداثة اثنتان من مثل هذه النظريات "الأسسية" الكبرى: المادية التاريخية لماركس، والوظيفية لدوركهايم. كلتا هاتين النظريتين "تصران على أن اكتشاف المبنى الاجتماعي وديناميكياته الاجتماعية كواقع مستقل...سوف يحرر دراسة المجتمع من قبضة الميتافيزيقا والآراء الذاتية الصرفة، وسوف يحدث ثورة في الممارسة الاجتماعية" (Crook, 1990:48). وكل منهما تدعي أنها هي القادرة على طرح المقولات السليمة للفهم العلمي للمجتمع والتاريخ، والمبادئ الصحيحة للحداثة والتنوير. إلا أن كلا من هاتين النظريتين تدعي، وبتزمت متطرف، أنها هي وحدها الوسيلة الوحيدة للوصول إلى الحداثة وثمارها الموعودة من التقدم والرخاء والمساواة والحرية. وعلى الرغم من أن كلتا النظريتين تدعيان أن المجتمع هو واقع مستقل خاضع لنمطه الخاص من العلاقات السببية، فإن كلا منهما تدعي أن قوانين الواقع الاجتماعي لا يتم اكتشافها ومعرفتها إلا من خلالها، وليس من خلال النظرية الأخرى؛ إما من خلال المادية التاريخية فقط، وإما من خلال الوظيفية فقط. ولهذا يذهب ستيفن كروك إلى حد القول: "إن ماركس ودوركهايم لا يمارسان العلم، بل ينتجان برامج تملأ العلم

بمقولات ميتافيزيقية... كلاهما يقرر لنا ما هو الواقع وكيف ننظر إليه، وكيف يمكننا معرفته، قبل أي بحث أو الدراسة" (Crook, ١٩٩٠:٥٢).

**أزمة الحداثة**

في منتصف القرن العشرين أصبح فشل مشروع الحداثة وعجزها عن تحقيق وعودها بالرخاء والمساواة والحرية واضحا. لقد تمكنت الحداثة من اضطهاد وتهميش الأطراف الضعيفة من أزواج المتناقضات (كالمرأة، والعالم الثالث، والأجانب، والفلاحين، وجماهير العامة بشكل عام)، ولكنها لم تتمكن من القضاء عليهم ومحوهم من الوجود، فظل هؤلاء يمارسون الحياة في الظل ويجمعون قواهم من وراء الكواليس، إلى أن أصبح تأثيرهم على معايير الفن والأدب والعلم غير قابل للإنكار أو الرفض. وفي نفس الوقت لم تتمكن الحداثة من التوفيق بين المتناقضات التي أوجدتها، وعوضا عن ذلك حاولت أن تسيطر على تلك المتناقضات من خلال دمجها في أنظمة شرعية للتمييز واللامساواة، كالكولونيالية والرأسمالية والسيادة الذكورية في العلوم والاحتكار المؤسس للحقيقة ووسائل إنتاجها (Lyotard, 1984). ومن ناحية أخرى فإن مأسسة الفن والعلم من أجل الحفاظ على طابعهما النخبوي جعلت حرية الفن وحيادية العلم وموضوعية الحقيقة من المستحيلات، بل من مبتذلات الفكر النخبوي. فالمعايير التي تقرر ما هو جمالي وعلمي وحقيقي لم يعد يحددها "العقل الخالص" بناء على مقولاته المطلقة، بل أصبح يحددها أصحاب القرار السياسيون بناء على مصالحهم الذاتية أو الطبقية. فمأسسة الفن والعلم سيستهما وجعلتهما شريكا في اللعبة البيروقراطية للجامعة

والمعرض والمسرح والدولة. أما النظريات الكبرى التي كان من المفروض أن تمنح الشرعية للولوج إلى المعرفة، فقد انتهى بها الأمر إلى أن تمنح الشرعية للولوج إلى مراكز القوة السياسية، وبدل أن تحقق المشروع التنويري للحداثة وتمكن الإنسان من السيطرة على الطبيعة والمجتمع، حققت المشروع المناقض له ومكنت المؤسسات من السيطرة على الفرد (Fox, 1991). وهكذا فشلت الرأسمالية والماركسية والبروتستانتية والفاشية والديمقراطية الاشتراكية في تحقيق السلام والأمن والمساواة للإنسان الغربي، وفشلت كلها في بناء "المجتمع السليم" الذي يسوده التضامن العضوي ويوجهه الهدف الإنساني الأسمى، وتركت الفرد وحيدا عاريا في مواجهة ألغاز الحياة المعاصرة (Rattansi, 1990 & Boyne). وهكذا فإن إنسان نيتشه الأعلى - السوبرمان، العارف لكل الحقائق والقادر على كل شيء - انتهى به المطاف كرجل بلا هوية ولا ملامح، يمزقه الارتباك، جالس في زاوية مظلمة في مكان لا موقع له، ينتظر بقلق محموم مجيء "غودو" الذي لا يأتي أبدا... ويسدل ستار الحداثة، ونبقى نحن وذاك الرجل لا نعرف من هو "غودو"، وما هو، ومن أين يأتي، وهل سيأتي في يوم من الأيام أم لا.

ونتيجة لهذا الفشل برز إلى الوجود في الغرب تيار من المفكرين الحداثيين النقديين الذين أخذوا يحاولون تشخيص المرض والعثور على أسباب فشل الفكر الحداثي في تحقيق وعوده التنويرية. فهايدجر وماركوزا وفيتغنشتاين وهابرماس في الفلسفة والفكر، والتعبيريون وحركة الأفانت-غارد في الفن، وت.س. إليوت وجيمس جويس وفيرجينيا وولف في الأدب؛ كلهم ساهموا

في النقد الذاتي للحداثة (Pool, ١٩٩١). ولكن هذا النقد الذاتي كان يعاني من نقطة الضعف التي يعـاني منها كل نقد ذاتي، وهي أن النقد يكون مبنيا على نفس الأسس والمقولات التي ينتقدها. فالنقد الحداثي لم يسع إلى هدم المشروع التنويري بل إلى إنقاذه، ولم يشن الحرب على الحداثة بل من أجلها (Frankel, 1990).

**عصر ما بعد الحداثة**

ظهر تيار ما بعد الحداثة (*postmodernism*) كردة فعل على الظروف الخاصة التي ورثها عصر ما بعـد الحداثة من الحداثة ومشروعها التنويري. فكلما ازداد فشل الحداثة في تأمين السـلام والأمـن والحريـة والمعنـى للإنسان، كلما أصبح العلم وأصحاب القرار من خلفه معنيـين لـيس في اكتشـاف الحقـائق، بـل في اخـتراع آلات أوتوماتيكية تجعل حيـاة النـاس محتملـة، وفي اكتشـاف إمكانيـات جديـدة لتسـويق هـذه الآلات (Adorno, 1977)، وهذا أدى بدوره إلى نشوء وسائل الإعلام التي لا تعرف الرحمـة، و"العمليـات التكنولوجيـة والصـناعية التي لا يمكن السيطرة عليها" (Roberts, 1990:12)، وصناعة شريط التجميع التـي تحـول كـل شيء تقريبـا إلى بضاعة للتسويق وبسرعة هائلة (Callinicos, 1990). هذه التطورات حولـت النظريـات الحداثيـة الكـبرى إلى كماليات لا فائدة منها، فكما يقول لويتارد: إن العلم والتيكنولوجيا لا يحتاجان إلى الشرعية الإبسـتيمولوجية ولا إلى معايير للحقيقة طالما أنهما ينتجان آلات متطورة ويعثران على وسائل مربحة لتسويقها (Lyotard, 1984).

وفي نفس الوقت شهد هذا الجيل من "المستهلكين السلبيين" في الغرب ثورات التحرر مـن الاسـتعمار في "الهامش البعيد"،

وشهد كذلك انتفاضة "الهامش القريب" في عقر دار الرأسمالية الغربية نفسها. وفي هـذه الأثناء بـدأ المثقفون والمتعلمون والمفكرون مـن مجتمعات العـالم الثالـث بالوصول إلى الغرب والصعود عـلى مسرـح الأحداث، جالبين معهم "زوايا جديدة للنظر وأبعاد جديدة للفهم والمعرفة" (Clifford، ١٩٨٦:٩).

**تيار ما بعد الحداثة**

نستطيع أن نجزم أن ما بعد الحداثة هي محاولة لتوسيع وتعميق النقد الذي بدأه الجناح اليساري من الحداثة المتأخرة. ولكن بسبب الظروف الخاصة لعصر ما بعد الحداثة، والتي وصفناها أعلاه، فإن تيار مـا بعـد الحداثة مختلف ومنفصل كليا عن الحداثة اليسارية المتأخرة، مـن حيث أن تيـار مـا بعد الحداثة لا يكتفي بالنقد الإصلاحي بل يسعى إلى تقويض الأسس المعرفية للحداثة ومشروعها التنويري. وقد تأثر تيار ما بعد الحداثة بشكل جوهري بالحركة الهدمية (أو ما بعد البنائية) التي تدعي أن كـل موضـوع للمعرفة يتشكل في "خطاب" أو "منظومة مـن المفاهيم"، ولا وجـود لـه كموضـوع للمعرفة إلا مـن خـلال الخطـاب أو منظومـة المفاهيم التي يتشكل فيها. فبما أن اللغة هي دائما وأبدا وسيلتنا الإلزامية لمعرفة وفهم العـالم، فإنـه ليس مـن الممكن أن نتخطى المعاني التي ينتجها الخطاب اللغوي. فمعرفة الأشياء تكمن في العلاقـة بـين الرمز والمفهـوم، ولـيس في العلاقـة بـين الرمـز والأشـياء في الخـارج (Derrida, in Roberts, 1990). وبتـأثير دي سـوزير وفيتكينشتاين، تنفي ما بعد الحداثة إمكانية الوصول إلى الواقع في وجوده المستقل، وذلك لأن الواقع لا يصل إلينا، ونحن لا نصل إليه، إلا من خلال الرموز والمفاهيم، وليس لهذا الواقع من أهمية

أو معنى إلا حين تتدخل اللغة بيننا وبينه فتشكله وتحوله إلى "موضوع" للمعرفة الذهنية. وباختصار، فإن ما بعد الحداثة حولت العلم من "نصوص تعبر عن حقائق" وتراكم للحقائق السليمة التي أثبتت صحتها ولم يثبت خطؤها، إلى مجموعة من "الألعاب اللغوية وألعاب القوة" التي لا علاقة لها بالحقيقة وإنما بالمعنى والتأثير. وقد أوصل هذا ليوتارد إلى أن يقول أن القوة، وليس الحقيقة، هي معيار العلم وممارساته المختلفة في عالم ما بعد الحداثة (Lyotard, ١٩٨٤).

بناءا على هذه النظرة للعلم، أعلنت ما بعد الحداثة رفضها لكل النظريات الكبرى، وأنها "تشن حربا على التوتاليتارية الفكرية" التي أنتجتها الحداثة (Lyotard, 1984:81). ووصل الأمر بمفكري ما بعد الحداثة إلى أن يعلنوا بكل إصرار أن ما بعد الحداثة ليست حركة ولا نظرية ولا مذهبا، وإنما هي مجرد تيار يجري في تضاريس صعبة؛ مجموعة من المستائين الذين اكتشفوا علل الحداثة ولذلك يرفضون تصديق أكاذيبها أو احترام اختلاقاتها، وهمهم الوحيد هو محاربتها وتقويض أسسها وتخليص العالم منها، وفتح ساحة الفكر لكل أنواع الممارسة وأشكال المعرفة، ولكل الأطراف على حد سواء.

وهكذا نرى أن ما بعد الحداثة هي أداة هدم وليست مشروع بناء، وأنها لا تطرح أي بديل للحداثة سوى حق الجميع في طرح البدائل التي يريدونها، وأن كل ما تبنيه هو من قبيل "كل شيء ممكن؛ كل شيء مفتوح؛ ليست هناك حدود ولا حق لأحد أن يرسم حدودا؛ لا أحد يملك الحق في احتكار الحقيقة وفرضها على الآخرين، فالحقائق نسبية دائما ولا وجود لحقائق مطلقة."

### نحـن والحداثة

إذا كانت الحداثة قد فشلت واعترف الغرب نفسه بفشلها، فلماذا ما زلنا نحن العرب نعتبرها شرطا ومقياسا للتقدم والنجاح؟ ... إذا كان مفكرو الغرب أنفسهم يصرحون بكفرهم بالحداثة ويعلنون الحرب عليها، فلماذا لا نزال نحن العرب نؤمن بها، ونقدسها، ونضعها نصب أعيننا كمثالنا الأعلى، ونمأسسها في جامعاتنا ومعاهدنا، ونـروج لها في مناهج تدريسنا، ونزرعها في عقول أجيالنا القادمة؟ (انظر مثلا زيادة، ١٩٨٧).

لقد حاولت من خلال هذا الوصف المختصر للحداثة أن أوضح أن هيمنة العقل الغربي علينا هـي جـزء لا يتجزأ من مشروع الحداثة نفسها، وأن تهميشنا والاستخفاف بفكرنا هما نتاج مباشر لجوهر الفكر الغربي الحداثي، وأن الحداثة التي تعشش في فكرنا هي المخلفات التي أسقطها الغرب الاستعماري في عقولنا لتعيش فينا بعد موتها في الغرب، معتقدين أن الحداثة حي سبب تقدمنا ولحاقنا بالغرب في حين أنها في الواقع علـة تخلفنا وإلحاقنا بالغرب.

إن الحداثة الآن تصارع الموت في الغرب، وكل يتفاخر بأنه قاتلها، والظاهر أنه لا أحد يرغب في امتلاك إرثها وإنجاب نسلها سوى نحن العرب وباقي شعوب "الهامش البعيـد". لقـد آن الأوان لأن نـدرك أن هيمنة العقل الغربي علينا تنبع بشكل مباشر من الحداثة ومنتجاتها الاستعلائية والاستغلالية، وأنه لا يتم التحرر مـن هذه الهيمنة إلا من خلال نبذ الحداثة وفلسفتها ومناهجها وفك الارتباط بينها وبين مفهومنا للعلم والمعرفة والتقدم. وبما أن الغرب لا يطرح (أو لا يقدر أن يطرح) بديلا للحداثة، فإن هذا يفتح أمامنا نحن العرب فرصة ذهبية للمساهمة في طرح وتطوير بديل للمعرفة الإنسانية، لصالحنا ولصالح الإنسانية جمعـاء، بـدل أن نظل فرسانا يدافعون عن قائد على فراش الموت، وهو لا يرجو لنا خيرا. ولكن كيف لنا أن نساهم في طرح وتطوير

بديل للمعرفة الإنسانية ونحن غير قادرين حتى الآن على أن نحرر أنفسنا مـن هيمنـة العقـل الغـربي الحداثي وهو على فراش الموت؟

أن نلقي اللوم كله على الحداثة وجبروتها وما خلفته في عقولنا، يعني أن نعفـي أنفسـنا مـن المسـؤولية ونعمي أعيننا عن علاتنا. فعجزنا عن التحرر من هيمنة العقل الغربي الحداثي على الـرغم مـن ضعفه وسـقمه، يدل على أن العلة فينا؛ في عقلنا العربي الإسلامي، وهـذا مـا يجـب أن نكتشفه ونفهمه ونعتـرف بـه كشـرط للخروج من دور المفعول به إلى دور الفاعل.

### علـة العقل العربي

بقي العقل العربي في حالة تـشكل خلاق خلال القرنين الأولين للهجـرة، مـع مـا رافـق ذلـك مـن تعـدد التيارات الفكرية ذات المناهج المختلفة، كل يسعى إلى الحقيقة بطريقته. وكان العقل العربي الإسلامي في هـذه الفترة عقلا اجتهاديا مفكرا ومحللا، يخضع النص للفكر، وليس العكس (الشكعة، ١٩٨٣). يـروى عـن الإمـام أبي حنيفة النعمان أن أحدهم روى على مسامعه حديثا نبويا يقول: "البيعان بالخيار ما لم يفترقا"، بمعنى أن للبـائع والشاري الحق في التراجع عن صفقة عقداها إذا برحا مكان عقد الصفقة. فقال أبو حنيفة: "أرأيـت إن كانـا في السجن؟ أرأيت إن كانا في سفر؟" بمعنى أن البيعان ليس بالضرورة بالخيار ما لم يفترقا (النمـر، ١٩٨٦: ٤٢). ومـا نشهده هنا هو أن أبا حنيفة رفض الأخذ بحديث نبوي صريح وصحيح، وأخذ برأي العقل بناء على ربط

مضمون النص بمتغيرات الواقع وملابساته (ولو حدث هذا الآن لتم تكفير الفاعل والطعن في سلامة عقله). ولم يكن ما فعله أبو حنيفة هنا فريدا أو خارجا على المألوف، بل كان منسجما مع المناخ الفكري السائد في ذلك الحين، وهو مناخ الاجتهاد المبني على التفكير وإعمال العقل في عالم متغير وملابسات دنيوية طالما أن ذلك لا يمس العقيدة وأركان الدين، وهو مناخ ينسجم في الأساس مع تعاليم الرسول الذي فرق بين حقائق الدين الأزلية وحقائق الدنيا المتغيرة (العظمة، ١٩٩٦)، فقال مخاطبا المسلمين: "أنتم أعلم بشؤون دنياكم"، ولم يدع –وهو رسول الله– أنه أعلم الخلق بكل شؤون الدنيا وعلى مر كل العصور، كما يدعي أهل القياس من التابعين حتى يومنا هذا. وتقول الآية ٣ من سورة المائدة، وهي من آخر ما أنزل من القرآن وليس فيها منسوخ: "اليوم أكملت لكم دينكم وأتممت عليكم نعمتي ورضيت لكم الإسلام دينا." فالآية تقول "اليوم أكملت لكم دينكم" ولا تقول "اليوم أكملت لكم دينكم ودنياكم"، لأن الدنيا متغيرة مستجدة لا تكتمل، ومعرفتها وفهمها يظلان رهنا بالمتغيرات والمستجدات، على عكس العقيدة، وهي معرفة الذات الإلهية التي اكتملت باكتمال القرآن والسنة (الدمشقي، ١٩٩٢).

إلا أن هذا المناخ الفكري المنفتح اختفى من تاريخ المعرفة الإسلامي مع تبني منهج الشافعي في الشريعة، والأشعري في العقيدة، والغزالي في الفلسفة، بصفتها السبل الوحيدة للوصول إلى الحقيقة. ولظروف سياسية، اختزلت الاختلافات بين الأئمة الأربعة (أبو حنيفة ومالك والشافعي وابن حنبل) إلى مجرد عدم اتفاق في الفروع الفقهية وليس في المنهج، وصنفوا على أنهم ينتمون إلى

منهج واحد، منهج أهل السنة والجماعة (أبو زيد، ١٩٩٢). وابتداء من القرار السياسي للخليفة العباسي المتوكل بقفل باب الاجتهاد واعتماد الأئمة الأربعة مصدرا للإسلام الصحيح، أصبح العقل العربي الإسلامي يـدور في نطاق آليات فكرية تعتمد على الإسناد، وتسندها في كل الأحوال أقوال أحد أئمة السنة الأربعة أو تـابعيهم (نافعة وبوزورث، ١٩٧٨). وبذلك جـمد العقل العربي الإسلامي وانفصل عن الواقع المتحرك والمتغير، ولا يـزال إلى هذه اللحظة (الجابري، ١٩٨٥). وما يميز العقل العربي الإسلامي بصفة عامة هـو أنـه لا يـزال إلى الآن أسـير عمليات قياس، وقياس على قياس على قياس. وبحكم كـون هـذا العقـل أسـيرا للقيـاس فإنـه يـأسر الحـاضر والمستقبل في الماضي، ويأسر الواقع في النص، ويأسر الحقيقة في من قالهـا لا في أسبابها ولا في نتائجهـا، وبالتـالي يأسر عملية التفكير في مقارنة المظهر لا في تحليل الجوهر.

صحيح أنه كانت هناك محاولات لخلق عقل عربي إسلامي متحرك وفاعل ومتمـرد عـلى جمـود المـنهج القياسي، تمثلت في محاولات ابن خلـدون في التاريخ والمجتمع، وابـن حـزم في الفقـه والعقائـد، وابـن رشـد في الفلسفة والمنطق. إلا أن هذه المحاولات جاءت بعد فوات الأوان، حين أصبح العقل عبدا للقياس المـدرسي البحت (الأنصاري، ١٩٩٦). ولما فشلت هذه المحاولات المنفردة، راح العقل العـربي الإسلامي يغـط في سبات عميق، يحلم خلاله بأمجاد الماضي، ويقيس الخلف على السلف، ويطمئن أصحابه المسلمين العرب بأنهم أفضـل خلق اللـه وأكثرهم علما بحقائق الدين والدنيا. وفي نفس الوقت تقريبا تمكن العقل الأوروبي مـن التحـرر مـن القياس المدرسي الذي كان عبدا له في العصور الوسطى.

القياس على متون أفلاطون وأرسطو وأفلوطين، فانطلق نحو النهضة، وما كان لينطلق لو لم يحرر نفسه من القياس الذي كان يكبله، في حين أن ابن خلدون وابن حزم وابن رشد ظلوا بلا خلف ولم ينجبوا لا نهضة ولا علما في العالم العربي الإسلامي. وفي غزوة نابليون لمصر عام ١٧٩٨، استيقظ العرب من أحلام عظمتهم وأمجاد ماضيهم ليكتشفوا فجأة أن الزمان من حولهم تحرك بينما ظل واقفا في ديارهم، وأنهم في الواقع ليسوا أفضل خلق الله ولا أشدهم بأسا ولا أكثرهم علما، بل هم أصبحوا فريسة لا حول لها ولا حيلة (زيادة، ١٩٨٧). ومنذ ذلك الوقت وحتى هذه اللحظة، لا يزال الشغل الشاغل للعقل العربي الإسلامي هو الإجابة على السؤال: لماذا تقدم الغرب وتخلف المسلمون؟ وبدل أن يدرك العرب أن الإجابة على هذا السؤال تكمن في أن العقل العربي الإسلامي ظل عبدا للقياس بينما تحرر العقل الغربي منه، فإنه لمن المفارقات العجيبة أن العقل العربي الإسلامي أصبح معتادا على القياس إلى حد أن كل الإجابات التي طرحت كانت ولا تزال إجابات قياسية، وكل المحاولات لإيجاد حلول للخروج من وضعية الضعف والتخلف كانت ولا تزال مبنية بشكل أساسي على المنهج القياسي الذي يقتل الإبداع ويمنع استقلالية الفكر، وما حال العرب في ذلك إلا كحال أبي النواس الذي قال "وداوني بالتي كانت هي الداء!"

يمكن تلخيص الإجابات التي تم طرحها، على الرغم من كثرتها، في ثلاثة اتجاهات رئيسية: الاتجاه الأول يرى العلة في الابتعاد عن الدين والحل في العودة إليه، عملا بمقولة مالك بن أنس "لا يصلح آخر هذه الأمة إلا بما صلح به أولها." والاتجاه الثاني يرى العلة في هيمنة الماضي على الحاضر، ويرى الحل في

القطيعة الكاملة مع الماضي والاندماج الكلي في الغرب وفكره وحضارته. أما الاتجاه الثالث فهو اتجاه توفيقي يحاول أن يوفق بين ما يمكن أن يتفق من الفكر الغربي مع التراث العربي الإسلامي (عماره، ١٩٨٠).

وبإمعان النظر في هذه التيارات الثلاثة، نجد أنها متشابهة - بل متطابقة - في آلية التفكير، وهي آليـة القياس. فكلها تنطلق من "قياس الشاهد على الغائب"، وتسعى للحكم على "ما هو هنا" من خلال إسناده إلى "ما هو هناك". فالاتجاه الأول يجهد في المقارنة بين مستجدات الحاضر وبين ثوابت الماضي، ويحكم على المتغير المستجد بالقبول أو الرفض بناءا على تماثله المفترض مع متغير سـابق حكـم عليـه هـذا الإمـام أو ذاك، أو ورد فيه نص في القرآن أو السنة، أو حاز على الإجماع في أيام السلف الصالح (الأنصاري، ١٩٩٦). فالحكم هنا لا يتم من خلال تحليل وفهم المستجد في سياق المستجدات الأخرى من حوله، بل بتسطيحه واختزال محتواه وقطعـه من سياقه الموضوعي، ومن ثم قياسه الظاهري على ما يمكن الافتراض بأنه مشابه له في سياق كان في زمان آخر وواقع آخر (مثال على ذلك، تحريم الفائدة البنكية بحكم التشابه المفترض بينها وبين الربا).

وإذا كان الاتجاه الأول يقيس الحاضر على الغائب زمانا، فإن الاتجاه الثاني يقيس الحاضر عـلى الغائب مكانا، فهذا الاتجاه يحكم على المتغير المستجد في واقعنا العربي بناءا على تماثله المفترض مع متغير في واقع آخر، هناك، في الغرب. والحكم في هذه الحالة كذلك لا يتم من خلال تحليل وفهم المستجد في سياق المستجدات الأخرى من حوله، بل بتسطيحه واختزاله وقطعه من سياقه الموضوعي، ومن ثم قياسه الظاهري على ما يمكن

الافتراض بأنه يماثله في مكان آخر، أي في سياق ثقافي واجتماعي وفكري آخر (أمثلة على ذلك، تبني الديمقراطية لأنها أدت إلى التقدم في الغرب، وقبول النظريات الغربية في العلوم الاجتماعية لأنها أثبتت نجاعتها في فهم المجتمعات الغربية). أما الاتجاه التوفيقي فهو يحاول أن يمسك العصا من وسطها في محاولته التوفيق بين ما هو وافد علينا من الغرب وما نوفد أنفسنا إليه من التراث العربي الإسلامي، وهو في ذلك قياسي كالاتجاهين الآخرين، بل هو أكثر منهما اختزالا وتسطيحا لمستجدات الواقع وقطعها عن سياقها الثقافي والاجتماعي والفكري في محاولته التوفيق بين مفاهيم الغرب وثوابت التراث العربي الإسلامي (الحمد، ١٩٩١) (مثال على ذلك، قبول حقوق الإنسان في صيغتها الغربية لا لسبب إلا لأنها مبنية على مبدأ يفترض وجود مثيل مطابق له في الإسلام، استنادا إلى قول الخليفة عمر بن الخطاب "متى استعبدتم الناس وقد ولدتهم أمهاتهم أحرارا؟").

وهكذا نرى أن العقل العربي الإسلامي على الرغم من إدراكه لأزمة عجزه ومحاولاته الدءوبة للخروج من تخلفه، فإنه لا يزال في مجمله عقلا قياسيا مقارنا يستمد "الحقيقة" مما هو غائب عنه زمانا أو مكانا، وليس عقلا تحليليا استنباطيا يستمد "الحقيقة" من فهم المتغيرات المستجدة بذاتها وفي سياقها الفعلي (الجابري، ١٩٨٥). وهو كذلك - في رأيي- عقل تقديسي، يقدس النص ويضفي عليه بعدا ميتافيزيقيا خارج الزمان والمكان فيخرج "حقائقه" من دائرة الفكر والنقد والتغيير، وهو تقديسي ليس فقط في تناوله للقرآن والسنة، بل كذلك في تناوله لنصوص السلف من أئمة المذاهب والمناهج، إن كان هؤلاء من أئمة العرب كالشافعي ومالك والأشعري والغزالي، أو من أئمة الغرب كسبنسر ودوركهايم

وفرويد وليفي شتراوس. ولا يمارس هذا التقديس في الجوامع ودور الشريعة فحسب، بل وفي الجامعات ودوائر العلوم الاجتماعية والإنسانية على حد سواء. ولهذا فإن العقل العربي الإسلامي يفتقد إلى الإبداع والفاعلية من حيث وضع أسس مستقلة لدراسة الإنسان والمجتمع، وهو من ثم غير قادر لا على أن يكون بديلا للعقل الأوروبي في هذا المجال، ولا على أن يطرح البدائل لهذا العقل.

ونحن لا ننكر أن القرن العشرين شهد محاولات جدية رائدة لنقد المنهج القياسي في سبيل تحرير العقل العربي الإسلامي منه، إلا أن هذه المحاولات ارتطمت كلها بصخرة التقليد ومؤسساته، فأجهض البعض منها وهمش البعض الآخر، وأما القليل الذي تبقى من هذه المحاولات فهو عاجز عن أن يذيب جمود العقل العربي ويحرره من القيود التي اعتاد عليها إلى أن أصبحت هذه القيود جوهره ومضمونه (الأنصاري، ١٩٨٠). فطه حسين الذي حاول إعادة النظر في الشعر الجاهلي من خلال التفكير التحليلي المستقل، انتهى به الأمر إلى الاعتذار والتوبة والعودة إلى أحضان الاجترار الذهني التقليدي، وكذا كان مصير علي عبد الرازق الذي حاول التشريع لعقل سياسي جديد ينبع من الواقع العربي المعاصر. أما صادق جلال العظم فلوحق وحوكم وسجن إلى أن اختار توخي الحذر وإشغال فكره في قضايا فرعية، وأما أدونيس فآثر الصمت إلى أن لفه النسيان، وأما إدوارد سعيد فقبل أن يظل محسوبا على الغرب ولم يحاول اختراق العقل العربي التقليدي الذي رفض الاستفادة من فكره، وأما محمد عابد الجابري (وأمثاله من المعاصرين) فلا يزال يدور حول حصن العقل العربي التقليدي المنيع، يرمي سهامه إلى داخل الحصن حينا وحممه حينا آخر،

لكنه أبعد ما يكون عن أن يدك أسوار الحصن ويجتاحه ويحرر من وما بداخله.

## كيف؟ وإلى أين؟

ليس من السهل أن نحرر العقل العربي الإسلامي مما اعتاد عليه لأكثر من ألف عام، وليس مـن السهل على عدد قليل من النقاد والمفكـرين العرب أن يوقظوا هـذا العقـل مـن سبات لم تسـتطع أن توقظه منـه الحملات الصليبية، وغزوة نابليون بونابرت، واسـتعمار أوروبـا للعـالم العـربي، واغتصاب الصهيونية لفلسـطين، وتهديد اسرائيل المتواصل للعالم العربي والإسلامي كله، وسيطرة أمريكا الفعلية على مصير هذه الأمة ومقدراتها. فالقياس كالمخدر الذي يدمن عليه العقل الكسول، ذلك العقل الـذي يجد المتعة بالسكينة ويريد مـن هـذه المتعة أكثرها وأسهلها منالا. ولكن إذا كنا حقيقة نريد أن نحرر أنفسنا من هيمنة العقل الغربي، فلا بد لنا مـن أن نتعامل بوعي وجدية مع مصدر عجزنا لكي نتمكن من التصدي لهيمنة الغرب علينا ومن ثم ننطلـق نحـو تخليص عقول أجيالنا المقبلة من كل ما يكرس فيها الفكر الاستعلائي الضيق للحداثة الغربية.

كلنا نعرف من تجاربنا الحياتية أن المحروم لا يفكر بالمساواة المطلقة بقدر ما يفكر بالحصول علـى مـا هو محروم منه، وأن المظلوم لا يفكر بالعدالة المطلقة بقدر ما يفكر بالاستقواء على ظالمه للتخلص مـن ظلمـه له، فالحرمان والظلم يحدان من أفق التفكير ويغـلـبان المصلحة الآنية علـى المصلحة البعيـدة المـدى. ولذلك فإنه من الطبيعي أن يفكر الإنسان العربي بمنهج عـربي إسلامي لدراسـة الإنسان والإنسانية أكثر ممـا يفكر بالإنسان والإنسانية ، ومن الطبيعي أن يعتقد المفكر العربي أن التخلص من

سيطرة الفكر الغربي على علم الإنسان والمجتمع لا يتم إلا بإيجاد مدخل عربي إسلامي لدراسة الإنسان والمجتمع. ولكني مقتنع تماما أن ما نحتاجه نحن وأجيالنا القادمة هو ليس عقلا عربيا إسلاميا متميزا، فالتميز يؤدي إلى التحيز، والتحيز يؤدي إلى التزمت، والتزمت يؤدي إلى الانغلاق، والعقل المتزمت المنغلق ينزع حتما إلى فرض نفسه على الآخر وإلى فرض نفسه على الذات، وكلاهما خاطئ لأن الخطأ يكمن في مبدأ الفرض وليس في هوية من يقع الفرض عليه.

ما يميز الإنسان عن غيره من الموجودات على هذه الأرض هو أنه كائن مفكر مدرك يتوسط العقل دوما وحتما بينه وبين ما عداه من الموجودات. ووجود الإنسان على هذه الأرض وجود واحد لا يتجزأ، وأية محاولة لتجزئة هذا الوجود هي عبث بمصير الإنسانية كلها في نهاية المطاف (وهذه هي الخطيئة الكبرى للسياسة والسياسيين). ولذلك فليس العلم علما وليست المعرفة معرفة إلا إذا كانا شموليين إنسانيين بالمنطلق والمشاركة والغاية، والحديث عن علم غربي وعلم شرقي، علم عربي وعلم أعجمي، علم إسلامي وعلم مسيحي، هو من قبيل التناقض الداخلي على مستوى التعريفات والمفاهيم. وكذلك الأمر بالنسبة للحديث عن المعرفة بكل أشكالها، فأية تجزئة لها تتناقض مع أسس وجودها. ومن هنا فإن أخطر ما في الحداثة الغربية هو أنها اختطفت العلم والمعرفة الإنسانيين واغتصبتهما، واحتكرتهما، وشكلتهما على شاكلتها الغربية النخبوية الاستعلائية ثم فرضتهما على نفسها وعلى الوجود البشري كله. والحداثة بهذا المعنى لم تعتد على العقل العربي الإسلامي وحده، بل على العقل الإنساني كله، وعليه فليس من الممكن ولا من السليم أن نفصل بين أزمة العقل العربي

الإسلامي وأزمة العقل الإنساني، أو بين مصير الإنسان العربي ومصير الإنسانية بأكملها. ومـن هنـا فـإنني أرى أن التحدي الأكبر الذي نواجهه نحن العرب في هذا العصر هو تمكين العقل العربي الإسلامي مـن المسـاهمة الفعلية في فك أسر العلم والمعرفة الإنسانية من قبضة العقل الغـربي الحـداثي، ومـن ثـم المسـاهمة الفعليـة في مَشروع "أنسنة" العلم و"علمنة" الإنسانية، لكي يصبح العلم علـما والمعرفـة معرفـة بـالمعنى الـذي يـتلاءم مـع مصلحة ومتطلبات الوجود الإنساني على هذه الأرض.

لقد قال العديد من المفكرين عبر التاريخ أن طبيعة الوجود الإنساني تتناقض مـع الطبيعـة الاجتماعيـة للإنسان (على الرغم من ضرورة إحداهما للأخـرى)، فـالأولى تتطلـب وحدتـه الكليـة بيـنما تعمـل الثانيـة عـلى تجزيء هذه الوحدة وشرذمتها. وعلى الرغم من وحدة مصـير الإنسـان عـلى الأرض فـإن الإنسـان ينـزع بحكـم انتماءاته الاجتماعية إلى تفضيل الانتماء الضيق على الانتماء الواسع، وكلما ضاق إطار الانتماء كلـما احتـل ذلـك الإطار أهمية أكبر في حياة الإنسان وفكره وممارساته. وهذا بالطبع ينطبق على الإنسان العربي الذي يستاء مـن التعدي على عروبته أكثر مما يستاء من التعدي على إنسانيته، والذي يصـعب عليـه أن يفكـر بمصـير الإنسـانية وهو غير قادر على التحكم بمصيره العربي المحلي. ولذا فإن مساهمة العقـل العـربي في مشرـوع "أنسـنة" العلـم و"علمنة" الإنسانية - وهي الوصفة الوحيدة للخروج من أزمة هذا العصر- تستلزم تبنـي منطلقـات جديـدة في الفكر والانتماء تتيح لهذا العقل الخروج مـن محدوديـة الثقافـة والانطـلاق نحـو آفـاق إنسـانية عالميـة للعلـم والمعرفة.

وليست هذه دعوة معادية للثقافة أو مقللة من شأنها، كما يبدو لأول وهلة، بل هي في حقيقة الأمر دعوة تنطلق من الاقتناع اللامشروط بأن الثقافة هي جوهر وجودنا الإنساني. إلا أننا (وعلى الرغم من هذا الاقتناع) يجب أن نعترف بأن ثقافة الشعوب والأمم، شأنها شأن الهوية، هي في صميمها وبحكم طبيعتها مبنية على التفرد والمحدودية وتفضيل الذات على الغير. ولذا فإن تحرير الفكر الإنساني من هيمنة الشعوب والأمم، غربية كانت أم شرقية، لا يتم إلا بالتغلب على محدودية الدوائر الضيقة للثقافة والانطلاق إلى الدائرة الأوسع والأكبر، دائرة الجنس البشري، لتصبح الثقافة الإنسانية بكليتها مصدرا للفكر الإنساني ومرجعا له.

قائمة المراجع

**مراجع بالعربية:**

الأنصاري، محمد جابر

(١٩٨٠) <u>تحولات الفكر والسياسة في الشرق العربي: ١٩٣٠-١٩٧٠</u>. الكويت، عالم المعرفة.

(١٩٩٦) <u>الفكر العربي وصراع الأضداد</u>. بيروت، المؤسسة العربية للدراسات والنشر.

أبو زيد، نصر حامد

(١٩٩٢) <u>الإمام الشافعي وتأسيس الإيديولوجية الوسطية</u>. القاهرة، سينا للنشر.

الجابري، محمد عابد

(١٩٨٥) <u>تكوين العقل العربي</u>. بيروت، دار الطليعة.

الحمد، تركي

(١٩٩١) <u>دراسات إيديولوجية في الحالة العربية</u>. بيروت، دار الطليعة.

الخولي، يمنى طريف

(٢٠٠٠) <u>فلسفة العلم في القرن العشرين: الأصول-الحصاد-الآفاق المستقبلية</u>. الكويت، عالم المعرفة.


الدمشقي، الحافظ أبي الفداء إسماعيل بن كثير القرشي

(١٩٩٢) <u>تفسير القرآن العظيم</u>. بيروت دار المعرفة.

رسل، برنارد

(١٩٨٣) حكمة الغرب: عرض تاريخي للفلسفة الغربية في إطارها الاجتماعي والسياسي (ترجمة فؤاد زكريا). الكويت، عالم المعرفة.

زيادة، معن

(١٩٨٧). معالم على طريق تحديث الفكر العربي. الكويت، عالم المعرفة.

الشكعة، مصطفى

(١٩٨٣) الأئمة الأربعة. بيروت، دار الكتاب اللبناني.

نافعة، حسن وكليفورد بوزورث

(١٩٧٨) تراث الإسلام (الجزء الثاني). الكويت، عالم المعرفة.

النمر، عبد المنعم

(١٩٨٦) الاجتهاد. القاهرة، دار الشرق.

العظمة، عزيز

(١٩٩٦). دنيا الدين في حاضر العرب. بيروت، دار الطليعة.

**مراجع بالإنجليزية:**

Adorno, Theodor (1977) *Aesthetics and Politics.* London: New Left Books.

Berman, Marshall (1983) *All That is Solid Melts into Air.* London: Verso.

Bertens, Hans (1986) "The postmodern weltanschauung and its relation with modernism: An introductory survey." In Douwe Fokkema & Hans Bertens (Eds.) *Approaching Postmodernism* (pp.9-53). Amsterdam/Philadelphia: John Benjamins.

Boyne, Roy & Rattansi, Ali (1990) "The theory and politics of postmodernism: By way of an introduction." In Roy Boyne & Ali Rattansi (Eds.) *Postmodernism and Society* (pp.1-45). Basingstoke: Macmillan.

Callinicos, Alex (1990) "Reactionary postmodernism?" In Roy Boyne & Ali Rattansi (Eds.) *Postmodernism and Society* (pp.97-118). Basingstoke: Macmillan.

Clifford, James (1986) "Introduction: Partial truths." In James Clifford & George E. Marcus (Eds.) *Writing Culture: The Poetics and Politics of Ethnography* (pp.1-26). Berkley/Los Angeles/London: University of California Press.

Crook, Stephen (1990) "The end of radical social theory? Radicalism, modernism and postmodernism." In Roy Boyne & Ali Rattansi (Eds.) *Postmodernism and Society* (pp.46-75). Basingstoke: Macmillan.

Fox, Richard G. (1991) "Introduction: Working in the present." In Richard G. Fox (Ed.) *Recapturing Anthropology: Working in the Present* (pp.1-16). Santa Fe: School of American Research Press.

Frankel, Boris (1990) "The cultural contradictions of postmodernism." In Andrew Milner, Philip Thomson & Chris Worth (Eds.) *Postmodern Conditions* (pp.95-112). New York/Oxford/Munich: Berg.

Habermas, Jørgen (1987) *The Philosophical*

*Discourse of Modernity*. Cambridge: Polity Press.

Heller, Agnes (1990) "Existentialism, alienation, postmodernism: Cultural movements as vehicles of change in the patterns of everyday life." In Andrew Milner, Philip Thomson & Chris Worth (Eds.) *Postmodern Conditions* (pp.1-13). New York/Oxford/Munich: Berg.

Huyssen, Andreas (1986) *After the Great Divide: Modernism, Mass Culture and Postmodernism*. London: Macmillan.

Keller, Evelyn Fox (1985) *Reflections on Gender and Science*. New Haven: Yale University Press.

Lunn, Eugene (1985) *Marxism and Modernism*. London: Verso.

Lyotard, Jean Francois (1984) *The Post-modern Condition: A Report on Knowledge* (Geoff Bennington & Brian Massumi, trans.). Minneapolis: University of Minnesota Press.

Margolis, Joseph (1986) *Pragmatism without Foundations*. New York/Oxford: Blackwell.

Pool, Robert (1991) "Postmodern ethnography." In *Critique of Anthropology*, 11, 309-331.

Roberts, David (1990) "Marte/Sade, or the birth of postmodernism from the spirit of the avant-garde." In Andrew Milner, Philip Thomson & Chris Worth (Eds.) *Postmodern Conditions* (pp.39-59). New York/Oxford/Munich: Berg.

Roberts, John (1990) *Postmodernism, Politics and Art*. Manchester/New York: Manchester University Press.

Rorty, Richard (1979) *Philosophy and the Mirror of Nature*. Princeton: Princeton University Press.

Trouillot, Michel-Rolph (1991) "Anthropology and the savage slot: The poetics and politics of otherness." In Richard G. Fox (Ed.) *Recapturing Anthropology: Working in the Present* (pp.17-44). Santa Fe: School of American Research Press.

# من المركزية الأوروبية إلى علم اجتماع عربي

د. زهير الصباغ*

## مدخل

تحاول هذه الدراسة الإجابة على سؤال واحد وهو: هل من الممكن تطوير وصياغة علم اجتماع عربي، يلائم بيئتنا وخصوصيتنا العربية ويشكل بديلا لعلم الاجتماع الغربي ولنظرياته والتي تهيمن على جامعاتنا ومعاهدنا العربية؟

وسوف أبدأ دراستي باعطاء وصف مقتضب وسريع للحالة القائمة للفكر الاجتماعي المهيمن في عالمنا العربي وتبعيته الثقافية والفكرية للغرب. وبعدها، سأقوم باجراء بعض النقد للفكر الاجتماعي الغربي. ويلي ذلك، القيام بالإشارة للعوائق التي تمنع المنظرين العرب من تطوير وصياغة علم اجتماع عربي.

وسأتناول في جزء من دراستي موضوع الجذور الطبقية للفكر الاجتماعي الغربي والذي يهيمن اليوم، على صعيد عالمي، خاصة على مراكز انتاج المعرفة من جامعات ومراكز أبحاث ودور نشر ـ ومن ضمنها الجامعات العربية. كما وسيتم عرض عدد من المفاهيم والاتجاهات النظرية الاجتماعية لعلماء اجتماع غربيين، طرحوا من خلالها تفسيراتهم المتباينة ومواقفهم من موضوع الطبقات الاجتماعية والصراع الطبقي. ويهدف هذا العرض إلى فحص جذور الفكر الاجتماعي الغربي الذي عالج الفروقات الاقتصادية-الاجتماعية ومدى ارتباط هذا الأمر بالتجسد الداخلي للانتماءات الطبقية لأصحابه.

* أستاذ علم الاجتماع في جامعة بيرزيت.

لن تكون معالجتي شمولية لكافة المنظرين الغربيين ولكافة نظرياتهم، بل جزئية لأن موضوع دراستي المركزي هو الإجابة عن تساؤل يراودني، بعد أن راود العديد من قبلي، وهو ما هي امكانية تطوير وصياغة علم اجتماع عربي؟

وبعد ذلك، سوف اقوم بتوجيه النقد للمركزية الأوروبية المترسخة داخـل الفكـر الاجتماعـي الأوروبي، المحافظ منه والمادي التاريخي. ومن ثم سأنتقل لمعالجـة ألعوائـق والكـوابح التي تمنـع المنظريـن العـرب مـن القيام بإنتاج فكر اجتماعي مغاير وأصيل، ومنهجي، يتعدى محدودية الفكر الاجتماعي الاوروبي.

ولكن، وفي البداية، يجب التطرق لظاهرة التبعية الثقافية التي تطورت في العالـم العربـي بعـد مـروره في تجربة الاستعمار الأوروبي. وتشكل ظاهرة التبعية الثقافية نوعـا مـن الحاضنة الفكريـة التي تـم تحتهـا نقـل واستنساخ الفكر الأوروبي الاجتماعي من قبل العرب المستعمرين، خاصة الأكاديميون منهم.

## (١) تواصل التبعيات في الوطن العربي

نشأت التبعية الاقتصادية للوطن العربي من تلاقي غير متكافيء بينه وبين القوى الاستعمارية الأوروبية والتي غزت العالم العربي في أواخر القرن التاسع عشر، وبعضها في أوائل القرن العشرين. وكان الغزو الثقافي الأوروبي قد سبق الغزو العسكري ومهد له من خلال انشاء عدد من المدارس الإرسالية الأوروبية والكنائس والمعاهد الدينية والمطابع والأديرة والتي بدأت تغزو المشرق العربي في مطلع القرن التاسع عشر. وسعى الغزو الثقافي

للمنطقة لخدمة المصالح الاستعمارية لكل من فرنسا وبريطانيا وروسيا وألمانيا والولايات المتحدة.[1]

ولكن كيف تتطور التبعية الثقافية وما هي أبعادها ومؤثراتها على المجتمع المستعمر؟ ما يلي هو محاولة للإجابة على هذا التساؤل.

قامت الدول الاستعمارية خلال الحكم الاستعماري بهدم البنية الاقتصادية-الاجتماعية للمجتمعات في العالم الثالث، وكان هذه المرحلة مرحلة مهمة في عملية اخضاع البلد المستعمر. وبدلا من هـذه البنيـات، طور الاستعمار تبعية كاملة للاقتصاد الوطني على اقتصاد القوة المهيمنة الاستعمارية، ومنع المجتمع من التطور وتم تهيئة ظروف وسياسات وقوانين تسعى لتواصل التبعية والتخلف الاقتصادي والاجتماعـي للمجتمـع المستعمر. وتم اقتصار دور المجتمع المستعمر على تزويد الاقتصاد الاستعماري بالمواد الخام المنهوبـة وبالأيـدي العامـلة الرخيصة أما مظاهر المقاومة الوطنية للمشروع الاستعماري، فتم القضاء عليها بالحديد والنار.

وبالإضافة للتبعية الاقتصادية-الاجتماعية، طورت القوة الاستعمارية المهيمنة سياسات تربوية تهدف الى تمجيد الحضارة الأوروبية، والرجل الأبيض ولغة وثقافة المستعمر. وشكلت التبعية

"... حالة واقعية موضوعية شـاملة، مـن أهـم أبعادهـا ومظاهرهـا الانشـغال بقضايا "المركز" (الـدول الاستعمارية والامبريالية) والنقل المباشر – غير الواعي في كثير من الاحيان – للمداخل والمناهج وأدوات البحـث والابتكار والنظريات، بل

---

١ فلاديمير لوتسكي (١٩٧٥) تاريخ الاقطار العربية الحديث (موسكو: دار التقدم) ص ١٥٧-١٥٨.

والقيم التي توجه سلوكنا واللغة التي تكتب بها، واذا نحن نفكر كما يفكرون، ونعبر عن أنفسنا بطرق تشبه تلك التي يستعملونها للتعبير عن أنفسهم.[٢]

ويؤثر الاستعمار وهيمنته الثقافية على البعد النفسي- للإنسان المستعمر بحيث يطور لديه مركب الشعور بالنقص والشعور بالدونية فيحتقر نفسه ولغته الوطنية ويتبنى لغة المستعمر. وفي هذا الصدد، يعتقد فرانس فانون أن جزء من الصدام بين المستعمر والمستعمر يرتكز في الحقل اللغوي الثقافي، حيث تجري عملية تفكيك وهدم البنية اللغوية-الثقافية للمستعمر لتستبدل بالبنية اللغوية-الثقافية للمستعمر. وقد أكد فانون ذلك في كتابه "الجلد الأسود والأقنعة البيضاء" حيث كتب أن، كل شعب مستعمر - بكلمات أخرى، كل شعب تم تطوير مركب الشعور بالنقص داخل جوهره من خلال القضاء على أصالته الثقافية - يجد نفسه وجها لوجه أمام لغة الأمة جالبة المدنية، أي أمام ثقافة الدولة المستعمرة. ويتم رفع المستعمر فوق مكانته في الغابة بقدر تبنيه للمعايير الثقافية للدولة المستعمرة.[٣]

وفرضت الإدارات الاستعمارية لغة وثقافة الاستعمار على أبناء المستعمرة في عدد من المدارس والتي أنشأتها لتثقيف

٢ محمد عزت حجازي، "الأزمة الراهنة لعلم الاجتماع في الوطن العربي"، مجلة المستقبل العربي، السنة ٨، العدد ٧٥ (أيار ١٩٨٥)، ص ٦٠-٨٤، وهذه المقالة كانت عبارة عن مداخلة تم تقديمها لندوة "نحو علم اجتماع عربي"، والتي عقدت في تونس، في الفترة ٢٥-٢٨/كانون الثاني ١٩٨٥. أعيد نشر هذه الدراسة في كتاب: عدد من الباحثين (١٩٨٦) نحو علم اجتماع عربي (بيروت: مركز دراسات الوحدة العربية) ص ٣٤.

٣ Fanon, Frantz (1967) Black Skin, White Masks, Translated by Charles Lam Markmann (New York: Grove Press), p. 19

وتدريب بعض أبناء المستعمرة ليصبحوا إداريين صغار لمساعدة جهاز الحكم الاستعماري.[٤] وتم تجاهل، لا بل، تبخيس تقافة ولغة الإنسان المستعمر ونتيجة للعملية الاستعمارية، تطورت لدى المستعمر التبعية الثقافية، والشعور بالدونية ومركب الشعور بالنقص. وشكل كل ذلك مراحل في عملية الاخضاع والهيمنة الاستعمارية التي اعتبرها المستعمرون الأوروبيون ضرورية من أجل تواصل المشروع الاستعماري.

وتواصلت التبعيات بعد الاستقلال الوطني حيث لم تستطع معظم المجتمعات التي استعمرت أن تقوم بفك الارتباط كليا مع القوة الاستعمارية السابقة، فتواصلت التبعيات الاقتصادية والسياسية والثقافية. وتواصلت هيمنة لغة المستعمر، بالرغم من برامج التعريب، وتواصلت التبعية الثقافية في المدارس والجامعات وحتى في الشارع. فبعض جامعاتنا لا زالت تستخدم لغة أجنبية لتدريس بعض المساقات الأكاديمية مثل علم النفس، الاقتصاد، وعلم الإنسان، والطب. وبعضها الآخر لا زالت تدرس الطب بلغة هجينة، مكونة من العربية والانكليزية، العربية والفرنسية، العربية والايطالية. وفي هذا الصدد، كتب حسن بن علي الزهراني، أستاذ جراحة الأوعية الدموية في احدى الجامعات السعودية، عن لغة تدريس علم الطب في جامعاتنا العربية وجامعات المركز الأوروبي وجامعات العالم الثالث:

هناك ٣٠٠ مليون أو أكثر من العرب وهناك أكثر من ١٥٠ كلية للطب لا يدرس الطب فيه بالعربية إلا في ٥ كليات، أما البقية

٤ انظر في الموسوعة الالكترونية Grolier Multimedia Electronic Encyclopedia (1996) USA, Grolier Incorporated

فتدرس بلغات مهجنة من الانجليزية والفرنسية والايطالية، بينما يدرس الطب باللغات الوطنية في الكثير من دول العالم ومنها المانيا وفرنسا وايطاليا واسبانيا وروسيا والسويد والدانمارك وأوكرانيا، بل وحتى ألبانيا الفقيرة وفنلندا ذات اللغة الأصعب في أوروبا وغيرها من الدول الأوروبية، أضف إلى ذلك إيران و تركيا والصين وكوريا واليابان وفيتنام واندونيسيا بل إن تنزانيا تدرس الطب بالسواحلية...[٥]

ويشير الكاتب محيي الدين صابر إلى أن "... الذين قرأوا التاريخ الحضاري يعرفون، أن كثيرا من العلوم وفي مقدمتها الطب، كانت تعتبر علما عربيا، وظلت كتب الطب العربية، تدرس في الجامعات الأوروبية، قبل أن تعجم لغته..."[٦] وهذا يدل بوضوح على مساهمة ورقي العرب في العلوم في العصر الأموي والعباسي والأندلسي لدرجة تطويع اللغة العربية وتطويرها لتعبر عن معرفتهم الطبية المتراكمة ولتأليف الكتب الطبية العلمية بها.

ولكن بعد خضوع الوطن العربي بأكمله للاستعمار الأوروبي، تدهور وضع اللغة العربية وبدأت حركة من النقل والمحاكاة للعلوم الغربية. فبالإضافة لعملية تدريس عدد من التخصصات الجامعية بلغات أوروبية، فان مواضيع أخرى تدرس العلوم والنظريات ألتي توصل لها الأوروبيون، وهذا يتم دون أي

٥ حسن بن علي الزهراني، "تعريب الطب: من يتقدم لحمل الراية؟!" ، المجلة الالكترونية ديوان العرب ، www.diwanalarab.com حيث تم الدخول للموقع بتاريخ: ١٣ كانون الثاني، ٢٠٠٦

٦ محيي الدين صابر "كيف تحقق اللغة العربية توازنا بين الأصالة والثقافة المعاصرة؟". www.balagh.com، تم الدخول للموقع بتاريخ ٢٠٠٥/٩/٣٠

نقد أو حتى تحفظ من قبل الجامعات العربية ووزارات التربية العربية. ما يلي هي محاولة لرصد أهم جوانب هذه الظاهرة وحصرها في موضوع علم الاجتماع.

## (٢) علم الاجتماع في أوروبا وفي العالم العربي

لم يول العرب موضوع علم الاجتماع اهتماما يذكر سوى ما جاء به العلامة العربي عبد الرحمن ابن خلدون، صاحب "المقدمة"، والذي جاء عطاؤه العلمي في الحقل التاريخي-الاجتماعي وتم في القرن الرابع عشر، عصر نضوب الفكر وانحطاط العلم وتراجع الحضارة العربية.

### (أ) بدايات علم الاجتماع الغربي

وبالمقارنة، تم تطوير بدايات علم الاجتماع في أوروبا الغربية، خلال المراحل المتقدمة لنشأة الرأسمالية الأوروبية، والتي تمثلت بشكل واضح في الثورة الفرنسية ١٧٨٩ والثورة الصناعية. وجاءت بدايات الاهتمام الأوروبي بالمجتمع نتيجة للتغيرات الجذرية التي أحدثها تبلور ونضوج الرأسمالية داخل النسيج الاجتماعي الأوروبي مثل اقتلاع آلاف الفلاحين الأوروبيين من الريف الإقطاعي المتهاوي وهجرتهم المتواصلة للمدن الصناعية الصاعدة، وتفكيك البنية الاقتصادية-الاجتماعية للعائلة الممتدة وتحولها لعائلات نووية، وعمالة الرجال، فالنساء والأطفال داخل المصانع ولساعات طويلة، والاضطهاد الطبقي المجحف بحق طبقة البروليتاريا الصاعدة، وانتشار ظاهرة الفقر المادي بين أفراد البروليتاريا، والاغتراب الاجتماعي بين كافة الطبقات والشرائح والفئات الاجتماعية، واحتدام الصراع الطبقي وتفجر

الثورات والتمردات الاجتماعية ابتداء من منتصف القرن التاسع عشر كثورة ١٨٤٨.

جلبت جميع هذه التغيرات عددا من المؤثرات والإسقاطات الاجتماعية السلبية، الأمر الذي دفع بعدد من المفكرين والمنظرين الأوروبيين إلى دراسة هذه الاسقاطات بهدف ايجاد حلول للمشاكل الاجتماعية الناشئة عن التصنيع الرأسمالي، وللتحديات الفكرية التي طرحتها تيارات ايديولوجية راديكالية، أهمها الاشتراكية والمادية التاريخية، والتي اعتمدت الثورة كحل لهذه المشاكل الاجتماعية.

وجاءت بدايات علم الاجتماع الأوروبي محافظة ومتشائمة ومعادية للثورة الفرنسية لأنها أدت الى التفكك الاجتماعي. وسعى النهج المحافظ إلى ترسيخ النظام الاجتماعي، وتجنب الزعزعة لثباته وتوازناته الطبقية. ووقف علماء علم الاجتماع الأوائل مع النظام الطبقي وسعوا للحفاظ على النظام الرأسمالي الصاعد[٧]. وتمت هذه الأهداف من خلال صياغة مشاريع فكرية هدفها المركزي دحض المشاريع الفكرية الراديكالية، مثل الاشتراكية، التي نادت بالثورة كأداة للتغير[٨]. وعبر علماء الاجتماع والفلاسفة المحافظون عن أفكارهم التي تدعو لمعاداة التغير والثورة والمساواة الاجتماعية، وتقف مع تسويغ الفروقات الطبقية وشرعنة عدم المساواة الاجتماعية، وتضييق الفجوات، لا إزالتها، باعتماد خطوات اصلاحية[٩]. ولذلك، جاء علماء الاجتماع الأوائل بفكر

---

٧ أحمد زايد (١٩٨١) علم الاجتماع بين الاتجاهات الكلاسيكية والنقدية، الطبعة الأولى (القاهرة: دار المعارف) ص ٦٠-٧٠.

٨ المصدر ذاته، ص ٧٩.

٩ المصدر ذاته، ص ٧١، ٨٣.

محافظ ومنحاز طبقيا للنظام الرأسمالي ومع الإصلاح وضد التغير الاجتماعي الثوري ولجذري.

وبالإضافة إلى ذلك، لم يعط علم الاجتماع الغربي الكلاسيكي أي اهتمام جدي للقضايا الاجتماعية للمرأة وللنوع الاجتماعي، فجاء علما منحازا طبقيا وذو مركزية أوروبية وذكوريا بطريركيا.

**(ب) علم الاجتماع في الجامعات العربية**

تلقى العالم العربي علم الاجتماع الغربي كجزء من تبعيته للمركز الأوروبي وذلك أثناء الحكم الاستعماري الأوروبي المباشر لعدد من المناطق العربية. وكانت البدايات الأولى تتكون من أبحاث استشراقية أجريت في مناطق مختلفة من العالم العربي، وكانت تهدف إلى "توظيف الدراسات الاجتماعية في الغزو الكولونيالي، وفي الإدارة الكولونيالية..."[١٠]

يعتقد عالم الاجتماع علي الكنز، وهو محاضر يعمل في جامعة الجزائر، أن الممارسات السوسيولوجية الحالية في عالمنا العربي تعاني من تبعية أساسية للسوسيولوجيا الغربية.[١١]

ويعتبر علي الكنز هذه التبعية السوسيولوجية بأنها السبب وراء العقم النظري الذي يعاني منه علماء الاجتماع العرب. ولذلك يرى بأن جميع النظريات السوسيولوجية الغربية هي "أدوات تحليل مستوردة من حضارة أخرى." أي لا تلائم خصوصية مجتمعنا العربي[١٢]. ويؤكد ألكنز ما يلي عن أدوات التحليل المستوردة.

---

١٠ عبد الصمد الديالمي (١٩٨٩) القضية السوسيولوجية (الدار البيضاء: أفريقيا الشرق) ص ٤٠

١١ علي الكنز، "المسألة النظرية والسياسية لعلم الاجتماع العربي" كما ورد في كتاب: مجموعة من الكتاب (١٩٨٦) نحو علم اجتماع عربي، مصدر سبق ذكره، ص ٩٩

١٢ المصدر ذاته، ص ١٠٠.

لقد برهنت التجربة أنه من الصعب استعمال أدوات تحليل مستوردة من حضارة أخرى، في بحوث محلية. ان الفقر النظري والعقم الذي يميز إنتاجنا الحاضر، إنما يعود إلى علاقة السوسيولوجيين العرب بأدوات التحليل السوسيولوجي أكثر مما يعود الى الأدوات نفسها.

وبالفعل، فإن علاقتنا بالنظريات الغربية، كأية علاقة وضعية وبراغماتية (ذرائعية) لا يمكن أن تؤدي إلا إلى النتائج ذاتها التي توصلت إليها النظريات الغربية، وهي نتائج غير ملائمة لبيئتنا، كونها جردت من إطارها الاجتماعي والتاريخي وانفصلت عن مسار تكوينها المعرفي (الابيستمولوجي)[١٣].

ولكن ألكنز لا يذكر لنا تجربة من تلك التي برهنت أنه من الصعب استعمال أدوات تحليل مستوردة من حضارة أخرى، وذلك في بحوث محلية. كما أن الكنز يكتفي بتوجيه النقد للظاهرة، وهذا موقف سليم بحد ذاته، ولكنه لا يطرح أية بدائل أو حلول، بل يكتفي بوصف الحالة القائمة لعلم الاجتماع في الوطن العربي. أنه لا يرشد القارئ، مثلا، للأدوات غير المستوردة والتي يستطيع توظيفها في تحليل الظواهر والبيئات الاجتماعية العربية بحيث تلاءم، هذه الأدوات، "خصوصية مجتمعنا العربي".

أما الكاتب محمد عزت حجازي*، فإنه يصف حالة النقل واستيراد علم الاجتماع الغربي، ولكنه يشير الى الانحياز الطبقي للعاملين في موضوع علم الاجتماع في الوطن العربي. وفي توصيفه لتلاقي الظاهرتين، الانحياز والنقل، كتب حجازي ما يلي.

---

١٣ المصدر ذاته

* عمل، في العام ١٩٨٦ ، استاذ باحث في المركز القومي للبحوث الاجتماعية والجنائية في القاهرة.

أن غالبية العاملين في علم الاجتماع يظهرون انحيازهم الاجتماعي، عن وعي أو عدم وعي، "... لمصالح فئات أو جماعات لا تمثل جماهير الشعب، أو الطبقة العاملة والفلاحين والشرائح الدنيا من الفئات الوسطى ..."[١٤] كما "... أن التقليد الشائع هو القنوع بوصف الظواهر التي تطرح للدراسة أو البحث، وعدم الاهتمام بالتفسير، التنظير، سواء أو بالإفادة من التراث القومي والعالمي."[١٥] ويصل الكاتب حجازي إلى نتيجة مفادها "أننا لا ننتج علما حقيقيا، وإنما نستورد ونستهلك بدون تبصر، ونخلط في ذلك بين ما يمكن أن يفيد وما لا غناء فيه".[١٦]

لا زالت معظم الجامعات في الوطن العربي، ولغاية اليوم، تستهلك ما أنتجه وينتجه المنظرون الغربيون من علوم اجتماعية، وتنقل دون نقد النظريات والمواضيع والظواهر والمفاهيم والتفسيرات والتحليلات الاجتماعية الغربية، وذلك للجامعات العربية، ومن ثم للطلبة الجامعيين. ولا زال عدد من الأكاديميين العرب يرى دوره مقتصرا على انتاج أدبيات سوسيولوجية يعيد، من خلالها، انتاج النظريات الغربية، ويقوم بعرضها واعادة تفسيرها، ولا يعطي أي اهتمام أو مجهود لتحليلها ونقدها. ولا زال عدد المنظرين السوسيولوجيين العرب قليلا جدا، ولا زال انتاج المعرفة السوسيولوجية، المغايرة للفكر الغربي، نادرا جدا في عالمنا العربي. فنحن لا زلنا في طور المستهلكين الطيعين للفكر الغربي والقنوعين جدا ب"جودة" ما نستهلك، ولا زلنا نعاني من

---

١٤ محمد عزت حجازي، نحو علم اجتماع عربي، مصدر سبق ذكره، ص ١٥

١٥ المصدر ذاته

١٦ المصدر ذاته

التبعية الثقافية للغرب لان معظم العاملين لدينا في علم الاجتماع لا زالوا غير قادرين على رؤية ضرورة الكف عن المحاكاة والبدء في إنتاج المعرفة النظرية السوسيولوجية.

ولكنني أرى أن من الضروري التخلص من التبعية الثقافية للفكر الاجتماعي الغربي، وللقيام بذلك يتوجب علينا القيام بالخطوة الأولى وهي توجيه النقد الجدي والعميق لكافة جوانب هذا الفكر الذي نعاني من التبعية له. وتوجد ضرورة لتوجيه النقد في ثلاثة جوانب وهي: الانحياز الطبقي، والمركزية الأوروبية والنزعة الذكورية-البطريركية. ولكن معالجتي هنا سوف تقتصر ـ على النزعتين الأولى والثانية، تاركا النزعة الذكورية لمعالجة خاصة، لخصوصيتها وأهميتها.

وبناء على ذلك، سوف أقوم باجراء بعض التحليل والنقد لبعض كتابات السوسيولوجيين الغربيين المركزيين والذين هيمنت أفكارهم وكتاباتهم على الفكر الاجتماعي الغربي، وذلك للتحقق من وجود نزعتين في هذا الفكر وهما: (١) الانحياز الطبقي، و(٢) المركزية الأوروبية.

## (٣) الانحياز الطبقي وعلم الاجتماع الغربي

لا تتسم العلوم الدقيقة والطبيعية مثل الرياضيات والفيزياء والكيمياء وعلم الأحياء، وعلم الفلك، والتكنولوجيا، بطابع طبقي ولكن العلوم الاجتماعية ليست محايدة وتحمل نزعة طبقية، بارزة أحيانا ومخفية أحيانا أخرى. ويرجع ذلك لكونها بمفردها نتاج لرؤية إنسان يعيش في مجتمع رأسمالي وينتمي لطبقة اجتماعية. وتعكس العلوم الاجتماعية الفكر الاجتماعي والرؤية الإيديولوجية للمنظرين والباحثين الذين درسوا الظواهر الاجتماعية الحياتية للمجتمع الرأسمالي وحللوها وتوصلوا لاستنتاجات حول مسبباتها

وطوروا مواقف اجتماعية منها، مرتكزة على رؤياهم وتحليلاتهم الاجتماعية.

وتمتاز كافة العلوم الاجتماعية بأنها غير محايدة طبقيا ولا يستطيع منظروها القفز عن انتماءاتهم الطبقية التي ولدوا في كنفها أو قاموا بتبنيها. وسوف أبدأ نقدي هذا بالفيلسوف الاجتماعي أوجست كونت والذي يعتقد في الغرب أنه وضع اللبنة الأولى في البنية الفكرية لعلم الاجتماع الغربي وشكلت أفكاره حاضنة فكرية للعديد من المنظرين الاجتماعيين في أوروبا القرن التاسع عشر.

عاصر أوجست كونت الثورة الفرنسية وشاهد بعض أحداثها وممارساتها العنيفة، واتخذ له موقفا اجتماعيا ضد الثورة والتغير الاجتماعي-السياسي العنيف وانحاز إلى جانب النظام العام. واعتقد كونت أنه بالإمكان تحقيق نوع من السلام الاجتماعي دون أحداث تغير عميق الجذور. ودعا الدولة إلى وضع سياسات تهدف الى محاربة الثورة والتي اعتبرها أداة سلبية للتغير تؤدي الى فكفكة النسيج الاجتماعي ومن ثم الى انهيار المجتمع.[١٧]

واعتقد الفيلسوف الاجتماعي الفرنسي أوجست كونت، صاحب مدرسة الفلسفة الوضعية، إن "الهدف العملي (السياسي) لعلم الاجتماع ... الحفاظ على النظام الاجتماعي القائم، النظام الذي أعقب الثورة الفرنسية، والذي تسيطر فيه طبقة الرأسماليين على السلطة السياسية هو الهدف النهائي للعلم الجديد..."[١٨] ولذلك يعد كونت مؤسسا لعلم الاجتماع المحافظ "... الذي يبحث،

---

١٧ تيماشيف، نيقولا (١٩٨٣) نظرية علم الاجتماع (القاهرة: دار المعارف) ص ٣٩. كما جاء في كتاب: أحمد زايد، **علم الاجتماع بين الاتجاهات الكلاسيكية والنقدية**. (القاهرة: لا ذكر لاسم دار النشر)، ص ٧٢

١٨ خضر زكريا (١٩٩٨) **نظريات سوسيولوجية** (دمشق: الأهالي للطباعة والنشر والتوزيع)، ص ٢٩

بالدرجة الأولى، في العوامل التي تؤدي إلى استقرار النظام الرأسمالي القائم والمحافظة على بقائه.»[19]

وتوصل كونت إلى نتيجة مفادها أن علماء الاجتماع سوف يضطلعون بالأشراف على الحياة الفكرية والأخلاقية لنظام المجتمع الجديد الذي نشأ بعد الثورة البرجوازية الفرنسية. «... وستسير الأمور في ظل النظام الجديد بصرامة. ويصبح الخلق الكريم والطاعة واجبا ملزما لكل انسان. وسيصبح كل فرد موظفا في خدمة المجتمع».[20] واعتقد كونت أن البنية الطبقية يجب أن تتواصل وأنه من الممكن إيقاف الصراع الطبقي «... من خلال أحداث توفيق أخلاقي بين الطبقات. ويمكن تسهيل هذه المهمة عن طريق فرض سلطة أخلاقية بين الطبقات العامة وقادة المجتمع».[21]

وتبنى المنظر الاجتماعي أميل دركايم أفكار كونت وبنى أفكاره الاجتماعية عليها. واعتقد أن نتائج البحث السوسيولوجي يجب أن توظف في خدمة المجتمع وعلاج المشكلات الاجتماعية من خلال "التضامن والتماسك والتوازن". لذلك رفض دركايم الصراع الطبقي واعتقد بإمكانية معالجته أخلاقيا. وارتكز موقفه على "أن الصراع الطبقي ... ليس قانونا بل هو نتيجة للتنظيم

١٩ المصدر ذاته، ص ٣٠

٢٠ علياء شكري (١٩٧٩) علم الاجتماع الفرنسي، الطبعة الثانية (القاهرة: دار الكتاب للتوزيع)، ص ١٠. كما جاء في كتاب: أحمد زايد (١٩٨٣) علم الاجتماع بين الاتجاهات الكلاسيكية والنقدية، مصدر سبق ذكره، ص ٧٧.

٢١ Zeitlen, Irving (1969) Ideology and the Development of Sociological Theory (New Delhi: Prentice Hall and Indian Private Limited), p. 75

كما جاء في كتاب: أحمد زايد (١٩٨٣) علم الاجتماع بين الاتجاهات الكلاسيكية والنقدية، مصدر سبق ذكره، ص ٧٧.

السيء للمجتمع، نتيجة وضع غير طبيعي يمكن تصحيحه بإعادة تنظيم العلاقات الاجتماعية - فالمسألة عنده أخلاقية - إرادية وليست موضوعية ناجمة عن طبيعة النظام الرأسمالي نفسها".[٢٢]

أما عالم الاجتماع الألماني ماكس فيبر فقد اعتبر علم الاجتماع "... علم يقف فوق الطبقات، فوق الأحزاب و"خارج السياسة". وتكمن مقولته الأساسية في وجوب تخليص البحث الاجتماعي الموضوعي من أية عناصر قيمية. ويجب أن لا يمارس ارتباط العلم بالقيم أية تأثيرات على تحليله للظواهر المجتمعية."[٢٣]

أما "المدرسة الوظيفية" لعالم الاجتماع تالكوت بارسونز، فتعتبر المجتمع البشري كنسق اجتماعي متوازن يحوي داخله انساقا فرعية مثل لمدرسة والعائلة والشركة والحكومة والبرلمان. وتعتمد الأنساق الفرعية على بعضها البعض، وتكمل وتساند بعضها البعض. ولكل نسق فرعي وظيفة اجتماعية[٢٤] تساعد في سد حاجات المجتمع وتحقيق أغراضه واستمراريته. وتميل حالة النسق العام إلى التوازن، والاستقرار والاستمرارية، كما أن أساس العلاقات بين الانساق الفرعية هو تكاملي، والتغير مسألة طارئة بل استثنائية يطلقون عليها حالة التوتر في علاقات النسق.

ونتيجة لتحولات في البيئة، أو تغيرات في أجزاءها، فان النسق الاجتماعي يواجه حالة توتر أو تحلل، تفقده حالة التوازن

---

٢٢ المصدر ذاته، ص ١٢١

٢٣ المصدر ذاته، ص ١٢٨

٢٤ محمد الغريب عبد الكريم (١٩٨٠) الاتجاهات الفكرية في نظرية علم الاجتماع المعاصر (القاهرة: مكتبة نهضة الشرق) ص ٥٨-٥٩

القائمة، فيعمل من خلال إعادة بناء العلاقات الداخلية، على التكيف بشكل يعيد له حالة التوازن ضمن علاقات بنائية جديدة.

يلغي مفهوم الأنساق الفرعية البعد الطبقي للمجتمع الرأسمالي، فالوظيفية لا تستوعب الصراع الاجتماعي كبعد أساسي من أبعاد البناء الاجتماعي، كما ولم تفسح له مكانا بين مفاهيمها وتصوراتها النظرية.[٣٥] كما وقللت الوظيفية من أهمية التغير والصراع الاجتماعيين، ولم تهتم بالتغير لان الشغل الشاغل للنظرية كان مركزا على تكامل وثبات البناء الاجتماعي.[٣٦]

وتسعى الوظيفية إلى تطوير صورة تجريدية عن المجتمع الرأسمالي وتجنح للتعميم والضبابية بهدف إخفاء كل من الطبقات الاجتماعية، والصراع الطبقي، وعدم المساواة بين البشر.

وفي تقييمه للنظرية الوظيفية، يرى عالم الاجتماع الفن جولدنر، "أن نظرية بارسونز (الوظيفية) قد تطورت في حقيقة الأمر ردا على تحديات الماركسية: فإن كانت الماركسية نظرية عامة عن المجتمع تدين الرأسمالية، فقد غدت الوظيفية البنائية نظرية عامة عن المجتمع لا تبرر الرأسمالية (كما يعتقد في العادة)، بقدر ما تقدم تفسيرا وفهما للصعوبات الرأسمالية دون أن تدينها...[٣٧]

---

٢٥ المصدر ذاته

٣٦ عبد الباسط عبد المعطي (١٩٨١) اتجاهات نظرية في علم الاجتماع (الكويت: المجلس الوطني للثقافة والفنون والآداب) ص ١٧٩

٣٧ الفن جولدنر (١٩٧٠)، الأزمة القادمة لعلم الاجتماع الغربي (لا مكان ولا زمان النشر، ولا الصفحة)، كما جاء في كتاب: ايان كريب (١٩٩٩) النظرية الاجتماعية من بارسونز الى هابرماس (الكويت: الكويت)، ص ٦٥

وفي معرض تقييمهما لهذه المرتكزات الفكرية الاجتماعية، أكد عالما الاجتماع، نيسبت وزايتلن، أن علماء الاجتماع المحافظين اعتبروا النظام الرأسمالي عاملا ضروريا لاستقرار المجتمع، كما ورأى المحافظون أن للطبقات الاجتماعية وظائف كبيرة في المجتمع، أهمها المحافظة على استقرار النسق الاجتماعي.

... أكد المحافظون التدرج الاجتماعي والمكانة الاجتماعية في المجتمع فبدون تدرج في المجتمع لا يمكن أن يوجد استقرار كما أن الطبقات تؤدي وظائف كبيرة في المجتمع. وقد تولد هذا الاعتقاد عند المحافظون من تخوفهم لأن تؤدي العدالة إلى تحطيم النظم المقدسة التي من خلالها تنتقل القيم من جيل الى جيل آخر.[٢٨]

كما واعتبر كل من نسبت وزايتلن أن أحد مرتكزات شرعية السلطة، في نظر علماء الاجتماع المحافظين، تتشكل من الطبقة. وهي "... تبدأ من الأسرة وتستمر مع الجماعة والطبقة ثم صفوة المجتمع".[٢٩]

وهكذا أظهر علماء علم الاجتماع المحافظون انحيازهم الطبقي التام لنظام الطبقات الرأسمالي ولم يسعوا لتحليل عدم

---

٢٨ Robert Nisbet (1970) Tradition and Revolt (New York: Ventage Books), pp. 75-76 and Zeitlen , Irving (1969) Ideology and the Development of Sociological Theory (New Delhi: Prentice Hall and Indian Private Limited), p. 35

كما جاء في كتاب أحمد زايد، علم الاجتماع بين الاتجاهات الكلاسيكية والنقدية، مصدر سبق ذكره، ص ٦٥

٢٩ المصدر ذاته

المساواة الاجتماعية وعارضوا الثورة التي اعتبروها عاملا تفكيكيا يؤدي إلى عدم استقرار النظام. ولذلك اعتقدوا بإمكانية توقف الصراع الطبقي من خلال احداث " توفيق أخلاقي بين الطبقات."

## (٤) الطبقات الاجتماعية، والصراع الطبقي وعلم الاجتماع الغربي

يعتقد أستاذ علم الاجتماع المغربي عبد الصمد الديالمي، أن السوسيولوجيا ليست محايدة بل تحمل شحنات ايديولوجية للمنظرين الذين صاغوا أفكارهم بناء على فكرهم الاجتماعي رؤياهم المعينة للعالم. كما ويعتقد أن المتخصصين العرب في علم الاجتماع يستطيعون التعامل مع الفكر الاجتماعي الغربي بشكل نقدي وابداعي.

... إن النظرية السوسيولوجية نظرية اجتماعية في نهاية المطاف، رغم زعوم القطيعة والبناء. أن السوسيولوجيا شكل من أشكال الوعي الاجتماعي، المرتبط بفئات اجتماعية معينة، والمستند إلى رؤيا معينة للعالم . بناء على ذلك، آن الأوان لكشف القناع عن حياد السوسيولوجيا وآن الأوان لتوظيفها واستغلالها في خدمة تحقيق الحرية والاستقلال... أن السوسيولوجيا مطالبة أليوم بأن تكون ممارسة مبدعة، لا تقف عند حدود النقد أو التقليد، فالنقد مهما بلغت حدته يبقى عادة سجين الإشكالية السائدة، انه الوجه الآخر لها، الوجه غير المكشوف الوجه ألذي يساهم في الحفاظ على نفس التصورات والقيم. فما هي اذن شروط الإبداع السوسيولوجي؟[٣٠]

---

٣٠ عبد الصمد الديالمي (١٩٨٩) القضية السوسيولوجية (الدار البيضاء: إفريقيا الشرق) ص ٢٩

ويعتقد عبد الصمد أن أحد شروط الإبداع السوسيولوجي هو:

"... عدم الاعتراف بوجود سوسيولوجيا مرجعية يجب الانطلاق منها أو الاعتماد عليها أو التموضع داخلها أو ضدها. أن السوسيولوجية الغربية، الوضعية، البنائية، والوظيفية، ينبغي أن تدرك، رغم كل عطاءها كمدرسة كموقف، من بين المدارس والمواقف الممكنة أو الموجودة. صحيح أن هناك اليوم سيادة فعلية لهذه المدرسة تكاد تحولها إلى سوسيولوجية مرجعية. لكن، يجب أن نعي أن سيادة المدرسة/المدارس الغربية لا تعود الى قوة نظرية ومعرفية، بقدر ما تعكس وضعا دوليا: وراء سيادة سوسيولوجيا الغرب، هناك بكل بساطة سيادة الغرب الرأسمالي..."[٣١]

ويستخدم عدد من السوسيولوجيين الغربيين مجموعة من المفاهيم والمصطلحات الاجتماعية والتي يوظفونها لتفسير عدد من الظواهر الاجتماعية المتعلقة بالفروقات الاقتصادية والتباينات الاجتماعية والتقسيمات الطبقية للمجتمع الرأسمالي، كما ويبذلون جهودا فكرية حثيثة لجعلها مرتكزات لبنيات نظرية يسعون لاستخدامها في تفسيراتهم الاجتماعية لهذه الظواهر. ومن أبرز من استخدم هذا الأسلوب المنظر الفرنسي أميل دركايم الذي وصفه في كتابة "قواعد المنهج في علم الاجتماع". وفي عرضه لأسلوب دركايم هذا، كتب الكاتب العربي محمد علي محمد ما يلي:

والواقع أن دوركايم كان يبدأ كل دراسة له بتعريف لظاهرة التي يتناولها. فهو يمنح للتعريفات أهمية خاصة، ذلك أنها تمثل الشروط الأولى والضرورية للبرهان العلمي، فالمرء لا يستطيع أن يتحقق من صحة النظريات إلا بعد تعريف الظواهر التي يجب أن

٣١ المصدر ذاته، ص ٢٩-٣٠

تفسرها هذه النظريات. والتعريف يتعين أن يتم في ضوء الخواص الخارجية الظاهرة، وأن يشمل كافة الظواهر التي تشترك في هذه الخواص ..."[٣٢]

يوظف بعض علماء الاجتماع مفهومي "الدور الاجتماعي" و"الوظيفة الاجتماعية" لتحليل مكونات مجتمعاتهم الرأسمالية ولتفسير التفاوتات الاجتماعية والفروقات الاقتصادية بين الكتل الاجتماعية المختلفة. و"يحاول علماء الاجتماع البرجوازيون، بواسطة مفهوم "الدور الاجتماعي" استغلال طبيعة الإنسان الاجتماعية. ... فالدور الاجتماعي حسب مفهومهم، خال من الطابع الطبقي لطبيعة الإنسان الاجتماعية ..."[٣٣] وهذا بدوره يشكل نوعا من الالتفاف على البعد الطبقي للمجتمع الرأسمالي. بالإضافة لهذين المفهومين، يستخدم عدد من علماء الاجتماع مفاهيم اخرى شبيهة.

يستخدم عدد من المتخصصين في علم الاجتماع من الغربيين مجموعة من مفاهيم علم الاجتماع[٣٤] في كتاباتهم مثل: النخبة

---

٣٢ اميل دوركايم (١٩٦١) قواعد المنهج في علم الاجتماع (القاهرة: مكتبة النهضة المصرية)، ص ١٩١. كما جاء في كتاب: محمد علي محمد (١٩٨٣) المفكرون الاجتماعيون: قراءة معاصرة لأعمال خمسة من أعلام علم الاجتماع الغربي، (بيروت: دار النهضة)، ص ١١٢

٣٣ س.ي. بوبوف (١٩٧٨) نقد علم الاجتماع البرجوازي المعاصر (القدس: منشورات صلاح الدين)، ص ٤٩

٣٤ يجب التنويه هنا إلى أن الهدف من وراء توظيف هذه المصطلحات باللغتين العربية والإنكليزية هو المقاربة وإظهار أن جذور المصطلحات العربية جاءت من الانكليزيه، والتي تم تعريبها ونقلها عن الفكر الاجتماعي الغربي. وعليه لا توجد لدي النية للتهجين اللغوي وهي ظاهرة كنت قد انتقدتها في دراسة سابقة تحت عنوان: "التهجين اللغوي

(elite)، الحركية الاجتماعية (social mobility) ، التنضيدات الاجتماعية (social strata)، المنزلة الاجتماعية (social status)، التضامن الاجتماعي (social solidarity)، السلام الطبقي (class peace)، الباثولوجيا الاجتماعية (social pathology)، المجتمع الصناعي (industrial society)، المجتمع ما بعد الصناعي (post-industrial society)، المجتمع التقليدي (traditional society)، الوظيفة الاجتماعية (social function)، التراتب الاجتماعي أو التدرج الاجتماعي (social stratification)، التمايز الاجتماعي (social differenciation) والدور الاجتماعي (social role)، والطائفة (caste). ويهدف هذا الاستخدام، ظاهريا، إلى توصيف حالة عدد من الظواهر الاجتماعية مثل الطبقات الاجتماعية، عدم المساواة الاجتماعية- الاقتصادية، الصراع الطبقي، والتقسيم الطبقي للمجتمع الرأسمالي. ولكن تحليل مفاهيم علم الاجتماع ومحاولة فحص فرضياته الاجتماعية وتحليل معطياتها والتوصل لاستنتاجات، ومن ثم القيام بصياغة نظريات وتأويلات، يشير الى أن أهدافا أخرى تقف وراء استحداثها ومن ثم توظيفها في أدبيات علم الاجتماع.

إن تعدد المفاهيم المستخدمة، والشحنة الأيديولوجية الكامنة داخل كل مفهوم من هذه المجموعة، والمحدودية الفكرية التي يسمح بها كل مفهوم من هذه المفاهيم السوسيولوجية، وتكرار تداولها من قبل العاملين في حقل علم الاجتماع، وتوظيفها في غالبية الأدبيات الاجتماعية، في الغرب وفي دول العالم الثالث،

للخطاب العربي"، والتي نشرت في مجلة التراث والمجتمع، العدد (٤٢)، شتاء ٢٠٠٥/٢٠٠٦.

191

يدفع الـدارس للمجتمع إلى لاعتقاد بوجـود تفسـيرات عديـدة ومتباينة لتوصيف الواقع الاجتماعـي وتقسيماته الطبقية. ولكن معاني وتفسيرات هذه المفاهيم تعطي صورة ضبابية لجوانب الواقع الاجتماعـي ولا تساعد في فهم مكونات المجتمع الرأسمالي. إنها تغرق التحليل السوسيولوجي للمجتمع في التجريـد والشكلية والمحدودية الفكرية بحيث يصبح ما هو قابل للفهم والاستيعاب من مكونات المجتمـع الرأسمالي، أمـرا مبهما وعصي على الفهم. كما وأن النظريات والتأويلات التي تعالج هذه التقسيمات الاجتماعية والتي صاغها عدد من المنظرين الاجتماعيين الغربيين تعكس محدودية وانحياز وعيهم الطبقـي الـذي يتمحور حـول انكـار وجـود الطبقات الاجتماعيـة، أو علـى الأقـل، إخفـاء وجودهـا علـى أرض الواقـع. وهـذا! هو الهـدف الخفـي مـن وراء استخدام وتوظيف المفاهيم الاجتماعية سالفة الذكر. فما يجمع جميع مفاهيم علم الاجتماع سالفة الـذكر هـو التفافها المتعمد على وجود الطبقات الاجتماعية والقفز الواعي عن الصراع الطبقـي بينهـا، وبهـذا! ازالـة فكريـة لبعد اجتماعي حقيقي من واقع الحياة في ظل المجتمـع الرأسمالي. وفي نهايـة المطـاف، يسـعى بـذلك هـؤلاء المنظرين الغربيين إلى تمويه الواقع الاجتماعي، وتسويغ التقسيمات الطبقية، وإخفاء الفروقات الاقتصادية بـين من يحتكر الثروة ومن لا يملك مـا يسد رمقـه، وكـل ذلك لكي يشرعنوا ويبرروا عـدم المساواة الاقتصادية والاجتماعية والسياسية، وهذا ليس الا انحيازا طبقيا لمن ادعوا وجـوب النهج الموضوعي في الفكر الاجتماعي الغربي.

## (٥) المركزية الأوروبية وعلم الاجتماع الغربي

أما النزعة الثانية التي نود التحقق من وجودها داخل الفكر الاجتماعي الغربي فهي المركزية الأوروبيـة. ويتوجب علينا تعريف هذه النزعة وبعدها القيام بالتحقق من وجودها داخل الفكر الاجتماعي الغربي.

### (أ) تعريف المركزية الاوروبية

يمكن تعريف المركزية الأوروبية كنزعة اجتماعية-ثقافية لها بعدا سياسيا. ونشأت هذه النزعة بين بعض المفكرين الأوروبيين، وفي فترة تاريخية معينة. ويعتقد هؤلاء أن الحضارة الأوروبية لها خصوصية وثوابت ثقافية معينة لا توجد في غيرها من الثقافات غير الأوروبية. وبموجب هذا الاعتقاد، فقد بدأت هذه الحضارة، وبشكل قطعي، في اليونان القديمة وتواصلت مع روما فالقرون الوسطى فعصر النهضة فنشوء الرأسمالية. وينظر هؤلاء للشرق بانه خامل وراكد وأنظمته السياسية استبدادية وأنه لم ينتج أية حضارة لعدم تمتعه بخصوصية مشابهة للخصوصية الاوروبية.

لا يقيم هؤلاء وزنا للحضارات الأخرى التي سبقت الغرب مثل الحضارات الفرعونية والسومرية والكلدانية والكنعانية والعربية والصينية واليابانية والهندية والفارسية وحضارة هنود أمريكا وغيرها من الحضارات العريقة. كما ويتنكر هؤلاء لاسهامات غير أوروبية في الحضارة الأوروبية، فيبنون مركزيتهم الاوروبية على اقصاء الاخر ويختلقون غربا وهميا وشرقا وهميا.

ويرجع بعض الكتاب ظاهرة المركزية الأوروبية إلى بداية الحضارة الإغريقية ونظرية الكيوف الأرسطية والتي تربط بين المناخ وذكاء الشعوب وإنتاجها للعلوم، فساكني المناطق المعتدلة مثل الإغريق، يتمتعون بالذكاء وناجحون في العلوم. ويرجع أرسطو ذكاء الاغريق الى مناخ اليونان المعتدل أما شعوب أسيا فلا تتمتع بالذكاء وليسوا فالحون في العلوم ويسيطر عليهم الكسل والحكومات المستبدة.[٣٥]

---

٣٥ عبد الله ابراهيم (١٩٩٧) المركزية الغربية (الدار البيضاء: المركز الثقافي العربي)، ص ٢٣٢.

وترتبط ظاهرة المركزية الأوروبية بمرحلة حديثة نسبيا من التاريخ الأوروبي، فجـذورها ترجع الى عصر ـ الاكتشافات الجغرافية الكبيرة في أواخر القرن الخامس عشر، كما وأنها لم تنتشر بشكل واسع حتى القرن التاسع عشر، عصر التوسع الاستعماري الكبير في قارات أسيا وأفريقيـا وأمريكا الجنوبية. وبهـذا المعنـى فإنهـا تـرتبط بالأيديولوجيا الرأسمالية في مرحلتها الاستعمارية.

إحدى إفرازات المركزية الأوروبية هـي أيديولوجيـة الاستشراف والتي تزامنت مـع ظـاهرة الاستعمار الأوروبي وحاولت تبريرها وشرعنتها. ويعتقد الكاتب صادق جـلال العظم أن أيديولوجية ظـاهرة الاستشراف بنيت على تفوق الأوروبي الأبيض ودونية الآخر غير الأوروبي وغير الأبيض. وفي كتابـه "ذهنيـة التحـريم"، يصـف الكاتب صادق العظم هذه الثنائية على الوجه التالي:

... هنا لا تعود ظاهرة الاستشراق وليدة شروط تاريخية معينة أو استجابة لمصالح وحاجات حيوية ناشئة وصاعدة، بل تأخذ شكل الافراز الطبيعي العتيق والمستمر الذي يولده "العقل الغربي" المفطور بطبيعته، كما يبدو، على انتاج واعادة انتاج تصورات مشوهة عن واقع الشعوب الأخرى ومحقرة لمجتمعاتها وثقافاتها ولغاتها ودياناتها في سبيل تأكيد ذاته والإعلاء من شأن تفوقه وقوته وسطوته...[٣٦]

---

٣٦ صادق جلال العظم (١٩٩٧). الاستشراق والاستشراق معكوسا، ذهنية التحريم (دمشق: دار المدى للثقافة والنشر)، ص ١٦.

وفي معرض تقييمه للاستشراق الغربي، يعتقد الكاتب عصام فوزي أنه توجد علاقة بين الاستشراق والامبريالية والاجتهاد الأكاديمي الاستشراقي في الغرب.

... [ف] الغرب الامبريالي قد خلق تصوراته ليس للمعرفة بذاتها، وانما المعرفة من أجل القوة من أجل القمع والسيطرة، هذا الجانب القمعي الذي نعتبره بمثابة البنية التحتية للإنشاء الإيديولوجي عن الشرق يستبعد تماما حسن النية ويقصيه عن ميدان التثاقف، حتى ولو كان الانشاء نفسه مغلفا بالأكاديمية الكاذبة في ادعائها الحياد، وحتى لولم يدرك فرسان ذلك الفرع المعرفي نفسه حقيقة ممارساتهم ولا مآلاتها.[٣٧]

وتوجد إسقاطات عديدة للمركزية الاوروبية على الفكر الاجتماعي الاوروبي حيث اثرت على كل من الفكر الاجتماعي البرجوازي المحافظ والفكر المادي الماركسي. ويعتقد المفكر والمنظر العربي سمير أمين "... ان الفكر الاجتماعي السائد والمهيمن يتسم بسمة "التمركز الأوروبي... [و] أن هذا التمركز الأوروبي قد لون جميع مدارس الفكر، ولو بدرجات متفاوتة، بما فيها الماركسية الشائعة..."[٣٨]

ويوجد عدد من الاجتهادات النظرية التي تناولت ظاهرة المركزية الأوروبية وأعطتها تعريفات وقامت بتحليل بواعثها السياسية والطبقية، وسوف نتناول بعض منها.

---

٣٧ عصام فوزي، "رؤية الآخر: المعرفة والتسلط في إيديولوجيا الاستشراق"، مجلة أدب ونقد، العدد ٣١، يونيه/يوليه ١٩٨٧، ١٠٥.

٣٨ سمير أمين (١٩٨٨) الأمة العربية (القاهرة: مكتبة مدبولي) ص ٦

تتناقض المركزية الأوروبية مع الفكر الشمولي لكونها تدفع باتجاه اقصاء الآخر من الشعوب غير الأوروبية، وتميل، ثقافيا، للاختزال. ويصل الكاتب سعيد ريزا عاملي الى تعريف المركزية الأوروبية

... كظاهرة ثقافية كونها تفترض وجود ثوابت ثقافية متميزة لا يمكن اختزالها والتي تشكل المسار التاريخي لشعوب مختلفة. ولذلك، فان المركزية الأوروبية مناهضة للشمولية وللعالمية لكونها غير معنية بامكانية تحقيق قوانين خاصة بالتطور البشري. ولكنها تقدم ذاتها بكونها شمولية لانها تدعي أن محاكاة النموذج الغربي من قبل كل الشعوب هو الحل الوحيد لتحديات عصرنا.[٣٩]

وتزامن نشوء ايديولوحية المركزية الأوروبية مع ظاهرة الاستعمار الأوروبي الاستيطاني في العالم "الجديد" والتي سعت لتبريره وتسويغه محاولة أظهاره كرافعة حضارية تنتشل الشعوب "الخاملة" في الشرق وفي العالم الجديد، لتنقلها من حالتها "الراكدة" إلى الحضارة الأوروبية الراقية. وتشمل المركزية الأوروبية مركزية عرقية تتربع فيها،

... الثقافة الغربية الحديثة في ذرى سلم التطور، لأنها المصب الذي تنتهي إليه كل روافد الخبرة، بعد أن بلغت غايتها القصوى على يد الجنس الأبيض الذي هو نخبة شعوب الارض وخلاصتها. ان العرق الأبيض وثقافته مرا بعملية تنقية معقدة، أسهمت فيها الجغرافية، كما أسهم فيها التاريخ، فنتج عن كل ذلك

---

٣٩ Ameli, Saied Reza, "Eurocentrism And Islamophobia", Islamic Human Rights Commission http://network.realmedia.com, October, 1997

ثقافة شاملة وكفوءة وغنية وخصبة أنتجها عرق سام نقي ينطوي على قدرة فائقة على الذكاء والقوة والدراية وحب الحرية. وينبغي في ضوء ذلك تعميم تلك الثقافة ومد سيطرة ذلك العرق على العالم. فهذه هي الوسيلة الوحيدة من وجهة نظر أصحاب نظرية التمركز العرقي لشحن العالم بمعنى الحياة، وإيقاظ الشعوب والثقافات من سباتها وسكونها الأبدي. ينبغي تهديم الأطر الاجتماعية والثقافية، وحل التشكيلات الروحية الموروثة، وإعادة تركيبها بما يوافق نسق الثقافة الغربية ومنظور الرجل الأبيض الذي يحمل في داخله رغبة تخليص العالم من الفوضى والتخلف والطغيان والاستبداد."[٤٠]

وفي تحليله لظاهرة "المركزية الأوروبية" يعتقد سمير أمين أنها ظاهرة ثقافية أوروبية منغلقة على ذاتها، أحادية الجانب وتدعي صفة الشمولية والعالمية. ويعتقد سمير أمين أن "المركزية الأوروبية" ترتكز على فرضيات مشكوك في صحتها. وهي:

"تنتمي ... الى مجموعة الرؤى الثقافوية الطابع إذ أنه يقوم على افتراض تواجد مسالك تطور خاصة لمختلف الشعوب لا يمكن ارجاعها الى فعل قوانين عامة تنطبق على الجميع. فله إذن طابع مذهب مضاد للعالمية فلا يهتم بكشف القوانين العامة التي تحكم تطور جميع المجتمعات. إلا أنه يتقدم في ثياب العالمية إذ أنه يقترح على الجميع مضاهاة النمط الغربي بصفته الأسلوب الفعال الوحيد لمواجهة تحديات العصر."[٤١]

٤٠ عبد الله إبراهيم، مصدر سبق ذكره، ص ٢٤٠-٢٤١

٤١ سمير أمين (١٩٩١) بعض قضايا للمستقبل (القاهرة: مكتبة مدبولي) ص ١٦٥.

ويتابع سمير أمين في تحليل الجانب الثقافي في المركزية الأوروبية فيؤكد على:

"... أن التمركز الأوروبي ينبع من موقف ثقافوي. اقصد أنه موقف ينطلق من مسلمة مزعومة وهي أن هناك عناصر ثقافية ثابتة تمثل نواة صلبة في المجتمع لدرجة أنها هي التي تتحكم في مصائر التطور. فهي التي تفتح احتمالات وتستبعد احتمالات أخرى بحيث أنها هي التي تنتج في نهاية الأمر التباين في مصائر مختلف المجتمعات."[٤٢]

ويعتقد سمير أمين أن المركزية الأوروبية ترتكز على فرضية الاستمرارية الأوروبية التي تبدأ من اليونان وتتواصل حتى الرأسمالية الغربية المعاصرة. ويرى سمير أمين أن هذا الادعاء بالاستمرارية الأوروبية يفترض عددا من الشروط.

وتقوم أطروحة التمركز الأوروبي على فرضية استمرارية تاريخية تمتد من اليونان القديم ثم روما إلى القرون الوسطى الإقطاعية ثم الرأسمالية المعاصرة. إلا أن هذا الادعاء بالاستمرارية يفترض لشروط الآتية: **أولا** قطع العلاقة بين اليونان القديم والبيئة التي نما فيها وهي بالتحديد بيئة "شرقية" وإلحاق الهيلينية إلحاقا تعسفيا ب "الغرب الأوروبي" المزعوم، **ثانيا** الامتناع عن استئصال العنصرية التي لا مفر منها من أجل تأكيد الوحدة الثقافية الأوروبية المزعومة، **ثالثا** تكبير دور المسيحية وإلحاقها هي الأخرى – بأسلوب تعسفي - بالاستمرارية الأوروبية ألمزعومة وجعل هذا العنصر أحد أهم العناصر المفسرة للوحدة

---

٤٢ المصدر ذاته، ص ٩٠

ألثقافية الأوروبية ... ، **رابعا** اختراع "شرق" خرافي يحتل المكان المناظر المعكوس واتسامه بسمات مضادة لسمات "الغرب" واستدراجها هي الأخرى من نفس النهج القائم على العنصرية ونظرة لا تاريخية للثقافة والأديان.[٤٣]

ونجحت المركزية الأوروبية في التأثير على عدد من المنظرين الاجتماعيين الأوروبيين مـن كافـة الأطيـاف ولم تنج من مؤثراتها السلبية حتى المادية التاريخية. وما يلي هـي محاولة للتحقـق مـن وجود نزعـة مركزيـة أوروبية داخل المدرسة الفكرية الماركسية.

**(ب) الماركسية والمركزية الأوروبية**

ليس ما يلي نقدا للماركسية وأنما محاولة للاشارة الى بعض مظاهر النزعة الأوروبيـة التـي علقـت بجـزء من أدبيات الماركسية والتي تأثرت بدورها بالهيمنة الثقافية للمركزية الأوروبية التي تزامنت مع تطور ظـاهرة الأستعمار الأوروبي.

أصدرت "العصبة الشيوعية" في العـام ١٨٤٨ "البيـان الشـيوعي" والـذي صـاغه كـل مـن كـارل مـاركس وفريدريك انجلز. وجاء البيان كوثيقـة أيديولوجيـة تسترشـد بهـا الأحـزاب الشـيوعية لبـث أفكارهـا الاشـتراكية ورؤيتها الثورية.

وبالرغم من كون الشيوعية نظرية شمولية تهتم بكافة البشرية وبالعدالة والمساواة بين البشر، وبالتـالي تتناقض مع المركزية الأوروبية المنكمشة على الذات الأوروبية، فقد حوى البيان بعض المصطلحات الاستشـراقية مثل: "الامم الأكثر همجية"،

---

٤٣ المصدر ذاته، ص ١٧٣.

و"الهمجيين"، و"الأقطار الهمجية وشبه الهمجية"، و"الأقطار المتحضرة"، و"الأمم المتمدنة"، و"موكب الحضارة".[٤٤]

وفي معرض دفاعه عن استخدام ماركس وانجلز لمثل هذه المصطلحات كتب الماركسي التونسي- العفيف الأخضر ما يلي من تبرير:

بعض الجهلوت من البيروقراطيين الصغار الذين جمعوا التأخر من طرفيه: القومجية والاستبداد الآسيوي حتى إزاء ترجمة النصوص، أمثال السيد زاهي شرفان، حز في نفوسهم وصف البيان لأمم العالم المتخلف بالهمجية. ولا شك أنهم في قرارة نفوسهم رأوا في استخدامها شاهدا على الاستعلاء الاوروبي المقيت، الذي لم يسلم ماركس وانجلز من لوثته! لكنهم، من فرط جهلهم، يجهلون أن لينين قلما ذكر اسم روسيا وطن"ـه"، الا مقرونا بوصف الهمجية.[٤٥]

ثم يتابع العفيف الأخضر فيشير إلى أصول ومعنى مصطلح "الأمم الهمجية":

الهمجية في التصور التاريخي الماركسي تشير إلى مراحل من التطور التاريخي، مرت بها جميع الشعوب، قبل بلوغ مرحلة الحضارة. وهي تتميز بدرجة منخفضة جدا من تحكم الانسان في محيطه الطبيعي، وسيادة نمط الملكية القبلية. والحضارة هي المرحلة العليا التي تلت المرحلة العليا من الهمجية. وقد تميزت بدرجة أعلى من سيطرة الإنسان على الطبيعة وبظهور الدولة. وقد

---

٤٤ ماركس-انجلز (١٩٧٧) ,,البيان الشيوعي,, في أول ترجمة غير مزورة، ترجمة العفيف الأخضر (القدس: منشورات جاليليو)، وكارل ماركس وفريدريك انجلز (٢٠٠٠) ,,البيان الشيوعي,, ترجمة وتقديم محمود شريح (كولونيا: منشورات الجمل).

٤٥ العفيف الأخضر، مصدر سبق ذكره، ص ٥٧

استخدم البيان نعت الهمجية للأمم المتخلفة، وهو نعت مستعار من جون ستيوارت ميل، بمعنى الامم غير الصناعية، تمييزا لها عن الأمم الغربية المتمدنة أي البرجوازية الصناعية...[٤٦]

لا توجد حاجة للتبرير والدفاع عن استخدام ماركس وانجلز لمصطلحات استشراقية. فبالاضافة لجون ستيوارت ميل، استخدم هذه المصطلحات جميع الأوروبيين من مستشرقين، ومنظري الداروينية الاجتماعية، وأصحاب النظريات التي نادت بتفوق العرق الأوروبي-الأبيض. مع ذلك، كان باستطاعة ماركس المفكر المبدع استحداث مصطلحات ذات توجه انساني-اشتراكي وعدم استخدام مصطلحات المستشرقين الذين تجندوا لتبرير ظاهرة الاستعمار من خلال تكريس واعادة انتاج دونية الشعوب الواقعة تحت نير الاستعمار الاوروبي.

وفي معرض تقييمه للاستعمار الفرنسي للجزائر في العام ١٨٤٧، والذي كان قد مضى- عليه ١٧ عاما من البطش والعنف الكولونيالي وجرائم الحرب البشعة التي ارتكبت ضد سكان الجزائر من عرب وأمازيغ، كتب فريدريك انجلز ما يلي:

ان فتح الجزائر واقعة مهمة وموائمة لتقدم الحضارة، وما كانت قرصنات الدول البربرية لتتوقف الا بفتح تلك الدول (= الجزائر). وبعد كل حساب فان البرجوازي المعاصر، مع الحضارة والصناعة والنظام والأنوار التي يحملها على كل حال، لأفضل من الولي الإقطاعي، أو اللص قاطع الطريق ومن الطور الهمجي في المجتمع الذي ينتميان إليه.[٤٧]

٤٦ المصدر ذاته، ص ٥٨

٤٧ ماركس وانجلز (١٩٧٨) الماركسية والجزائر (بيروت: دار الطليعة)، ص١٤ . كما جاء في كتاب: عبد الله إبراهيم، مصدر سبق ذكره، ص ٢٦٨.

أن وصفا في هذا المستوى، يحمل في طياته ليس فقط فكرا مركزيا أوروبيا، بل موقفا عنصريا منحازا للاستعمار الفرنسي، يتجاهل كل الجرائم الاستعمارية التي حدثت خلال فترة حكم الاستعمار الفرنسي- والتي عايشها انجلز وهي ١٧ عاما. وهنا يجب أن نطرح السؤالين التاليين: ما هو "تقدم الحضارة" الذي كان يحدث في الجزائر والذي عايشه انجلز؟ وما هي الحضارة والصناعة والنظام والأنوار التي حملها البرجوازي الفرنسي- المعاصر للجزائر؟

وتجيء إجابة جزئية على السؤالين من قبل ثلاثة من العسكريين الفرنسيين وهم الرائد مونتانياك، والجنرال كافينياك، والعقيد بيليسييه، والذين تواجدوا في الجزائر في الفترة ١٨٤٣-١٨٤٥ حيث نشطوا عسكريا واعترفوا بارتكاب عدد من الجرائم البشعة منها: قطع رؤوس العرب، الاحتفاظ ببعض النساء الجزائريات كرهائن، ومقايضة اخريات بأحصنة، وبيع من تبقى منهن في المزاد العلني كقطيع غنم، قتل الجرحى، إبادة جزء كبير من أفراد قبيلة بني صبيح عام ١٨٤٤ بحرقهم أحياء داخل مغارة أما الناجون من ابناء القبيلة فقد تم جمعهم بعد عام وسيقوا، مقيدي الأيدي، إلى مغارة ثانية وبعدها تم سد جميع مخارجها. وتم، في العام ١٨٤٥، حرق الف جزائري من قبيلة أولاد رياح داخل مغارة الفراشيش.[٤٨]

أني أعتقد، ولكني لست متأكدا، أن أخبار هذه الجرائم، أو أخبار جرائم أخرى كانت قد وقعت في الفترة المحددة من الاحتلال الفرنسي ١٨٣٠-١٨٤٧ والتي حدثت قبل كتابة مقالة انجلز سالفة الذكر، كانت قد وصلت لمسامع انجلز وعلم بها ولكنه نظر اليها

---

٤٨ طارق جبالي، "جرائم فرنسا الاستعمارية في الجزائر"، www.chihab.net، ٢٥-٢-٢٠٠٧.

نظرة المستشرق الذي يبرر جرائم "الجنس الأبيض الراقي" إذا ارتكبت ضد "برابرة وقطاع طرق وهمجيين".

**(ج) النمط الآسيوي في الإنتاج**

جرى نقاش حيوي بين ماركس وانجلز حول طبيعة نمط الإنتاج في كل من الهند والدولة العثمانية، وخلال النقاش "... رفض ماركس بوضوح وصف الهند في ظل الحكم المغولي بكونها هيكلا اجتماعيا اقطاعيا. ويسري هذا ارفض، ضمنا، وبالضرورة، على تركيا ألعثمانية ايضا..."[٤٩] وبدلا من ذلك، اعتقد ماركس "... أن هذه المجتمعات تمثل نموذجا محددا أطلق عليه اسم "النمط الآسيوي في الإنتاج".[٥٠] وتوصل ماركس الى استنتاج مفاده "... لا تحسن ولا تطور لقوى الانتاج يستطيعان الانبثاق في الشرق لأن الطبقة التي تستهل هذه التطورات (البرجوازية) كانت غائبة. وبالاضافة لذلك، وبسبب الهيمنة المزعومة للدولة، وصفت الدولة الآسيوية كاستبدادية."[٥١]

وتعتقد الكاتبة والباحثة الفلسطينية نهلا عبدو[٥٢]، أن ماركس توصل الى نمط الانتاج الاسيوي نتيجة لانجرافه الى معالجة استشراقية كولونيالية للمجتمعات الاسيوية أدت به الى الاعتقاد أن الركود المزعوم للمجتمع الآسيوي لن يتغير الا بتأثير خارجي. وحول انجراف ماركس لمثل هذا الاستنتاج، كتبت نهلا:

---

٤٩ بيري اندرسون (١٩٨٣) دولة الشرق الاستبدادية (بيروت: مؤسسة الأبحاث العربية) ص ٤٥

٥٠ المصدر ذاته

٥١ Abdo, Nahla, ed., (1996) Sociological Thought – Beyond Eurocentric Theory (Toronto: Canadian Scholars Press, Inc.), p.16

٥٢ تحمل نهلا عبدو لقب دكتوراة في علم الاجتماع ومتخصصة في الدراسات النسوية وتعمل محاضرة في جامعة كارلتون (Carlton University) بكندا.

إن افتراض غياب الطبقات، أو الظروف الموضوعية القادرة على إنتاج الطبقة البرجوازية، أدت بماركس الى التوصل الى الاستنتاج المنطقي بأن حدوث التغير في أسيا ليس ممكنا الا اذا تم احداثه أو فرضه من الخارج. ويظهر هذا المنطق بكونه يميل الى اسباغ دور تنموي تقدمي على الرأسمالية الكولونيالية. ومع أن ماركس كان واعيا جدا بالشقاء والتخريب الذي جلبه الحكم الكولونيالي البريطاني للهند، ولكن بناءه النظري لم يستطع تجنب السقوط في معالجة استشراقية كولونيالية.[٥٣]

كما واستخدم ماركس مصطلحا آخر خاص بآسيا وهو "الاستبداد الآسيوي الراكد"[٥٤] ويعكس هذين المصطلحين نزعة تعتبر أن المجتمعات الآسيوية اختطت لها نمطا "اسيويا" مغايرا في التطور ويختلف جذريا عن النمط الأوروبي الأرقى. ولكن هذه المصطلحات لها جذور أوروبية سبقت ماركس وانجلز.

وكان أول من استخدم مصطلح "الاستبداد الآسيوي" هو أرسطو حين قارن بين البرابرة والإغريق، والأوروبيين والآسيويين في كتابه الشهير "السياسة". ثم قام مونتسكو، في عصر النهضة، باستخدام مصطلح "الاستبداد الشرقي" ليفسر التباين بين أنظمة الدول الأوروبية والاسيوية. وأظهر مونتيسكو أفكاره المركزية الأوروبية في بحثه حول "الاستبداد الشرقي". ولم يكن مونتيسكو الوحيد بين المفكرين الأوروبيين الذين أجروا المقارنة والمعارضة بين هياكل الدول في كل من أوروبا وأسيا. وكان ذلك تقليدا طويلا في المركزية الأوروبية حيث صدرت أفكار مشابهة عن مكيافلي، وبوران، وبيكون، وهارنغتن، وبرنييه وهيجل.[٥٥]

---

٥٣ نهلا عبدو، مصدر سبق ذكره، ص ١٧.

٥٤ Marx-Engels, Selected Correspondence, pp. 80-81 كما جاء في بيري اندرسون، مصدر سبق ذكره، ص ٥٩.

٥٥ المصدر ذاته، ص ٤٥-٥١

ويعتقد الكاتب العربي سمير أمين أن الماركسية تأثرت:

... فعلا بالثقافة السائدة، الأمر الذي دفع في اتجاه تفسير ماركسي- يشارك هذه الثقافة في تشوهها الأوروبي المتمركز. ونقصد تلك النظريات التي تذهب إلى أن ثمة تسلسلين تاريخيين اثنين هما التسلسل الأوروبي المفتوح الذي أدى إلى الرأسمالية من جهة، والتجمد في مأزق ونمط الانتاج الاسيوي المزعوم من الجهة الأخرى.[٥٦]

وفي نقده للتسمية الماركسية "النمط الأسيوي في الإنتاج"، اقترح الكاتب الفرنسي- الماركسي- مكسيم رودنسون استخدام مصطلحات أخرى مغايرة. ففي كتابه "الإسلام والرأسمالية" اقترح ما يلي.

فإذا كان لا بد من تسميات، فأنا أقترح هذه: "صيغ انتاجية قائمة على الاستغلال"، على أن تضاف اليها - حسب الأحوال - صفة "الجماعي" أو "صفة الفردي". أما الأنظمة الاقتصادية المقابلة لهذه الصيغ فيمكن أن نسميها بصورة عامة: "أنظمة الاستغلال السابقة للرأسمالية"، وأن نميز بين فئاتها عند اللزوم بتعابير إضافية كقولنا: ذات الهيمنة الجماعية (أو الفردية)، وذات الهيمنة الزراعية (أو الرعوية)، الخ ...[٥٧]

وفي مقالة كتبها كارل ماركس عن الهند تحت الحكم البريطاني، نقرأ أراء مركزية أوروبية تظهر تأثره بالثقافة المهينة. ففي وصفه للهند بعد مرور فترة على استعمارها من قبل المستعمرين البريطانيين، كتب ماركس ما يلي.

٥٦ سمير أمين، بعض قضايا المستقبل، مصدر سبق ذكره، ص١٨٠.

٥٧ مكسيم رودنسون (١٩٨٢) الإسلام والرأسمالية، الطبعة الرابعة، (بيروت: دار الطليعة للطباعة والنشر) ص ٧٤.

... مجتمع لا تاريخ له على الإطلاق، أو على الأقل لا تاريخ معروف للهند. ما نسميه بتاريخها ليس الا تاريخ الغزاة المتتالين والذين أسسوا إمبراطورياتهم على القاعدة الكسولة لهذا المجتمع غير المتغير وغير المقاوم. ولذلك، فالسؤال هو ليس في كون البريطانيين يملكون الحق في احتلال الهند، ولكن في كوننا كنا نفضل بأن يغزو الهند الأتراك، الفرس، أو الروس، أم البريطانيين.[٥٨]

وبالرغم من وقوف ماركس ضد احتلال الهند وضد الجرائم التي ارتكبها المستعمرون البريطانيون، ولكن استخدامه لمصطلح "القاعدة الكسولة لهذا المجتمع غير المتغير وغير المقاوم" يظهر وكأن الشعب الهندي يعاني في جيناته من بلادة مستعصية. كما أن عملية طرحه للسؤال السابق تظهر انه لو كان بالامكان أن يختار الشعب الهندي محتليه، فماركس يسديه النصيحة أن يكون هذا المحتل بريطاني وليس تركي، فارسي، أو حتى روسي، لكونهم محتلين متخلفين ولن يفيدوا الهند. وبالرغم من معرفة ماركس بقيام المستعمرين البريطانيين بهدم البنية الاقتصادية-الصناعية الهندية وبهدم بنيتها الزراعية-الاجتماعية، فقد اعتبر ماركس قيام المستعمرين البريطانيين بتأسيس صحافة حرة "... كعامل جديد وقوي في إعادة البناء"، وقيام طبقة هندية تشربت العلم وتدربت على الحكم تحت إشراف بريطاني، كعامل آخر، كما وأن الطاقة البخارية ستجعل الهند باتصال سريع ومتواصل ومنتظم مع أوروبا. كما اعتقد ماركس أن السفن البخارية وخطوط السكة الحديدية سوف تضم الهند للعالم الغربي.[٥٩]

---

٥٨ Karl Marx, "The Future Results Of The British Rule In India", as in Marx-Engels (1978) On Colonialism, 7th., printing (Moscow: Progress Publishers), p. 81

٥٩ المصدر ذاته، ص ٨٢.

تظهر هذه الأفكار بوضوح أنه بالاضافة للعوامل السلبية الكثيرة، فان ماركس يرى وجود عناصر ايجابية في الحكم الاستعماري البريطاني للهند. فعملية هدم المجتمع الهندي "الخامل والراكد وذا نمط الإنتاج الآسيوي" واستبداله بالنظام الرأسمالي البريطاني، هي حسب اعتقاد ماركس، أمور ايجابية وفي صالح اعادة بناء الهند. وقيام المستعمرين البريطانيين بجلب بعض الانجازات الرأسمالية للهند، مثل السكة الحديدية، والطاقة البخارية، والصحافة الحرة، هي عوامل ايجابية ستساعد الهند على إعادة البناء والنهوض.

وإذا أخذنا بعين الاعتبار عدم قيام كارل ماركس أو فريدريك انجلز ببحث عميق عن الظاهرة الاستعمارية بحيث يتناولا بالتحليل مؤثرات الرأسمالية الكولونيالية على البلد المستعمر، على اقتصاده وبنيته الطبقية تحت سقف الاستعمار، فان أفكارهما هذه ليست لها مصداقية علمية وتعكس استنتاجات سريعة مبنية على نزعات استشراقية ومركزية أوروبية جهل واضح بمؤثرات الاستعمار التدميرية والكارثية ألتي يجلبها للبلد المستعمر.

ويظهر ماركس بوضوح انحيازه للمستعمرين البريطانيين، والذين توقع منهم أمورا ايجابية فقد كتب ماركس انه "... كان على بريطانيا أن تنجز مهمتين في الهند، واحدة هدامة والأخرى تجديدية - أي القضاء على المجتمع الآسيوي القديم ووضع الأساس لمجتمع غربي في آسيا."[٦٠]

وفي معرض مقارنته بين المحتلين الآسيويين للهند والمحتل البريطاني، وصف ماركس المحتلين الآسيويين، مثل العرب

٦٠ المصدر ذاته

والأتراك والتتار والمغول، بالبرابرة بينما وصف الاحتلال البريطاني بأنه احتلال رفيع المقام ولذلك لا يمكن اختراقه من قبل الحضارة الهندوسية.[٦١]

وهنا تظهر لدى ماركس نظرة متوازنة لظاهرة الاستعمار، وكأنه من الممكن أن تصدر عن النظام الاستعماري أمورا سلبية وايجابية في الوقت ذاته. وهذا الموقف يدل على مدى تأثر ماركس بالأفكار الاستشراقية التي كانت سائدة في عصره والتي اعتبرت الاستعمار أداة حضارية تبغي رفع شأن الامم البربرية من مرتبة "الركود والاستبداد" الى مرحلة الحضارة.

## (٦) علم اجتماع عربي أم إسلامي

يعكس السعي لتطوير "علم اجتماع-إسلامي" أو "علم اجتماع عربي" ظهور رغبة صادقة، جادة ومخلصة لدى بعض منظري علم الاجتماع من العرب والمسلمين من شعوب أخرى، في البحث عن بديل للاتجاهين البرجوازي والمادي-التاريخي في علم الاجتماع الأوروبي.

لم تظهر، ولغاية الآن، أية محاولات جدية متكاملة لصياغة أسس ومقولات نظرية لعلم اجتماع اسلامي أو عربي مستقل، وخالي من مؤثرات كلا الاتجاهين. ويرجع ذلك لسبب جوهري هو انعدام الوقفة النقدية العربية لعلم الاجتماع "الغربي".

لم ينشأ في العالم العربي علم اجتماع نقدي ولا علم اجتماع مادي-تاريخي وهذا يدل على أن المحاولات لإنشاء "علم اجتماع عربي أو اسلامي" لا زالت تخضع للشروط المهيمنة التي يفرضها علم الاجتماع الغربي في عالمنا العربي. فالفكر الاجتماعي العربي

---

٦١ المصدر ذاته

بغالبيته لم ينعتق بعد من هيمنة علم الاجتماع الغربي ونزعته المركزية الأوروبية وانحيازه الطبقي الواضح.

لا أعتقد بوجود امكانية، حاليا، لتطوير "علم اجتماع عربي أو اسلامي"، الا اذا تجاوزنا "... ما بلغوه وما بلغه علم الاجتماع الغربي، لا باطراحه أو ألالتفاف حوله وانما باستيعابه وتقديم ما يعلو عليه."[٦٢] فلا زالت محاولاتنا تتعلق أكثر برغبة صادقة في تطوير بديل ولكنها مبنية على أوهام بامكانية تحقيق ذلك دون القيام "بوقفة نقدية" للفكر الاجتماعي الغربي وتحت مظلته ألمهيمنة.

ومن أجل أن نطور علم اجتماع مغاير ومختلف عن علم الاجتماع الغربي، فإننا بحاجة لنقطة بداية لننطلق منها ونبدأ مشروعنا الجدي والضروري. ومن أجل ألوصول لنقطة البداية، علينا معالجة موقف يتخذه بعض المفكرين العرب الإسلاميين والقوميين والذين ينادون بمقاطعة شاملة للنظريات والفكر والأدوات التحليلية السوسيولوجية القادمة من الغرب. بعض من هؤلاء يعارضون نقل أية فكرة غربية أو استخدام أية نظرية اجتماعية غربية تحت ذريعة كون كل ما يأتي من الغرب باطل ومرفوض كونه لا يناسب خصوصية مجتمعنا العربي وكونه تطور ونشأ في بيئة أوروبية ويناسب المجتمع الأوروبي الغربي. وهنا يجب أن نعالج أمرين مهمين وهما الأدوات النظرية ألتي نحتاجها لتطوير علم اجتماع مغاير ومفهومنا الماضي والحاضر عن حركة النقل عن الشعوب الأخرى.

٦٢ حجازي، مصدر سبق ذكره، ص ٤٠.

## الأدوات النظرية وحركة النقل

يمكن تعريف النظرية الاجتماعية بأنها منظومة من المفاهيم المترابطة بشكل منطقي والتي تسعى لتحليل وتفسير احدى الظواهر الاجتماعية ومن ثم الوصول إلى استقراء لتطورها المستقبلي.

يعرف الكاتب ديفيد دريسلر النظرية الاجتماعية بأنها "مجموعة ملاحظات دقيقة مترابطة بشكل منسق متضمنة تفسيرا وتحليلا لعلاقة الأحداث الاجتماعية فيما بينها وعاكسة، بالوقت ذاته، قدرة المنظر في التنبؤ الاجتماعي."[٦٣]

وتظهر النظرية بكونها نشاطا فكريا تم توظيفه لتحليل وفهم ظاهرة اجتماعية معينة. ويمكن للنظرية أن تساعدنا في تحليل وفهم ظاهرة اجتماعية مشابهة الأمر الذي سيمكننا من تفسير جزء من الواقع الاجتماعي.

يعتقد الكاتب العربي محمد عزت حجازي أنه من غير الممكن تحليل وفهم واقعنا الاجتماعي دون الاستعانة بالأفكار النظرية التي تطورت في العالم الغربي. وقد توصل إلى استنتاج مفاده أن:

الأمر الذي لا يصح أن يكون محل مراجعة أو جدال هو أن فهما موضوعيا سليما للواقع الاجتماعي، أو أي جانب منه، غير ممكن بدون الاستعانة بالأفكار النظرية الكثيرة التي يزخر بها تراث العلم، وأن يتم ذلك بتجاوزها، وأن تختار لذلك الأفكار والأدوات الأكثر ملاءمة. ومن جهة أخرى، ليس ممكنا لأية دراسة

---

٦٣. Dressler, David (1969) “Sociology”, (New York: A. Kungst), p29. كما جاء في كتاب: معن خليل عمر (١٩٩٧) نظريات معاصرة في علم ألاجتماع (عمان:: دار الشروق للنشر والتوزيع) ص ٢١.

تتناول بعدا أو آخر من أبعاد الواقع الاجتماعي أن تحقق اضافة الى تراث العلم بدون أن تنطوي على اضافة نظرية من نوع أو آخر.[٦٤]

انني أعتقد أنه لا يمكننا، كباحثين في حقل العلوم الاجتماعية-الإنسانية، التوصل إلى فهم جوهري وعلمي للواقع الاجتماعي الذي نحياه أو لجزء منه، دون الاستعانة بإحدى النظريات التي تم تطويرها من قبل آخرين. فمن أجل فهم أعماق واقعنا الاجتماعي، وتراكيبه المتباينة، وتراكم تطوراته ومؤثراتها الاجتماعية، يتوجب علينا توظيف بعض الأدوات النظرية المجربة، والتي ستمكننا من تحليل الواقع والتوصل لاستنتاجات علمية تضيف معرفة جديدة لهذا الواقع بحيث يصبح أقل ابهاما وأكثر وضوحا.

وهنا يجب علينا أن نتذكر تاريخ التطور الفكري لدى العرب والذي ارتكز كثيرا، في البداية، على نقل وترجمة العلوم، من طب وكيمياء ورياضيات وفلسفة وعلم الفلك، عن شعوب أخرى مثل الفرس والإغريق والهنود وغيرهم. "وقام العرب في العصر الأموي بالبدء بنقل الكتب الفارسية والإغريقية والهندية إلى اللغة العربية وبدأ النقل وكان واسعا، في زمن الأمويين المعروفين بتعصبهم للثقافة العربية."[٦٥] ويذكر المؤرخ العربي فيليب حتي ما يلي عن حركة النقل:

... ولقد تميزت هذه الحركة بالنقل إلى العربية عن الفارسية واليونانية والسريانية، إذ أن العربي لم يحمل معه من الصحراء فنا

---

٦٤ حجازي، ص ٢٩.

٦٥ صالح أحمد العلي، "العرب والعلوم الأجنبية في العهود الإسلامية الأولى" كما جاء في كتاب: صالح أحمد العلي وآخرين (١٩٩٧) اشكالية العلاقة الثقافية مع الغرب ، (بيروت: مركز دراسات الوحدة العربية) ص ٢٠.

ولا علما ولا فلسفة، ولا شيئا يذكر من الأدب، انما رافقته رغبة ملحة في الاطلاع، ونهم شديد للعلم، وشيء كثير من المواهب الفطرية لكامنة ...."[66]

وبدأت حركة النقل في العصر الأموي ولكنها توسعت وتمأسست في العصر ـ العباسي. وفي العام ٨٣٠ م أسس الخليفة العباسي المأمون "بيت الحكمة" وهو أول دار للدراسة العالية في الإسلام. وبالإضافة لكونه دار ترجمة، كان معهدا للعلم ودار كتب عامة وله مرصد ملحق به[67] وفيه متحف[68].

يعتبر المفكر العربي السوري والوزير السابق عبد الله عبد الدائم أن "الثقافة العربية الإسلامية كانت دوما ثقافة قوامها الانفتاح على الثقافات الأخرى والتمازج مع الثقافات الأخرى، وقد تجلى هذا في جميع فترات التاريخ العربي الإسلامي بعد الفتح."[69] وحدث تلاقح ثقافي، وبشكل واسع، بين الثقافة العربية والثقافات اليونانية والفارسية والهندية وذلك في العصرين الأموي والعباسي. كما وحدث تلاقح ثقافي رائع ومبدع في الأندلس.[70]

ويعزو الكاتب عصام فوزي هذا الانفتاح على الآخر، الذي ميز الثقافة العربية الإسلامية، إلى الحركة التجارية والدور

---

٦٦ فيليب حتي (١٩٥٩) تاريخ سورية ولبنان وفلسطين، الجزء الثاني (بيروت: مؤسسة فرنكلين المساهمة للطباعة والنشر) ص ١٧٤.

٦٧ فيليب حتي (١٩٦٥) تاريخ العرب، الجزء الثاني (بيروت: دار الكشاف للنشر والطباعة والتوزيع) ص ٤٩٧.

٦٨ فيليب حتي (١٩٥٩) تاريخ سورية ولبنان وفلسطين، مصدر سبق ذكره، ص ١٧٦

٦٩ عبد الله عبد الدائم. "مستقبل الثقافة العربية والتحديات التي نواجهها"، مجلة المستقبل العربي، العدد ٢٦٠، تشرين الأول ٢٠٠٠، ص ٤٠.

٧٠ المصدر ذاته

التجاري الوسيطي الذي تبوأه العرب بدءا من القرن السابع الميلادي. ويؤكد فوزي أن الحضارة العربية تميزت بكونها حضارة لا تحوي مظاهر من استعلاء عنصري، ويرجع ذلك الى كون الإمبراطورية العربية الإسلامية قد قدمت لنا نموذجا مختلفا من ايديلوجيا الآخر، حيث "تختفي من ذلك النموذج إلى حد كبير النبرة الاستعلائية والأنوية، بل تستبعد القوالب الجاهزة في تصنيف الاخرين، ويسوده نزوع تجريبي ملائم لسيادة العلاقات التجارية."[٧١] ويتابع فوزي طرحه فيقول، "استبعد ذلك كما ذكرنا اية تصورات ذاتوية مركزية - رغم الحماسة الدينية أحيانا - يلاحظ ذلك في غياب التعصب الاثني أو الديني في الوصف الاثنوجرافي للشعوب غير العربية في كتابات المسعودي وابن بطوطة وغيرهم."[٧٢]

وكما يظهر، فان العرب الأوائل حملوا مفهوما عن الآخر خاليا من نظرة الاستعلاء عليه والخوف منه، وخالية ايضا من التعصب الاثني والديني، ومن الذاتوية المركزية. واستطاع العرب من خلال النقل عن ثقافات الشعوب الأخرى أن يراكموا المعرفة وأن يبنوا عليها اضافات أصيلة طورت منها، فأنشأوا حضارة أصيلة في المشرق والمغرب. ولكن هذا الموروث من حب المعرفة، والنقل عن شعوب وثقافات أخرى، وتعريب المعرفة المنقولة، والتلاقح الثقافي مع ثقافات أخرى، والانفتاح على الآخر - كل ذلك تحول الى انكماش على الذات، وخوف من الآخر، ورفض قطعي لكافة نظريات وأفكار واجتهادات الآخر، وكل ذلك

٧١ عصام فوزي "رؤية الآخر: المعرفة والتسلط في أيديولوجيا الاستشراق"، مجلة أدب ونقد، العدد ٣١، يونيه/يوليه ١٩٨٧، ص ١٠١.

٧٢ ألمصدر ذاته

تحت حجة "خصوصية بيئتنا ومجتمعنا العربي". وأدى هذا الوضع المغاير إلى تطوير حالة من العجز الوجودي ناجمة عن حالة من الاستلاب يعيشها ويعاني منها المواطن العربي.

ويصف سالم ساري، مدرس علم الاجتماع في جامعة الإمارات العربية المتحدة، هذا الإنسان العربي الذي يعاني من حالة عميقة من العجز الوجودي نتيجة للاستلاب الاجتماعي والذي بدوره يحمل عددا من الملامح والصفات منها ما يلي:

كما يعني تجميد الصراع مع المواطن العربي جعله يعيش في أزمة دائمة مع ذاته، انسان مهزوم أمام نفسه، يعيش قضايا مجتمعية تهم حياته بشكل مباشر، ولكنه يشعر، بازدياد، بصعوبة بالغة بالاحاطة بها، ويفتقد قوة التأثير في توجيه مجراها. إنسان يدرك المشكلات الحقيقية، ولكن بسلبية وقدرية دونما قدرة على التحرك إلى فعل ايجابي. تستبد به الإتكالية ويتقاسم مع غيره بلادة اجتماعية مستشرية، تنأى به عن التفاعل الحقيقي أو الالتزام بمتطلبات الدور الاجتماعي المنوط به. انسان مليء بالخوف والشك، وفاقد الثقة بنفسه ومؤسساته والآخرين من حوله، ويتكرس هذا الاغتراب يوميا بترتيبات اجتماعية وممارسات سياسية وبرامج مؤسسات تعليمية لم يؤخذ الإنسان العربي في أي منها مأخذا جديا.[٧٣]

وعلى صعيد الوعي الاجتماعي، فإن المأزق الوجودي وحالة الاستلاب الاجتماعي التي يعاني منهما جزء من سكان الوطن العربي من عرب وأكراد وأمازيغ وأفارقة غير عرب، وأرمن

---

٧٣ سالم ساري، "علم الاجتماع والمشكلات الاجتماعية العربي: هموم واهتمامات" كما جاء في كتاب: مجموعة من الكتاب، نحو علم اجتماع عربي، مصدر سبق ذكره، ص ٦١

وشركس وشيشان وغيرهم، ينذر ببروز الوعي الطائفي والقبائلي (العراق ولبنان، السودان) والذين سيدفعان بنا الى مرحلة متردية أكثر من الانحطاط والفكفكة والشرذمة الاجتماعية. ويتطور الوعي الطائفي والقبائلي، متزامنا مع الانحسار التدريجي الحالي للوعي العلماني، وينتشر ويتجذر اكثر ويصبح طاغيا على كافة طبقات وشرائح المجتمع. ويزود الوعي الطائفي الفرد بمنظار يرى من خلاله شعوب العالم وكأنهم مجموعة من الطوائف لا الشعوب، تربط بينهم روابط دينية طائفية وليست قومية. وينظر لذاته ولافراد شعبه وكانهم طوائف دينية وملل، تربطه بافراد طائفته روابط اشد واقوى من الروابط التي تربطه بأفراد شعبه من الطوائف الاخرى. ويتحول منظوره الاجتماعي ليصبح منظورا طائفيا ضيقا، فحيزه الفكري وانتماؤه الاجتماعي تم اختزالهما من شعب الى طائفة ومن شعب الى قبيلة.

**شروط تطوير علم اجتماع مغاير**

لا اعتقد بوجود امكانية لتطوير علم اجتماع اسلامي أو علم اجتماع مسيحي أو يهودي أو بوذي أو هندوسي. فأنا أومن أن العلم يجب ان يكون علمانيا وعقلانيا، وعملية مزج، أو اسقاط، أو دمج العلم والدين، سينتقص من الاثنين معا. فالعلم والدين يشبهان خطي سكة حديد، فهما قد يقتربا من بعضهما البعض ولكن لن يلتقيا ولن يتقاطعا.

ومن الجهة الأخرى، لا أعتقد بضرورة تطوير "علم اجتماع عربي" وعلمنة "خصوصيتنا العربية"، والتي أنظر إليها كونها جزءا لا يتجزأ من خصوصية الجنوب أو مجتمعات العالم الثالث. فلا حاجة لعربنة علم الاجتماع كما ولا توجد حاجة لأوربته أو

أمركته. فالعالم الذي نحيا به ليس بحاجة لمركزيات أخرى لعلم الاجتماع. وعليه فلن أتناول موضوع "علم الاجتماع الإسلامي" أو "علم الاجتماع العربي"، وسأكتفي بتناول امكانية تطوير علم اجتماع مغاير، ابداعي، ديناميكي، منفتح على الإنسانية، غير منكمش على الذات، وقابل للتطوير والتنظير والتغيير بهدف تراكم المعرفة وإنتاج معرفة مغايرة. وعليه فبعد انجاز تراكم معرفي وتنظيري، يجب علينا ان الانطلاق والانعتاق من خصوصيتنا باتجاه العالم والإنسانية لا أن ننكفيء عليها وننكمش ونتقوقع حول ذاتنا وخصوصيتنا لعجزنا عن مواجهة تحديات واقعنا وذاتنا الحضارية في عالم يزداد وحشية وبطشا وتنكيلا واستعمارا.

يجب أن نتعامل مع جانبين من الثقافة وهما: (١) الموروث الثقافي العربي-الإسلامي، (٢) والثقافة الغربية الوافدة إلينا من دول المركز الأوروبي-الأمريكي. ويجب أن نتعامل مع موروثنا الثقافي-الحضاري بطريقتين: أن نتواصل معه فكريا وأن نوجه له نقدا بناءا، جديا، وشاملا لفهم جوانبه المبهمة والمغيبة ولتخليصه مما قد يعيق تطورنا. أما الثقافة الوافدة من الغرب، فيجب علينا توجيه النقد الجدي لها لتخليصها من انحيازها الطبقي ومركزيتها الأوروبية.

بمعنى أخر، يجب علينا أن نعبر المرحلة الحالية، مرحلة الانبهار بالغرب ومحاكاة ما ينتجه من ثقافة وفكر، تحت شعر "الحداثة". كما ويتوجب علينا عبور مرحلة الهلع من ثقافة وفكر الغرب من جهة واحدة، ومرحلة الرفض القطعي والشمولي لكل ما نتج من ثقافة وفكر غربي من جهة ثانية، وذلك تحت شعار العودة للموروث الحضاري الإسلامي أو بسبب خصوصية تجاربنا

216

الإنسانية-الاجتماعية وعدم ملائمة ما ينتج في الخارج لبيئتنا الثقافية.

لن نستطيع عبور هذه العوائق التي تكبح تقدمنا وتلجم انطلاقنا في عالم الفكر والإبداع من خلال الانكماش على الذات والجلد الذاتي ورفض التغير والهروب إلى الماضي لعجزنا عن مواجهة تحديات الحاضر. فنحن بحاجة، ليس فقط، الى تغير بل الى ثورة عميقة الجذور.

ويجب أن نبدأ بانتاج معرفتنا المغايرة والإبداعية والأصيلة، وهذه المرحلة لن نتمكن من الوصول إليها إلا بعد التغلب على العوائق وإزالة الكوابح التي تعيق ابداعنا. وهذه المرحلة المرجو الوصول إليها ستتحقق عند قيامنا بوقفة نقدية جادة من الموروث الفكري-الثقافي العربي والثقافة الوافدة إلينا من المركز الأوروبي-الأمريكي.

**تراكم المعرفة السوسيولوجية وإشكالية التنظير**

دخل علم الاجتماع الأوروبي للعالم العربي عن طريق تعريب بعض الادبيات السوسيولوجية من قبل خريجي الجامعات الأوروبية من عرب المشرق. وارتكز جزء كبير من الادبيات السوسيولوجية الأولى على آلية نقل الفكر الاجتماعي الغربي وتعريبه. ولم يقم غالبية السوسيولوجيين العرب بإنتاج معرفة سوسيولوجية نظرية جديدة تتعدى حدود النظريات التي نقلوها ثم عربوها وأخذوا في ترديدها لسنين عديدة، داخل وخارج قاعات الجامعات العربية.

وحدث تراكم كمي معين في المعرفة السوسيولوجية في عالمنا العربي، وأصبحنا ملمين، ولكن دون عمق وشمولية، بكافة النظريات الاجتماعية التي تطورت في أوروبا الغربية وبعض

مستعمراتها الاستيطانية في العالم الجديد. مع ذلك، لم نقم بأية اسهامات نظرية جادة أدت لانتاج معرفة جديدة، عميقة وابداعية، بحيث تضيف تراكما نوعيا على ما نقلناه من الغرب. وهذا الأمر ليس قطعيا ومطلقا، لحدوث حالات استثنائية من الاجتهادات التنظيرية مثل مساهمات سمير أمين، مهدي عامل، هشام الشرابي، ادوارد سعيد، الطاهر لبيب، سلامة كيلة، زهير حطب، وحنا بطاطو، وآخرين غيرهم.

ومرت مجتمعاتنا العربية بتغيرات بنيوية، اقتصادية، واجتماعية وسياسية، وترسملت وتشرذمت واستعمرت واحتجز تطورها. أما علم الاجتماع في الوطن العربي فلم يستطع مواكبة التغيرات بالدراسة والتحليل والنقد والتنظير. واقتصرت حركته على التواصل في النقل والتعريب وإسقاط ما تم نقله على مجتمعاتنا. ونتيجة لهذه الحالة من العجز في حقل التنظير، وصل علم الاجتماع في الوطن العربي إلى مأزقه الحالي، فهو علم غربي المنشأ، وأوروبي التمركز، ومنحاز طبقيا، ويراوح مكانه.

**أربعة عوائق أساسية**

يعتقد فريدريك معتوق[٧٤] أن العلوم الاجتماعية في الوطن العربي لم تتطور وتتبلور بعد بسبب أربعة عوائق جدية لا زالت قائمة وتواجهها وتحجز تبلورها. ما يلي هو معالجة معتوق لهذه العوائق كما جاءت في كتابه منهجية العلوم الاجتماعية عند العرب وفي الغرب.

تتكون هذه العوائق الأربعة الأساسية من: (١) العائق النظري، (٢) العائق المنهجي، (٣) العائق الاجتماعي، و(٤) العائق السياسي. وسوف نعالجها ببعض الإسهاب.

---

٧٤ أستاذ جامعي وباحث مرموق وعميد معهد العلوم الاجتماعية في الجامعة اللبنانية.

## ١- العائق النظري

يميـل جزء من مثقفي ومفكري العالم الثالث إلى إلقـاء المسـؤولية في مشـاكل مجتمعـاتهم المهمـة علـى الظـرف الموضـوعي، الخـارجي، "الاستعمار والامبريالية". لا شـك أن غالبيـة مشـاكلنا ترجـع بجـذورها للفتـرة الاستعمارية، وأكبر دليل على ذلك هو حالة الوطن العربي اليوم فهو مسرـح للتـدخلات والعـدوان الاستعماري الغربي في فلسطين، العراق، لبنان، الصومال، والسودان. مع ذلك، يوجد ظرف ذاتي، داخلي، يعيـق تطورنـا، وهـو الضعف النظري. ويصف معتوق حالة المثقفين العرب وعلاقتهم بالنظريات السوسيولوجية على الوجه التالي:

... فالمثقفون العرب هم، بصفة عامة، على اطلاع على نظريات العلوم الاجتماعية، ولكنهم غالبـا مـا لم يتعمقوا في هذا الاطلاع. ... فالمثقفون عندنا لا يطالعون النصوص الأساسية للنظريات المطروحـة. فهم لـذلك، في موقع دوني، باستمرار، ولا يرغبون في اخضاعها لعملية النقد حيث هـم لا يقـدرون عليهـا. فالاستسـهال هـو العنوان العام للثقافة السوسيولوجية عندنا.[٧٥]

يتطلب البعد النظري جهودا كبيرة ترتكز على ثلاثة خطوات منهجيه وهي التعمق في النصوص الأصلية والوقفة النقدية الرصينة من هذه النصوص، وربط عملية النقد بالنظريات الموجودة "... وتحديد موقعها منـه، من أجل تحديد موقعنا نحن، فيما بعد، من هذه النظرية، فالعلوم الاجتماعية ما زالـت عنـدنا في طـور النقـل، نقل الفكر الاجتماعي الغربي وذلك بسبب غياب الوقفة النقدية الخلاقة".[٧٦]

٧٥ فريدريك معتوق (١٩٨٥) منهجية العلوم الاجتماعية عند العرب وفي الغرب، الطبعة الأولى (بيروت: المؤسسة الجامعية للدراسات والنشر والتوزيع) ص ١٣٤.

٧٦ المصدر ذاته، ص ١٣٤-١٣٥.

ويصل معتوق للاستنتاج المهم التالي والذي يظهر حالة ثقافية جذيرة بالمعالجة والتحليل والدراسة الميدانية للتحقق من وجودها.

... فالإنسان الذي لا يتقن النظرية والذي لا يلم بجميع خفاياها لا يقدر، موضوعيا، على نقدها. ... فغياب الفكر النقدي ليس بسبب تأخرنا في ميدان العلوم الاجتماعية، بل هو نتيجة موضوعية لعدم تعاطينا جديا مع المسألة النظرية. حيث أننا غالبا ما نستسهل ما ليس بسهل ونلم بأطرافه وبعناوينه العريضة دون أن نطلع عن كثب على تفاصيل هذه المسألة... فهؤلاء "الأخصائيين" في الواقع، نقلوا معارفهم كما هي من جامعات الغرب إلى جامعاتنا. ولو استوعبوا هذه المعارف فعلا، لما نقلوها كما هي، اذ أن أولى قوانين العلوم الاجتماعية نفسها تقول بأولوية النسبية الاجتماعية في كل الميادين. فالضعف النظري هو سبب غياب الموقف النقدي من العلم المنقول عن الجامعات الغربية وهو سبب عدم تبلور الفكر النقدي حتى الآن عندنا ...[٧٧]

**٢- العائق المنهجي**

يعتقد معتوق أن العائق المنهجي يلعب أيضا دورا مهما في عرقلة تبلور العلوم الاجتماعية في الوطن العربي، ويتمثل ذلك في اهمال بعض التخصصات الهامة في العلوم الاجتماعية مثل علم الاجتماع الاقتصادي، وعلم الانسان، وعلم النفس الاجتماعي، وعلم الاجتماع الديني. ويضاف لذلك، حقيقة بعثرة جهود متخصصي العلوم الاجتماعية على امتداد الوطن العربي وغياب وجود مجلة متخصصة تجمع كل الباحثين، وعدم توحيد ترجمة المصطلحات المنقولة.[٧٨]

---

٧٧ المصدر ذاته، ص ١٣٥

٧٨ المصدر ذاته، ص ١٣٦-١٣٧.

## ٣- العائق الاجتماعي

يوجد قلة من الباحثين العرب الذين يجرون عملية القطع السوسيولوجي على صعيد حياتهم اليومية، حيث أن المؤسسات الجامعية التي يعملون فيها لا تشجعهم على الإقدام على هذه الخطوة. فالباحث العربي يصنف، عرفا، المواضيع إلى حساسة وعامة غير حساسة. ومن المواضيع الحساسة[٧٩] موضوع المرأة والتي ".. هي نصف المجتمع في الواقع المعاش، ولكنها ليست نصف المواضيع في الأبحاث الاجتماعية العربية..." كما أن "... الدين والجماعات الدينية ودورها الفعلي في الحياة الاجتماعية العربية ليست حقلا قابلا للدراسة..."[٨٠]

ونتيجة لهذه "الاستقالة الصامتة" والتردد في دخول "حقول الألغام الاجتماعية" تتحلى معالجاتنا، لواقعنا الاجتماعي، بالهامشية وعدم العمق. ولذلك لم تتحول العلوم الاجتماعية لأداة كاملة للتنقيب في المجال الاجتماعي، وبقيت "أداة منقوصة الصلاحيات، ومنقوصة الفاعلية، ومنقوصة الإستراتيجية". ونتج عن هذه الحالة عدم مشاركة العلوم الاجتماعية بشكل فعال في الحياة الاجتماعية والاقتصادية العامة.[٨١]

## ٤- العائق السياسي

تعاني العلوم الاجتماعية العربية من عدم اهتمام مؤسسات النظام السياسي بها وبنتائج أبحاثها، حيث يتم احتكار اتخاذ

---

٧٩ من الممكن إضافة موضوع الجنس كأحد المواضيع الاجتماعية الحساسة على صعيد الوطن العربي. ويعتبر الجنس بمثابة "تابو" (Taboo) اجتماعي، أي موضوعا يجري تحريم الحديث عنه، ولا يمكن تناوله الا من خلال النكتة الجنسية والتي تنتشر- كالنار في الهشيم داخل جلساتنا الاجتماعية، في المقاهي والمطاعم والصالونات.

٨٠ المصدر ذاته، ص ١٣٧-١٣٨.

٨١ المصدر ذاته، ص ١٣٨-١٣٩.

القرارات الاجتماعية من قبل "نخبة سياسية لا تؤمن بالمنهج العلمي الإيمان الكافي". وتصدر القرارات بموجب "انطباعات شخصية" و"عبقرية مدعاة" للحاكم. وتبقى العلوم الاجتماعية مقتصرة داخل "... حدود المؤسسة الجامعية – وغالبا دون مراكز أبحاث وفي اطار كليات الآداب – دون أن تنتقل الى حيز المؤسسات الرسمية ..." كما وتوجد أزمة ثقة بين العلوم الاجتماعية وبين المؤسسات الرسمية ..."[٨٢]

## (٧) ملاحظات أخيرة

لست من أعضاء مدرسة الجلد الذاتي التي تبث روحا من التشاؤم واليأس والإحباط وتجد عاملا سلبيا في كافة ثنايا وجودنا المادي والفكري. كما أنني لست من دعاة الرفض الشمولي والمطلق لكل ما يجيء من الغرب بحجة انه لا يناسبنا كونه تطور في بيئة غربية مغايرة، وكوننا نملك خصوصية معينة. انني أنتمي لمدرسة تؤمن أن المعرفة ليست احتكارا لشعب أو أمة ما، بل ملكا للبشرية جمعاء، يستطيع كل شعب أن يغترف ما يريد منها، وأن يخضعها للتحليل والنقد، وان يطورها بابداعاته ويضيف عليها معرفة جديدة، أصيلة ومغايرة. كما وأنتمي لمدرسة فكرية تؤمن بوجود قواسم مشتركة، عميقة وانسانية، وأعمق من الفروقات، تربط كافة شعوب الأرض، وقوانين عامة تخضع لها الانسانية جمعاء، بالرغم من اختلاف درجات تطور شعوبها وثقافاتها وخصوصياتها.

ومن أجل أن نكون كعرب بين المساهمين في تطوير المعرفة الإنسانية، ولكي يكون عطاؤنا الفكري إبداعا مستمرا

---

٨٢ المصدر ذاته، ص ١٣٩.

معبرا، علينا ازالة كافة ألكوابح، والعوائق، والملوثات ألتي علقت بنمط تفكيرنا ووعينا، وعلينا التخلص من شعورنا بالدونية، وعلينا التواصل مع ماضينا الإبداعي، وإخضاع تاريخنا وماضينا وموروثنا الحضاري للانتقاد والتطوير، ومن ثم الاستمرار في إنتاج المعرفة.

وإذا أردنا صياغة معرفة جديدة ومغايرة، أي علم اجتماع جديد، فعلينا القيام بعدد من الخطوات المنهجية. **أولى** هذه الخطوات يجب أن تكون الدراسة المعمقة لعلم الاجتماع الغربي بحيث نصبح ملمين الماما كاملا وشاملا لكافة النظريات والتيارات والاتجاهات التي مر بها الفكر الاجتماعي الغربي. **وثاني** هذه الخطوات هي إجراء التحليل المتعمق للبنية الفكرية التي أنتجت مثل هذه الأفكار الاجتماعية، **وثالث** هذه الخطوات هي التوصل لاستنتاجات جدية، أصيلة، وابداعية. فالتحليل العميق لابد وأن يتعدى السرد وإعادة إنتاج الأفكار ذاتها. وبعد القيام بالإلمام، والتحليل، والاستنتاج، نكون قد احرزنا تراكما معرفيا نستطيع بواسطته القيام بالخطوة **الرابعة**، وهي إجراء نقد عميق ومنهجي لهذا الفكر الاجتماعي الغربي وربطه بسياقه الاقتصادي، السياسي، والطبقي. وبعد القيام بكل هذه الخطوات المنهجية، نستطيع القيام بالخطوة **الخامسة**، وهي خوض تجربة التنظير والتي ستبنى على المعرفة العميقة والشاملة والمتراكمة التي حصلنا عليها وأنتجناها، وأيضا على الاستنتاجات التي توصلنا لها من خلال الإلمام، والنقد وتراكم المعرفة.

وإذا أردنا التواصل مع الفكر الاجتماعي المنهجي للعلامة العربي عبد الرحمن  ابن خلدون ودون استخدام ذكره واسمه

223

لاخفاء عجزنا، فيجب علينا أن نتذكر ونوظف منهجه العلمي الذي استحدثه وأبدع به، وجاء بمقدمته الاصيلة والإبداعية. حيث احتكم في منهجه للفكر العلمي المبني على المنطق والعقل والتحليل والاستنتاج. وفي معرض وصفه لمنهجه كتب ابن خلدون انه، " ... في باطنه نظر وتحقيق، وتعليل للكائنات ومبادئها دقيق، وعلم بكيفيات الوقائع واسبابها عميق، فهو لذلك أصيل في الحكمة عريق وجدير بان يعد في علومها وخليق."[٨٣]

ومن خلال الإلمام الشمولي، والتحليل العميق، والتوصل للاستنتاجات الجدية، والقيام بالنقد العميق والمنهجي للفكر الاجتماعي الغربي، ستتولد لدينا الامكانية في انتاج معرفة سوسيولوجية مغايرة وفي القيام بعملية التنظير التي لا بد وأن نتوصل لها.

---

٨٣ عبد الرحمن ابن خلدون (١٩٩٣) مقدمة كتاب العبر وديوان المبتدأ والخبر في أيام العرب والعجم والبربر ومن عاصرهم من ذوي السلطان الأكبر (بيروت: دار الكتب العلمية)، ص٣

## المراجع

أحمد زايد

(١٩٨١) **علم الاجتماع بين الاتجاهات الكلاسيكية والنقدية،** الطبعة الأولى (القاهرة: دار المعارف)

**علم الاجتماع بين الاتجاهات الكلاسيكية والنقدية،** (القاهرة: لا ذكر لاسم دار النشر)

ايان كريب

(١٩٩٩) **النظرية الاجتماعية من بارسونز الى هابرماس** (الكويت: الكويت)

بيري اندرسون

(١٩٨٣) **دولة الشرق الاستبدادية** (بيروت: مؤسسة الابحاث العربية)

تيماشيف نيقولا

(١٩٨٣) **نظرية علم الاجتماع** (القاهرة: دار المعارف)

حسن بن علي الزهراني

"تعريب الطب: من يتقدم لحمل الراية؟!"، المجلة الالكترونية **ديوان العرب** ،

www.diwanalarab.com

خضر زكريا

(١٩٩٨) **نظريات سوسيولوجية** (دمشق: الأهالي للطباعة والنشر والتوزيع)

س.ي. بوبوف

(١٩٧٨) **نقد علم الاجتماع البرجوازي المعاصر** (القدس: منشورات صلاح الدين)

225

سمير أمين

(١٩٨٨) **الأمة العربية** (القاهرة: مكتبة مدبولي)

(١٩٩١) **بعض قضايا للمستقبل** (القاهرة: مكتبة مدبولي)

صالح أحمد العلي وآخرين

(١٩٩٧) **اشكالية العلاقة الثقافية مع الغرب** ، (بيروت: مركز دراسات الوحدة العربية)

صادق جلال العظم

(١٩٩٧)، **ذهنية التحريم** (دمشق: دار المدى للثقافة والنشر)

طارق جبالي

"جرائم فرنسا الاستعمارية في الجزائر"، www.chihab.net، ٢٥-٢-٢٠٠٧

عبد الصمد الديالمي

(١٩٨٩) **القضية السوسيولوجية** (الدار البيضاء: أفريقيا الشرق)

علياء شكري

(١٩٧٩) **علم الاجتماع الفرنسي**، الطبعة الثانية (القاهرة: دار الكتاب للتوزيع)

عبد الباسط عبد المعطي

(١٩٨١) **اتجاهات نظرية في علم الاجتماع** (الكويت: المجلس الوطني للثقافة والفنون والاداب)

عصام فوزي

(١٩٨٧) "رؤية الآخر: المعرفة والتسلط في ايديولوجيا الاستشراق"، مجلة أدب ونقد، العدد ٣١، يونيه/يوليه

عبد الله ابراهيم

(١٩٩٧) **المركزية الغربية** (الدار البيضاء: المركز الثقافي العربي)

عبد الله عبد الدائم

(٢٠٠٠) "مستقبل الثقافة العربية والتحديات التي نواجهها"، مجلة المستقبل العربي، العدد ٢٦٠، تشرين الأول.

عبد الرحمن ابن خلدون

(١٩٩٣) **مقدمة كتاب العبر وديوان المبتدأ والخبر في ايام العرب والعجم والبربر ومن عاصرهم من ذوي السلطان الاكبر** (بيروت: دار الكتب العلمية)

فلاديمير لوتسكي

(١٩٧٥) **تاريخ الاقطار العربية الحديث** (موسكو: دار التقدم)

فيليب حتي

(١٩٥٩) **تاريخ سورية ولبنان وفلسطين**، الجزء الثاني (بيروت: مؤسسة فرنكلين المساهمة للطباعة والنشر)

(١٩٦٥) **تاريخ العرب**، الجزء الثاني (بيروت: دار الكشاف للنشر والطباعة والتوزيع)

فريدريك معتوق

(١٩٨٥) **منهجية العلوم الاجتماعية عند العرب وفي الغرب**، الطبعة الأولى (بيروت: المؤسسة الجامعية للدراسات والنشر والتوزيع)

كارل ماركس وفريدريك انجلز

(٢٠٠٠) **البيان الشيوعي ترجمة وتقديم محمود شريح** (كولونيا: منشورات الجمل).

محمد عزت حجازي وآخرون

(١٩٨٦) **نحو علم اجتماع عربي** (بيروت: مركز دراسات الوحدة العربية)

محيي الدين صابر

"كيف تحقق اللغة العربية توازنا بين الأصالة والثقافة المعاصرة؟"، www.balagh.com.

محمد الغريب عبد الكريم

(١٩٨٠) **الاتجاهات الفكرية في نظرية علم الاجتماع المعاصر** (القاهرة: مكتبة نهضة الشرق).

محمد علي محمد

(١٩٨٣) **المفكرون الاجتماعيون: قراءة معاصرة لأعمال خمسة من أعلام علم الاجتماع الغربي**، (بيروت: دار النهضة)

معن خليل عمر

(١٩٩٧) **نظريات معاصرة في علم الاجتماع** (عمان:: دار الشروق للنشر والتوزيع)

ماركس-انجلز

(١٩٧٧) **البيان الشيوعي في أول ترجمة غير مزورة**، ترجمة العفيف الأخضر (القدس: منشورات جاليليو)

مكسيم رودنسون

(١٩٨٢) **الإسلام والرأسمالية**، الطبعة الرابعة،  (بيروت: دار الطليعة للطباعة والنشر).

● Abdo, Nahla, ed., (1996)  **Sociological Thought – Beyond Eurocentric Theory** (Toronto: Canadian Scholars Press, Inc.)

● Ameli, Saied Reza, "Eurocentrism And Islamophobia", Islamic Human Rights Commission http://network.realmedia.com, October, 1997

- Fanon, Frantz (1967) **Black Skin, White Masks,** Translated by Charles Lam Markmann (New York: Grove Press)
- **Grolier Multimedia Electronic Encyclopedia** (1996) USA, Grolier Incorporated
- Marx-Engels (1978) **On Colonialism**, 7th printing (Moscow: Progress Publishers)
- Robert Nisbet (1970) **Tradition and Revolt** (New York: Ventage Books)

## "التاريخية التأويلية"

### د. عبد الكريم مزعل *

محاولة للتأسيس لنموذج نظري يرتكز على إسهامات ابن خلدون وابن عربي في الفكر والاجتماع العربي الإسلامي، كمدخل لدراسة **الإنسان والمجتمع** العربي الإسلامي.

### مقدمة

تأتي هذه الدراسة في سياق البحث عن إطار نظري "عربي-إسلامي" لدراسة الإنسان والمجتمع. وتتركز هذه الدراسة على تصورات كل من ابن خلدون وابن عربي كمصدرين عربيين إسلاميين أصيلين، في محاولة لتأصيل نموذج نظري يلائم بين الفهم المادي للتاريخ والاجتماع عند ابن خلدون، والرؤية الفلسفية التأويلية عند ابن عربي التي تتيح فهما خلاقا للدين يرتكز على المضمون ويتيح مجالا واسعا للاجتهاد والتعددية في إطار الوحدة الروحية.

وتهدف الدراسة إلى لفت النظر لإمكانية بعث الحياة في الفكر العربي-الإسلامي الخلاق وتطوير إطار نظري ومنهجي ملائم لروح المجتمعات العربية-الإسلامية وطبيعتها، نابع من هذه الروح، وفاعل من أجلها.

تسعى هذه الدراسة إلى عرض وتحليل أهم المقولات والافتراضات التي ساهم بها كل من ابن خلدون و ابن عربي في إطار الفكر العربي-الإسلامي. وقد اخترت هذين المصدرين، لاعتقادي بأنهما مجتمعين، قد يشكلان أرضية لإطلاق مشروع

---

* أستاذ علم الاجتماع في جامعة القدس المفتوحة.

عربي إسلامي يرتكز إلى رؤية مادية واقعية للتاريخ كما صاغ قواعدها ابن خلدون، وفهم إسلامي فاعل وحيوي قادر على كسر جمود التفسير الحسي للدين كما صاغ أبعاده ابن عربي، وذلك من أجل حل التناقضات الشكلية والثنائية المطلقة التي ساهمت في إرباك الفكر الإسلامي وشكلت أساسا لجملة من الاختلافات والخلافات التي تعمقت وأدت إلى انقسام اجتماعي سياسي أيديولوجي بين المسلمين تمظهر بالانشقاق السني-الشيعي التاريخي.

إن الفكر العربي الإسلامي يعيش أزمة حقيقية تنعكس على المجتمعات العربية-الإسلامية، وتتجلى هذه الأزمة في رفض الفكر الغربي الوافد بدعوى عدم ملاءمته لطبيعة المجتمعات العربية الإسلامية من جهة، وتتجلى من جهة أخرى في هيمنة قراءة تقليدية لا تاريخية على الفكر العربي الإسلامي. وهذه القراءة أصبحت غير قادرة على الإجابة على العديد من التساؤلات العصرية ورافضة لقراءات أخرى قادرة على بعث الزخم في الفكر العربي الإسلامي "وذلك بعد سقوط جيل النهضة التوفيقية الذين حاولوا التوفيق بين صيغة من التراث الإسلامي والفكر الغربي كالأفغاني وعبده والطهطاوي وطه حسين،لأنهم ترددوا في فتح باب الاجتهاد والتأويل للتراث الإسلامي" (أبو زيد٢، ١٩٩٥).

يدور التساؤل الرئيس في هذه الدراسة حول إمكانية تطوير نموذج نظري عربي-إسلامي يستند إلى التاريخ والتراث العربي-الإسلامي، قادر على المساهمة في إحياء الفكر العربي-الإسلامي، وفي التأسيس لمجتمعات عربية إسلامية فاعلة وقادرة على النهوض أمام التحديات التي تواجهها في مرحلة ما بعد العولمة.

تفترض هذه الدراسة بأن هناك إرثا فكريا تاريخيا ينسجم مع روح الدين الإسلامي من الممكن أن يكون منطلقا لصياغة مشروع عربي-إسلامي على المستوى الفكري والاجتماعي، وترى بأن ابن خلدون وابن عربي يشكلان جزءا هاما من هذا الإرث، الذي يمكن أن يؤسس فكرا قادرا على بناء مجتمعات جديدة تحترم العقل والفكر والحرية وتوظف طاقات أفرادها، في إطار من التعددية والتنوع وتعتبرها مصدرا للقوة الاجتماعية .

وتقوم الدراسة على مراجعة نقدية تحليلية للإسهامات الأساسية لكل من ابن خلدون في التاريخ والاجتماع كما جاءت في المقدمة، وفي فلسفة ابن عربي في التأويل في الفتوحات المكية، ومساهمات بعض الباحثين في إرثهما الفكري.

**لماذا ابن خلدون وابن عربي؟**

بداية أود الإشارة إلى أن هذه الدراسة ستحاول اتخاذ منحنى مختلف إلى حد ما عما درجت عليه الدراسات عند تناول أعلام الفكر والفلسفة في التاريخ الإسلامي، إذ أن ما اعتدنا عليه هو أن نتعرض لهؤلاء الإعلام إما بالمدح والتغني بالماضي، أو القدح والذم وحتى التكفير، فمن أمثلة القسم الأول القول: "وباختصار، فإن عبد الرحمن بن خلدون الباحث الاجتماعي والاقتصادي والسياسي سيظل في نظر الباحثين حجة في كل ما يتعلق بالحياة الاجتماعية والاقتصادية، وستظل نظرياته الواردة في مقدمته صالحة للاستفادة منها إلى أن يرث الله الأرض ومن عليها. (**البوزيدي١ ، ٢٠٠٣** ). وفي وصف المؤرخين لشخصية ابن خلدون يتجلى: بأنه كان واسع الاطلاع، غزير العلم، عميق الاستقراء والاستنتاج، كما كان قوي الحدس في التحليل والمقارنة،

موفقا في ضبط العلل والعوامل، وإقرار الأصول والأحكام والقواعد والأسس. (البوزيدي٢ ، ٢٠٠٣ ). ومن أمثلة القسم الثاني أي القدح والذم، كتاب أخطاء ابن خلدون في المقدمة لمؤلفه خالد علال الذي أورد فيه جملة مما اعتبره أخطاء وقع فيها ابن خلدون ضمن المقولات التي وردت في المقدمة كمسألة تحكم المعاش في أحوال الناس، وموقفه من العرب(علال، ٢٠٠٦).

ستحاول هذه الدراسة استخلاص العبر من الإنتاجات والمساهمات الهامة لهذين المفكرين كما جاءت في الافتراضات الأساسية التي بنى كل منهما رؤيته ونظريته ومنهجيته عليها، دون الالتفات إلى الأبعاد الشخصية الأخرى التي أحاطت حياة كل منهما ودون الالتفات إلى المواقف السياسية والمذهبية التي بلورت المواقف حول نتاجهما وبخاصة ابن عربي.

أما بالنسبة لاختياري ابن خلدون وابن عربي، فإنني أنوه بداية إلى إن هذا الاختيار لا يعني الإقلال من شأن إسهامات الآخرين في الفكر الإسلامي أو تجاهل إنتاجهم في التراث الفكري الإسلامي ولكني اعتقد كمتخصص في علم الاجتماع ومطل على الخطوط العامة للنظرية في هذا العلم أن مساهمة ابن خلدون هي مساهمة جدية وعميقة في هذا الإطار وهي خلاقة من حيث قدرتها على فهم الظاهرة الاجتماعية وخاصة في المجتمعات العربية الإسلامية وذلك فيما يتعلق بالعائلة والدين والنظام السياسي المرتكز عليهما كمفاعيل أساسية في حياة هذه المجتمعات. أما ابن عربي فانه صاغ نظرية فريدة وجديرة بالاهتمام وهي " التأويل" وهذا المفهوم يقارب مفهوم النسبية ببعديها الفلسفي والاجتماعي، تمكن من فك أزمة الفهم للدين، وتفتح أفقا رحبا للتعددية الروحية

في إطار الوحدة. **أما لماذا معا؟؟** فإنني اعتقد أن ابن خلدون بفهمه المادي للتاريخ والاجتماع يلاقي ممانعة من البعض الذين يرون به فهما أحاديا وهو ما واجهه تلميذه ماركس والنظرية الماركسية من بعده، أما ابن عربي فيبدو خيالا روحيا خصبا سابحا في الفضاء،الأمر الذي يجعل البعض يفهمه كفيلسوف متصوف ويفهمه آخرون كزنديق وكافر "وتحيرت ألباب العلماء فيه من ناقم عليه مكفر له ، إلى داع إليه محدث بفضائله ؛ حتى أن التراث العربي حفل بمجموعة من المؤلفات لا يزال أغلبها مخطوطا وضعها منتقدو ابن عربي ومكفروه". ( **زيدان**،٢٠٠٦)

ما اعتقده أن إيجاد توليفة تقرب أو تجمع بين مادية ابن خلدون وروحية ابن عربي التأويلية من شانه أن يحل معضلة فلسفية دينية اجتماعية وان يشكل مدخلا لدراسة الظاهرة الاجتماعية العربية الإسلامية.

## بعض القضايا النظرية والمنهجيه عند ابن خلدون

### فهم ابن خلدون للتاريخ والمجتمع

يصيغ ابن خلدون مفهوما متفردا للتاريخ بوصفه "خبرا عن الاجتماع الإنساني، الذي هو عمران العالم وما يعرض لطبيعة ذلك العمران من الأحوال"(المقدمة،ص٦ ) أي بوصفه رصدا لحركة المجتمع في الزمن، وبهذا المعنى فان التاريخ ما هو إلا تزمين/توثيق للأحداث الاجتماعية التي يصنعها البشر. والغاية منه الاستفادة من التجربة البشرية للذين سبقوا وحتى تتم الاستفادة" فهو محتاج إلى مآخذ متعددة ومعارف متنوعة و حسن نظر و تثبت يفضيان بصاحبهما إلى الحق و ينكبان به عن المزلات والمغالط"(ص١٥) وذلك "لأن الأخبار إذا اعتمد فيها على مجرد

النقل فإنها معرضة للكذب"، لأن من يرويها أو يكتبها يمكن أن يكون :"متشيعا للآراء والمذاهب أو وثق بالناقلين وتوهم الصدق بهم أو لا يعرف القصد بما عاين أو سمع وينقل الخبر على ما في ظنه وتخمينه.أو يجهل تطبيق الأحوال على الوقائع أو يسعى للتقرب من الناس أصحاب التجلة والمراتب بالثناء والمدح أو يجهل بطبائع الأحوال في العمران فإن كل حادث من الحوادث ذاتا كان أو فعلا لا بد له من طبيعة تخصه في ذاته و فيما يعرض له من أحواله" (المقدمة، ص٣٤) وهو بهذا يبين أن ليس كل ما في التاريخ صحيحا، بل إن الكثير منه قد يكون خالطه الكذب والرياء، وهذا يدعم ذلك التوجه الذي يذهب إليه الكثير من الباحثين المعاصرين كنصر حامد أبو زيد والذي يقول بضرورة مراجعة للتاريخ العربي وغربلته من كل ما علق به من ما ذكره ابن خلدون. وبالتالي فإن هناك ضرورة لتصحيح الرواية التاريخية، وحتى تكون الرواية التاريخية صحيحة فإنها يجب أن : "تحكم بأصول العادة وقواعد السياسة وطبيعة العمران والأحوال في الاجتماع الإنساني ويقاس الغائب منها بالشاهد والحاضر بالذاهب، وإلا فربما لم يؤمن فيها من العثور، ومزلة القدم والحيد عن جادة الصدق"(ص١٥).

إذن لكتابة التاريخ قواعد وأدوات لكي يكون هذا التاريخ حقيقيا وصادقا وهي: "المنطق والقياس ومعرفة الأحوال وطبيعة العمران. ولهذا التاريخ بعدين، ظاهري وباطني، في ظاهره أخبار عن الأحداث، وفي باطنه تفسير وتعليل وعلم بكيفيات الوقائع وأسبابها عميق"(ص١١ ).

**فهم ابن خلدون للمجتمع**

يفسر ابن خلدون نشوء وتكون الجماعة والمجتمعات على أسس مادية متعلقة في سعيهم للحفاظ على النوع والاستمرار من خلال تامين الاحتياجات الأساسية لذلك. من هنا يرى أن "المجتمع "الاجتماع" ضروري للإنسان لأن الفرد لوحده غير قادر على تحصيل حاجته من الغذاء وغير قادر على الدفاع عن نفسه، ولذا يتعاون البشر لتامين الغذاء وحماية أنفسهم من المخاطر، وإلا فان النوع الإنساني ينقرض"**أن الاجتماع الإنساني ضروري** لأن قدرة الواحد من البشر قاصرة عن تحصيل حاجته من الغذاء يحتاج كل واحد منهم أيضا في الدفاع عن نفسه إلى الاستعانة بأبناء جنسه ما لم يتعاون البشر فلا يحصل له قوت ولا غذاءا ولا تتم حياته ولا يحصل له أيضا دفاع عن نفسه فيبطل نوع البشر"(المقدمة ،ص٤٠).وهو بهذا يحدد العوامل الأساسية التي تساهم في صياغة العلاقات البشرية حول تأمين احتياجاتهم. "وعندما يجتمع الناس فإنهم يحتاجون إلى تنظيم أنفسهم بالطريقة الملائمة لاستمرار قدرتهم على تلبية متطلباتهم، وهم بهذا يصنعون أبنيتهم الاجتماعية ويصيغون علاقاتهم الملائمة لتحقيق هذه الاحتياجات،" وهذا ما أشار إليه ماركس لاحقا في تحليله للمجتمع (بمصطلحات "قوى وعلاقات الإنتاج"، كعوامل محددة للأبنية والعلاقات الاجتماعية وكعوامل محددة بالتالي للتغيرات الاجتماعية على أساس تغير قوى وعلاقات الإنتاج في المجتمع.

يتابع ابن خلدون "إذا حصل الاجتماع للبشر كما قررناه وتم عمران العالم بهم فلا بد من وازع" ويأتي معنى وازع هنا بمعنى رادع وقد يكون هو التنظيم أو النظام أو قد يكون القانون "يدفع

بعضهم عن بعض لما في طباعهم الحيوانية من العدوان والظلم فيكون ذلك الوازع" شخصا أو مجموعة تتولى دفع العدوان وإزالة الظلم" واحدا منهم يكون له عليهم الغلبة والسلطان واليد القاهرة حتى لا يصل أحد إلى غيره بعدوان وهذا هو معنى الملك (المقدمة ،ص٤٠) "والملك هنا بمعنى الحاكم أو النظام السياسي" والذي يحدد مهمته في **دفع العدوان والظلم** ولنا أن نشخص هنا المقدرة على تحديد وظيفة النظام السياسي حسب ابن خلدون في منع العدوان وهذا يتضمن كافة أنواع العدوان على حياة الأشخاص أو ممتلكاتهم ودفع الظلم بمعنى إحقاق الحق والعدل بمفهومه الواسع والذي يمكن فهمه على أكثر من وجه "يسمح بإقامة الاشتراكية أو الرأسمالية العادلة. فابن خلدون يشير إلى التنظيم الاجتماعي الذي كونه الأفراد أو كونته الجماعة حول تأمين احتياجاتهم المختلفة والتي يطلق عليها لاحقا "نحل أو سبل العيش".

حسب الطبيعة البشرية التي حللها ابن خلدون فانه يقر بوجود كلا النزعتين في الطبيعة البشرية "الخير والشر" أو "التعاون والصراع"، وهذا يعني أن هناك قضايا تفرض التعاون وقضايا تفرض الصراع، لذا هناك قضايا يجب أن نتعاون عليها لأجلنا، وأخرى يجب أن نحد من آثارها" ننظمها أيضا لأجلنا وهذا ضمنيا يشير إلى أن المجتمع لديه، ينبغي بناءه على التعاون ومواجهة العدوانية. وهذه القضية الفلسفية التي ناقشها بإفاضة بعض فلاسفة النهضة الأوروبية مثل هوبز ورسو بصيغة تساءل: هل الإنسان خير بطبعة أم شرير وأناني؟ والذي انشق الفكر الفلسفي الاجتماعي على أساسه إلى اتجاهين احدهما " الخير" سار باتجاه التأسيس لمجتمعات التعاون والمساواة والعدالة والأخر" الشرير"

سار باتجاه التأسيس لمجمع التمايز والعدوانية والقوة والقهر الاجتماعي مـن الـبعض للـبعض الأخـر كحالة طبيعية.( انظر هوبس ١٣٢، ورسو،١٦٧ في بهلول وآخرون،٢٠٠٢ ).

**التغير الاجتماعي**

يؤمن ابن خلدون بالتغير الاجتماعي، لأن الاجتماع برأيه يقوم حول سبل العيش ويتحدد بموجبها.وسبل العيش بشقيها: الاحتياجات ووسائل تأمينها، متجددة ومتغيرة من جهة ولأنها تختلف بين المجتمعات أو الجماعات فإننا يمكن أن نفهم معنى التغير الاجتماعي الذي يشير إليه أيضا بمستوييه التغير على مستوى الجماعة الواحدة" داخل الجماعة" والتغير على مستوى الاختلاف بين الجماعة الواحدة والجماعات الأخرى، استنادا لنحل العيش التي ترتكز عليها الجماعة الاجتماعية ولهذا نستطيع تلمس فكرة التصنيف للجماعات" بدوي، حضري" من جهة وفكرة التطور الاجتماعي من شكل لأخر "من البدوي إلى الحضري" بناء على نحلة العيش في كل مجتمع، يقول ابن خلدون "أعلم أن اختلاف الأجيال في أحوالهم إنما هو باختلاف نحلتهم في المعاش فإن اجتماعهم إنما هو للتعاون على تحصيله والابتداء بما هو ضروري ثم الكمالي فمنهم من يستعمل الفلح من الغراسة والزراعة ومنهم من ينتحل القيام على الحيوان من الغنم والبقر والمعز والنحل والدود لنتاجها واستخراج فضلاتها ثم إذا اتسعت أحوال هؤلاء المنتحلين للمعاش وحصل لهم ما فوق الحاجة من الغنى والرفه دعاهم ذلك إلى السكون والدعة وتعاونوا في الزائد على الضرورة واستكثروا من الأقوات والملابس والتأنق فيها وتوسعة البيوت واختطاط المدن والأمصار للتحضر ثم تزيد أحوال الرفه والدعة

239

وهؤلاء هم الحضر ومعناه الحاضرون أهل الأمصار والبلدان ومن هؤلاء من ينتحل معاشه الصنائع ومنهم من ينتحل التجارة وتكون مكاسبهم أنمى وأرفه من أهل البدو لأن أحوالهم زائدة على الضروري" (المقدمة،ص٩٦). وهو الأمر الذي سار على شاكلته ماركس في صياغة خماسية لأشكال التطور التي مرت بها المجتمعات "المشاعية،العبودية،الإقطاعية، الرأسمالية ، الشيوعية" تبعا لأشكال الإنتاج السائدة في كل مرحلة أو في كل مجتمع.وكذلك كل من كونت في مراحله اللاهوتية والميتافيزيقية والوضعية ودوركايم في المجتمع الآلي والمجتمع العضوي والتي تعزيها النظرية الاجتماعية الغربية إلى أفكار داروين.

نرى ابن خلدون يضيف إلى ذلك ما يسمى اليوم بالاتجاه الايكولوجي وهو تأثير البيئة الجغرافية والمناخ على سبل العيش وبالتالي على البنى والعلاقات الاجتماعية الاجتماعية، وهو ما أشار إليه في المقدمة الثالثة في تأثر الاجتماع البشري بالبيئة والطقس ودور ذلك في ألوانهم وفي أحوالهم في المعتدل من الأقاليم و المنحرف وتأثير الهواء في ألوان البشر والكثير في أحوالهم.( المقدمة، ص٦٨ )

**الثالوث الفاعل في المجتمع**

يجمع ابن خلدون بصيغة تلاحميه بين ثلاث فواعل أساسية في تحليل المجتمعات العربية والإسلامية على أساس ما يسميها العصبية ١- العائلة بدوائرها المختلفة كوحدة اجتماعية صغيرة أو مجموعها كعشيرة ٢- النظام السياسي المبني على عصبية العشيرة كبعد مادي. ٣- الدين كإطار قيمي وأخلاقي لشرعية العائلة والنظام السياسي المبني عليها. لذلك فإن توضيح هذه الصيغة

بتفاعلاتها وتجلياتها المختلفة في المجتمع العربي الإسلامي قد يساهم في إعادة صياغة منظومة القيم الاجتماعية التي نشأت حول هذا الثالوث وكيف صيغت هذه المنظومة؟ ما هي الدرجة التي استطاع الدين أن يؤثر في العائلة في صياغة النظام السياسي؟ أو ما هي الدرجة التي استطاعت بها العائلة تطويع الدين لمنظومتها القبلية، أو ما هي الدرجة التي استطاع بها النظام السياسي تطويع الدين ؟ إن الإجابة على مثل هذه التساؤلات من شانه أن يكشف أو يضع الحدود الموضوعية بين هذا الثالوث، ويزيل ذلك الخلط العجيب بين حدود هذا الثالوث، بحيث يصعب الفصل بين قدسية كل من العائلة والنظام السياسي والدين. بتعبير أخر علينا أن نحدد أي عائلة نريد أي دين نريد أي نظام سياسي نريد؟ وهي ما يمكن أن تشكل الميادين الأساسية لدراسة المجتمع العربي الإسلامي، وهي ما قد تشكل المنطلقات الأساسية لإحداث تغير ذات معنى في المجتمع العربي الإسلامي. وعليه يفترض البحث عن الخيط الذي يمكن أن يربط هذا الثالوث بعلاقة متوازنة نحو فعل اجتماعي رشيد؟

أن العصبية كما يراها ابن خلدون إنما تكون من الالتحام بالنسب وما في معناه وذلك أن صلة الرحم طبيعي في البشر إلا في الأقل ومن صلتها النعرة على ذوي القربى وأهل الأرحام.(المقدمة، ص ١٠١) وفي أن الرئاسة على أهل العصبية لا تكون في غير نسبهم وذلك أن الرئاسة لا تكون إلا بالغلب والغلب إنما يكون بالعصبية فلا بد في الرئاسة على القوم أن تكون من عصبية غالبة لعصبياتهم واحدة واحدة. لأن كل عصبية منهم إذا أحست بغلب عصبية الرئيس لهم أقروا بالإذعان

والإتباع(ص١٠٤)وفي أن العرب لا يحصل لهم الملك إلا بصبغة دينية من نبوة أو ولاية أو أثر عظيم من الدين على الجملة(المقدمة،ص١١٧)والسبب في ذلك أنهم لخلق التوحش الذي فيهم أصعب الأمم انقيادا بعضهم لبعض للغلظة و الأنفة وبعد الهمة والمنافسة في الرئاسة فقلما تجتمع أهواؤهم فإذا كان الدين بالنبوة أو الولاية كان الوازع لهم من أنفسهم وذهب خلق الكبر والمنافسة منهم، فسهل انقيادهم واجتماعهم، وهم مع ذلك أسرع الناس قبولا للحق والهدى لسلامة طباعهم من عوج الملكات و براءتها من ذميم الأخلاق (المقدمة،ص١١٧) وفي أن الدعوة الدينية من غير عصبية لا تتم(المقدمة، ص١٢٢).

**الانهيار والتفكك الاجتماعي**

يرى ابن خلدون أن الانهيار والتفكك الاجتماعي يحدث بسبب فساد الحكام وميلهم إلى الترف والرفه والشهوات بعد استقرار الحكم وتمكنهم من السيطرة على الناس حيث يقول "إن حصول الترف وانغماس القبيلة في النعيم يؤدي إلى ضعف الدولة وتفككها وسبب ذلك أن القبيلة إذا غلبت بعصبيتها بعض الغلب استولت على النعمة بمقداره وشاركت أهل النعم والخصب في نعمتهم وخصبهم وضربت معهم في ذلك بسهم وحصة بمقدار غلبها واستظهار الدولة بها، فإن كانت الدولة من القوة بحيث لا يطمع أحد في انتزاع أمرها ولا مشاركتها فيه أذعن ذلك القبيل لولايتها والقنوع بما يسوغون من نعمتها و يشركون فيه من جبايتها ولم تسم آمالهم إلى شيء من منازع الملك ولا أسبابه إنما همتهم النعيم والكسب وخصب العيش والسكون في ظل الدولة إلى الدعة والراحة والأخذ بمذاهب الملك في المباني والملابس

والاستكثار من ذلك والتأنق فيه بمقدار ما حصل من الرياش والترف وما يدعو إليه من توابع ذلك فتذهب خشونة البداوة و تضعف العصبية والبسالة، والسبب في ذلك أن الملك إنما حصل لهم بعد سورة الغلب والإذعان لهم من سائر الأمم سواهم فإذا تعين أولئك القائمون بالدولة انغمسوا في النعيم و غرقوا في بحر الترف والخصب واستعبدوا إخوانهم من ذلك الجيل استولت على الأولين الأيام وأباد غضراءهم الهرم فطبختهم الدولة وأكل الدهر عليهم وشرب بما أرهف النعيم من حدهم واستقت غريزة الترف من مائهم وبلغوا غايتهم من طبيعة التمدن الإنساني والتغلب السياسي".

**في عمر الدولة وتجددها**

يشير ابن خلدون إلى أن للدولة عمر يفترضه بعمر ثلاثة أجيال: الأول يبني والثاني يعمر والثالث يفرط وهو بهذا يشير إلى صعود وهبوط الدول والحضارات وهذا إشارة إلى رؤية دائرية لتطور المجتمعات على خلاف ما ذهبت إليه نظريات علم الاجتماع الكلاسيكية في التطور الاجتماعي ذات الخط المستقيم المتصاعد مثل كونت وماركس. "الجيل الأول لم يزالوا على خلق البداوة وخشونتها وتوحشها من شظف العيش والبسالة والافتراس والاشتراك في المجد فلا تزال بذلك سورة العصبية محفوظة فيهم.

والجيل الثاني تحول حالهم بالملك والترفه من البداوة إلى الحضارة ومن الشظف إلى الترف والخصب ومن الاشتراك في المجد إلى انفراد الواحد به و كسل الباقين عن السعي ،فتنكسر ـ سورة العصبية بعض الشيء ـ وتؤنس منهم المهانة والخضوع، أما الجيل الثالث فينسون عهد البداوة والخشونة كأن لم تكن و يفقدون حلاوة العز والعصبية بما هم فيه من ملكة القهر ويبلغ فيهم الترف غايته فيصيرون عيالا على الدولة ومن جملة النساء والولدان

المحتاجين للمدافعة عنهم وتسقط العصبية بالجملة فتذهب الدولة بما حملت فهذه كما تراه ثلاثة أجيال فيها يكون هرم الدولة وتخلفها ولهذا كان انقراض الحسب في الجيل الرابع كما مر في أن المجد والحسب إنما هو أربعة آباء" (المقدمة،ص١٣٠)

ويضيف أن الدولة تنهار لسببين: إما لاستبداد الحكام وصراعهم على السلطة أو استيلاء الآخرين عليها إما بأن يستبد ولاة الأعمال في الدولة وربما يزدحمون على ذلك الملك ويتقارعون عليه و يتنازعون في الاستئثار به،وإما بأن يخرج على الدولة خارج ممـن يجاورهـا مـن الأمـم والقبائـل فيتعيـن لـه ولقومه الاستيلاء عليهـا. (المقدمة،ص٢٢٢ )

## أهمية الدين

لا شك أن ابن خلدون أصاب كبد الحقيقـة حـين أشار إلى أهميـة الـدين في المجتمـع العربي الإسلامي بشكل عام وأهميته للنظام السياسي بشكل خاص "وفي أن العرب لا يحصل لهم الملك إلا بصبغة دينية من نبوة أو ولاية أو أثر عظيم من الدين على الجملة". (المقدمة،ص١١٧) لأنه [الدين] استطاع تجـاوز القبيلـة كتنظيم وعلاقات ،وأسس لمجتمع اكبر من القبيلة الواحدة وفوق القبائل كلها،ولكن عندما ارتدت القبيلة ثم انتصرت وسيطرت على السلطة حاولت تطويع الدين هذه المرة لصالح القبيلة.

## بعض القضايا النظرية والمنهجيه عند ابن عربي

### تمهيد

لقد كانت غاية رحلة ابن عربي المعرفيـة هـي البحـث في الوجـود والموجـودات ، الخالق والمخلوقات ، والعلاقة بين كل من الخالق والمخلوق. اللـه والإنسان والموجـودات.وهذه الرحلة من وجهة نظري لم تكن ترفا فكريا ولا هروبا فرديا منه نحو التصوف الانسحابي" كما يقدر البعض، بقـدر ما كان ذلك محاولـة منـه لضخ الإنسان المسلم بطاقة واعية حية خلاقة ذات مضمون،

244

يتحد بها القلب والعقل والعمل لتشكيل الإنسان المسلم، وبقدر ما، كانت محاولة منه لصياغة عقد اجتماعي إسلامي يتجاوز العقود الاجتماعية المتناثرة، أما لغته المعقدة والصعبة ومنهجيته للوصول إلى هذه الغاية، فيمكن اعتبارها التفافا أو تهربا من سوط السلطة المتحكمة والمحتكرة لتفسير النص الديني لصالحها.

لهذه الغاية طور ابن عربي منهجا فلسفيا تأمليا يرتكز على الحواس كأدوات للتوصل إلى الحقيقة،ونثر أطروحته الفكرية في بحر من الكلمات المتلاطمة، بلغة مفعمة بالدلالات، تركزت في أهم انتاجاته الفتوحات المكية وفصوص الحكم مما جعل من التعامل مع ارثه أمرا شاقا، (انظر تجربة أبو زيد في فلسفة التأويل). وقد أول البعض كلماته وأفكاره، على غير وجهتها مما ساهم في اتهامه في الكفر والزندقة على الرغم من إقراره الواضح الصارخ بإيمانه، إذ يقول "فيا إخوتي و أحبائي رضي الله عنكم، أشهدكم عبد ضعيف مسكين فقير إلي الله تعالى في كل لحظة وطرفة، أشهدكم على نفسه بعد أن أشهد الله تعالى وملائكته، ومن حضره من المؤمنين وسمعه أنه يشهد قولا وعقدا، أن الله تعالى إله واحد، لا ثاني له وإلوهيته منزه عن الصاحبة والولد، مالك لا شريك له، ملك لا وزير له، صانع لا مدبر معه، موجود بذاته من غير افتقار إلى موجد يوجده، بل كل موجود سواء مفتقر إليه تعالى في وجوده فالعالم كله موجود به، وهو وحده متصف بالوجود لنفسه......... فهو القيوم الذي لا ينام والقهار الذي لا يرام ليس كمثله شيء" (http://ar.wikipedia.org )

ومع ذلك شكل إنتاجه الفكري حالة يمكن وصفها بالتمردية بالنسبة للسلطة الدينية والسياسية، وتحديا احدث هزة عنيفة للفكر الديني السائد والممارسة السياسية المبنية عليه مما جعله هدفا

لهجوم كلتي السلطتين فالأولى حاولت تكفيره والثانية حاولت إقصاءه وعزله وتشريده، وإيصاله مرحلة الجوع والحرمان، وساهمت كلتا السلطتان بإثارة العامة ضده وبالتالي وصل الأمر به مرحلة الإحباط واليأس من التغيير مما دفعه إلى إتلاف كتبه.

فابن عربي هو ابن عصر مليء بالفوضى والنزاعات الفكرية والسياسية، عاش عصره وحاول التغيير في ظل الانهيار العام الذي اخذ ينخر في جسد الأمة والمجتمع الإسلامي آنذاك، فالمجتمع الإسلامي المتمزق والمتناحر والدويلات الطائفية والفرق والمذاهب المتعددة والانقسام السني-الشيعي، والصراع على السلطة وإراقة الدماء، وسيادة الفكر الاحتكاري والاقصائي والتكفيري بين الجماعات الإسلامية المختلفة، كل هذا! دعا ابن عربي في محاولته لصياغة مشروعه الفكري والفلسفي الذي نشد من خلاله إيجاد صيغة لتجاوز الحالة التي تعصف بالمجتمع الإسلامي. أفلا يجدر بنا أن نستحضر تراث هذا العالم والفيلسوف المسلم ونحن نمر بظروف هي أشبه بالظروف التي مر بها، لكي نفحص ما يمكن أن يقدم لنا من أفكار تساعدنا على تجاوز الحالة التي تعيشها المجتمعات الإسلامية في الوقت الراهن.

**أولا: الأسس النظرية والمنهجية لرحلته المعرفية**

**نظرية البرزخ/ الوسيط**

إن نظرية ابن عربي في المعرفة ترتكز على ترتيب العلاقة بين الثالوث " الله، الإنسان، الموجودات". فالله الحقيقة المطلقة، والموجودات التي هي كلمات وصور الله كما تجلت، والإنسان ،الذي يمثل الوسيط أو البرزخ الذي يربط الخالق بالمخلوقات، ومن هنا فالإنسان يمثل أداة المعرفة وفي النهاية غايتها، وهو

المكلف بمعرفة الحقيقة، وهو لأجل ذلك يحاول التوصل إلى الحقيقة من خلال فهم المعاني الظاهرية والباطنية لكلمات الله وصوره، ونظرا لتفاوت الناس في ذواتهم وقدراتهم فأنهم يسلكون طرقا مختلفة للوصول إلى الحقيقة. ويتوصل كل منهم إليها من جانب قد يختلف عما توصل إليه غيره. إلا أنهم جميعهم يدركون ذات الحقيقة، وان اختلف طرقهم واستنتاجاتهم،ولذل تبدو الحقيقة الواحدة متعددة وهذا لا يعني تعدد الحقيقة بمقدار ما يعني اختلاف السالكين في الوصول إليها،ومن هنا تبدو **جدلية التعدد والوحدة /الحقيقة المطلقة ونسبية الحقيقة**، الحقيقة المطلقة (التي ليس كمثلها شيء)، واختلاف طرق الوصول إليها لان الدال عليها صور من تجلياتها من جهة، ولان الذوات الباحثة عنها ذوات مختلفة،تستدل عليها أو تدركها من خلال وسائط، التي هي الحواس.بمعنى أن هناك مسافة بين الذات المدركة وهو الإنسان، والحقيقة المطلقة وهو الخالق ،مسافة تتوسطها صور الحقيقة وحواس الإنسان، **فكيف لنا أن نزعم أننا نصل الحقيقة أو يزعم احد منا انه وصل الحقيقة؟** فالحقيقة لا تدرك لا بالعقل ولا بالحواس، إنما تكشف بالقلب" ،بالتالي فان الأساس والمهم هو الإيمان بها كحقيقة، ولا مشكلة أو تناقض إذا أدرك بعضنا هذه الحقيقة بشكل يختلف عن الأخر، ولهذا قال سيدنا عمر بن الخطاب "اللهم اجعل إيماني مثل إيمان هذه العجوز" وهذا إقرار باختلاف درجات الإيمان بين الناس.

**الإنسان "العارف الكامل"**

في نظر ابن عربي فان الإنسان "العارف الكامل" هو الذي يفهم المعنى الباطني للكلمات الإلهية في الوجود وفي اللغة على

السواء. أما الإنسان العادي فلا يفهم سوى الدلالة الوضعية للغة ولا يفهم كلمات الوجود (أبو زيد، ٢٣٩ ). والتشبيه هو احد جانبي الحقيقة الذي تعبر عنه الآيات المتشابهات وهو تعبير عن الجانب الظاهر من الحقيقة وهو الجانب الذي يدركه العامة (المصدر السابق، ٢٦٩). فالعامة حظوظهم خيالية لا يقدرون على التجريد عن المواد، في كل ما يلتذون به من المعاش في الدنيا والبرزخ في الآخرة، بل قليل من العلماء من يتصور التجريد الكلي عن المواد ولهذا أكثر الشريعة جاءت على فهم العامة( الفتوحات المكية٢ /٨٦). **فالإنسان المؤمن "المسلم" الكامل** بحسب ابن عربي ينبغي أن يقيم علاقته على أساس الإيمان بطريقة الكشف، ويقيم علاقته مباشرة مع الخالق دون وسائط،أما الإنسان العادي فليس بمقدوره إقامة هذه العلاقة دون وسائط تتمثل في ممارسات طقوسية حسية. وعليه يمكن الاستنتاج بأنه ينبغي العمل على رفع مستوى المسلم من المسلم العادي إلى المسلم الكامل، الذي يصبح بمقدوره إقامة علاقة مباشرة مع خالقه يمتثل فيها قلبا وعقلا وممارسة صورة خالقه المنزه، وبهذا يتم الارتقاء بالفرد المسلم إلى أعلى درجة من الكمال الذي يكون الله حاضرا فيه قلبا وعقلا وفعلا، مما يعصم الإنسان المسلم من الوقوع في المزلات والأخطاء في حياته الدنيوية تجاه الخالق والمخلوقات، حيث أن الله حسن ولا يصدر عنه أو منه ألا الحسن. ومن هنا يصبح سلوك الإنسان وتصرفاته هي نتاج ذات المسلم، نابعة من داخلة ومن إيمانه وقناعات، وليست نتاج الخوف من العقاب. أما المسلم العادي فانه يقيم علاقته مع الخالق من خلال وسيط حسي في كيفيات مختلفة وفي أوقات مختلفة ظانا بذلك انه يقيم الصلة والعلاقة مع ربه من خلالها، ومتى فرغ منها ،فقد يرتكب ما لا يحصى من الأخطاء. فقد تجده

فرغ من صلاته للتو ويغش في البضاعة إن كان تاجرا. وقد تجده يحرم ابنته من الميراث. وقد تجده عنيفا قاسيا مع أبناءه، ولا يحترم النظام ولا يتورع من إيذاء الجيران ونهب المصالح العامة.ومن هنا أيضا تصبح مهمة النهوض بالمسلم مرتبطة بالقدرة على الارتقاء بالفرد المسلم، باتجاه المسلم العارف، وهذا يستلزم تأويل النص ألقراني تأويلا مضمونيا لا شكليا، ولكن ينبغي هنا أن نضع معايرا وحدودا للتأويل من جهة ومن جهة أخرى أن نحدد من هم المخولون في التأويل.

### ثانيا: التأويل

إن ما ندركه ليس الحقيقة إنما هو تأويلاتنا للحقيقة من خلال الحواس لصور الحقيقة. ولا تعدو عملية المعرفة الإنسانية أكثر من محاولا ت تأويل للحقائق حسب إمكانيات المؤولين. ومن هنا يصبح التأويل هو المشروع المعرفي الذي يبني عليه الإنسان معرفته عن الحقائق والأشياء، وهذا يشمل الحقائق والأشياء والنصوص، وبالتالي القران الكريم (كنص).

ينطلق ابن عربي كما يورد حامد أبو زيد من أن الموجودات هي كلمات الله التي تكونت على نحو خاص، وإذا كانت الحروف محددة العدد فالكلمات المركبة منها لا نهائية " قل لو كان البحر مدادا لنفذ البحر قبل أن تنفذ كلمات ربي ولو جئنا بمثله مددا" (في أبو زيد٣٣١،٩٦٦)(وفي الفتوحات المكية ٥٧/١)

والكلمات المركبة تحتمل بعدا ظاهرا وبعدا باطنا، لان منها حروف ظاهرة وأخرى باطنه، ويورد تأويلا لكلمة كن، فكلمه "كن" هي "كون" ظهر منها كن، حرفان، وباطنها ثلاثة حروف، فالواو غائبة في الكون ظاهرة في الحكم، وهي بمثابة الرابط بين الكاف والنون بين الباطن والظاهر،( ك باطن/ نون ظاهر/ ورابط) (في

أبو زيد ٣٣٢،٩٦) (وفي الفتوحات المكية ٣٣١/٢-٣٣٢) وعلى هذا يتابع ابن عربي رحلة تأويلية في كل حرف وكل كلمة، يتوه فيها الباحثين، فكما يشير أبو زيد في إن ابن عربي يرى أن دلالة الحروف وكذلك اللغة ليست ثابتة ساكنة، بل هي دلال ثرية متنوعة، هذا التعدد لدالات الحروف وتنوعها ليس إلا انعكاسا لتعدد مظاهر الوجود وتنوعها وان دلت كلها على حقيقة واحده لا تتعدد ولا تتكاثر (أبو زيد ٣١٦،٩٦) وبالتالي فالعلاقة بين الدال والمدلول علاقة متوترة وغير ثابتة، ومن هنا يمكن الاستنتاج بان هناك اختلافا في قراءة اللغة "تأويلها" التي هي النص الذي هو القران في النهاية .فكأن ابن عربي يريد القول أن النص القرآني، الذي هو لغة، التي هي دال على مدلول، الذي هو كلمة الله، التي هي موجهة للبشر بلغتهم، بحاجة إلى تأويل لفهم هذا القران والوصول إلى الحقيقة والتي لا يمكن التوصل إليها إلا من قبل الله والراسخين في العلم "لا يعلم تأويله إلا الله والراسخون بالعلم". فالنصوص والمعاني والظواهر ليست حقائق أو جواهر، وهي ليست معطاة كما هي، وإنما تعرض لنا عن طريق وسائط متنوعة ومتغيرة في كل مرة. وهذه الوسائط ليست سوى المؤول والآليات التأويلية التي يمارسها على النصوص والظواهر· "وعندما نصبح على وعي بالوسائط والقنوات التي تشكل لنا التصورات والمفاهيم والمقولات والمعاني···الخ، عندها - وعندها فقط - ندرك أن الوقائع كان بإمكانها أن تأخذ شكلا آخر، وبالتالي نفهم أن الحقيقة نفسها ما تزال ترقد في مكان آخر، وحتى لا نضيع في التفاصيل أقول ملخصا، أن الاهتمام بقضايا القراءة والتلقي ومسائل التأويل والفهم والإدراك هو وحده الذي يسمح لنا أن نفهم وأن نعي أن كل

ما يقدم لنا على أساس أنه الحقيقة ليس في الحقيقة إلا نتاج الفهم والتأويل"(شرفي،٢٠٠٦)، وهذا التأويل ضروري لأزاله اللبس الذي أحاط بالكثير من الآيات القرآنية وخاصة الآيات المتشابهة والآيات المتعارضة ظاهريا "يد الله فوق أيديهم" الذي ليس كمثله شيء"، وهكذا فأن كل فرد يدرك الله على قدر عقله الذي هو **مركب للعلاقات بين الموجودات إلي بنيت على الحواس** ، ومن هنا التفاوت بين الناس في قدراتهم لرؤية الحقيقة على نحو واحد ومن هنا نستطيع أن نذهب إلى تأويل "ورفعنا بعضهم فوق بعض درجات" (الزخرف: ٣٢) في الإيمان والإدراك للحقيقة والتفاعل معها هو أكثر منطقية من تفسيرها على أنها طبقات اجتماعية (غنية وفقيرة ).

**العقل عند ابن عربي**

في حواره المشهور مع ابن رشد في قرطبة وفي رده على سؤال ابن رشد في مسالة النظر بالعقل أجابه إجابته الشهيرة بنعم ولا، حيث اقر بقدرة للعقل في النظر ولكن نفى أن يكون هو الطريق الوحيدة للحقيقة، فالعقل عنده يتكون من عقلين: العقل الفاعل والعقل المنفعل. وهو إذ ينتقد العقل الفاعل "كآلية لإنتاج الفكر/ المعرفة" ويقبل بالعقل المنفعل كوعاء لتلقي الفكر/المعرفة (الفتوحات المكية٤٦،١) وبحسب ألمصباحي، يوجه ابن عربي نقده فقط لصورة العقل الفاعلة، أي للعقلَ بمعناه الفكري، حيث يرصد ثلاثة عيوب أساسية للعقل، تهم ثلاث مستويات: كيفية توصله بمعطياته، وأسلوب استعماله لهذه المعطيات في أفعاله المعرفية، ثم قيمة المعرفة التي يتوصل إليها. وهذه العيوب هي : **أولا :عيب الوساطة:** فالعقل غير مستقل بنفسه بالنسبة لموارده المعرفية

ويستدل عليها من خلال الحواس والخيال، أو القلب. من هنا جاء افتقاره وتبعيته لغيره. **أما العيب الثاني :** الحصر والتقييد، فيتجلى في وسائله للبحث عن الحقيقة والتعبير عنها، وهما الحد والبرهان. فعندما يستعمل العقل البرهان لاستخلاص وإثبات المعارف الجديدة من المقدمات والمبادئ، يركز انتباهه على أعراض الشيء الذاتية، دون اعتبار لباقي أعراضه الأخرى غير الذاتية، التي لها هي الأخرى أهميتها في التعبير عن جوانب غنية من معنى الشيء، مما يؤدي إلى إفقاره.**أما العيب الثالث :** الحياد والموضوعية، ويتمثل في ادعائه القدرة على الوصول إلى معرفة موضوعية ومحايدة تصمد أمام تحولات التاريخ، فيما يرى ابن عربي بأن كل معرفة مشروطة بذات ما، وبوضع معرفي وتاريخي معين، ولا يمكن القول أبدا بحقيقة خارج عن مدركها وفاعلها الذاتي والموضوع.ومع ذلك علينا أن لا نفهم أن الغرض من انتقاد ابن عربي للعقل إلغاؤه وتفكيك المؤسسات التابعة له كما فعل الغزالي، وإنما كانت غايته أن يبين حدوده، وينبه إلى ضرورة دعمه بطريق الخبر والمشاهدة والكشف. فهو يعترف بأن نور العقل مساوق لنور الإيمان، ولو أنه لا يصل إلى مرتبة هذا الأخير. ولذلك فهو يوصي باستعمال النورين العقلي والإيماني معا، لكن دون أن يتم الخلط بينهما (المصباحي، ٢٠٠٧ ).

بالنسبة للفرد والمجتمع المؤمن" المسلم" هذا الطرح لابن عربي أكثر ملائمة من الطرح ألرشدي في فلسفته العقلية التي تتصادم مع الحقيقة الدينية حيث المنطق العقلي القياسي والبرهاني يقود إلى نتائج غالبا ما تتعارض مع الفكرة الدينية. فقد بذل الغزالي ردحا من الزمن في محاولة إثبات الحقيقة بالحواس

وبالعقل ولم يفلح إلى أن ألقى اللـه نورا في قلبـه (أخبـار الرجـال www.ardalsharq.com). "فـالكثير من العقائد والأسس الإيمانية تشكل قناعـات لـدى الكثـير مـن الأشـخاص دون أن يلتفـت إلى مرتكزهـا العقـلي ومستندها ألبرهاني، بل حتى أن الكثير من المفكرين الدينيين يرون بأن الإيمان لا يمكن أن يكون له مرتكز عقلي من أساسه وليس من المتيسر البرهان عليه لتحصيل اليقين، وأن الدين بما هو ديـن لا يحتـاج إلى هكـذا أسـانيد وهكذا يقين بل يكفي أن يتحقق للمؤمن الاطمئنان" (العبدوني ،٢٠٠٦).

ومن هنا فابن عربي" اقر بإمكانية العقل في الوصول للحقيقة ولكنه لـيس الطريـق الوحيـد، لان العقـل يرتكز في معالجته وبراهينه على معطيات الحواس ، ولهـذا يـرد عـلى ابـن رشـد في سـؤاله عـلى إمكانيـة النظـر العقلي في الوصول إلى الحقيقة، بنعم و لا، عن رواية ابن عربي للقائه مع ابـن رشـد" ( الفتوحـات المكيـة، ج ١: ١٥٣-١٥٤").

## الخطوط العامة للنظرية في دراسة الإنسان والمجتمع العربي الإسلامي

سأحاول في هذه الخلاصة الكشف عن خيط الاتصال بين ابن خلدون وابـن عـربي في التأسـيس للنظريـة **"التاريخية التأويلية"** التي قد تساعد على فهم وتفسير وتحليل الفرد والمجتمـع العـربي الإسـلامي، ومـن خـلال العرض السابق يمكن استنتاج، بعض من القضايا التي يمكن أن تؤسس لعقد اجتماعي عربي إسلامي يقوم على:

**نسبية الحقيقة**

إن الحقيقة الاجتماعية نسبية عند ابن خلدون فيما الحقيقة الدينية نسـبية أيضـا عنـد ابـن عـربي، فـابن خلدون يعتبر الظاهرة

الاجتماعية تاريخية بمعني نشوئها وتطورها وتغيرها من مجتمع لأخر ومن وقت لأخر وهي ترتكز على تفاعل الناس حول مصلحة تامين البقاء والاحتياجات " نحل العيش" وبالتالي لا نستطيع فهم الحقيقة الاجتماعية إلا بتحليل عناصر التفاعل الاجتماعي في لحظة تاريخه مرتبطة بنشاطه المادي لتحقيق مصالحه.

أما ابن عربي فيرى أن الحقيقة الدينية بمكوناتها المختلفة هي نسبية من حيث أنها انعكاس للذات المدركة لها والطريقة التي تدركها بواسطتها ومن هنا لا احد بإمكانه الادعاء بامتلاك هذه الحقيقة أو احتكارها وإلغاء رؤية من يختلف معه فيها، ومن هنا ولان الحقيقة هي ذاتية وبما أن الدين وجد لمصلحة الإنسان، فان من واجب الإنسان المسلم التأويل المستمر للدين بما يتلاءم وتحقيق مصالح الإنسان في المجتمع .

**ضرورة الاجتماع وحدود التأويل**

أما حدود التأويل الدينية فهي الإيمان بالله. فالتأويل عند ابن عربي لا ينبغي أن يتعارض مع ١- الإيمان المطلق لله ٢- ومقاصده ينبغي أن تتركز على **تحقيق العمل الصالح** والذي قد يكون له بعدان الأول تجاه الخالق بالشكر والتقدير (العبادات) لما منه على الإنسان وهي مسالة ذاتية في طريقة التعبير عنها وبالتالي تعاقد بين الفرد وربه أساسا، والثاني باتجاه المجتمع والذي ينبغي تحديد مفهومه ومراميه فما المقصود بالعمل الصالح وكيف نعرفه ونحوله إلى نظام قيمي ومعياري لسلوك المسلم المؤمن في المجتمع ويحاسب عليه.ولكن من هو المخول بالتأويل عند ابن عربي؟ أليس الإنسان الكامل، وإذا كان التأويل على مستوى الفرد له علاقة بالفرد وخالقه وكيفية صياغة هذه العلاقة، فمن هو

المخول للتأويل على المستوى الاجتماعي لإيجاد علاقات اجتماعية تعبر عن مصالح أفراد المجتمع الإسلامي، من هو المخول لتحديد العمل الصالح؟ من الواضح لابن عربي أنهم الراسخون في العلم، وهم بالمعنى الحاضر علماء ومفكري الأمة هل يمكن تشكيل مجلس خبراء للقيام بالمشروع التأويلي العربي؟ وما غاية هذا العمل الصالح أليس تحقيق الحرية والعدالة والكرامة والسعادة للإنسان المسلم؟ كيف نحوله إلى برامج تربوية لصياغة مشروع المسلم الكامل.

ولكي يلتقي تأويل ابن عربي مع ضرورة الاجتماع عند ابن خلدون ينبغي أن نفهم إن أساس الاجتماع لدية هو التعاون والتضامن بين الإفراد على تحقيق هذا العمل الصالح الذي يمكن تحويله إلى رزمة قيميه ومعايير وبرامج عمل تسعى لتحقيق " الحرية ، العدالة، السعادة".للإنسان في المجتمع العربي المسلم. لان المجتمع العربي الإسلامي ينبغي إن يتسع لكل الذين امنوا على اختلاف إيمانهم بالله بما في ذلك أصحاب الديانات الأخرى، أما الذين لا يؤمنوا فينبغي استيعابهم في إطار قبولهم بالالتزام بالعمل الصالح الدنيوي.

يخاطب الله الناس في القران "يا أيها الذين امنوا" على الغالب، فيما يعد "والذين امنوا وعملوا الصالحات لهم مغفرة واجر كبير* (فاطر: ٧)، إن الذين امنوا وعملوا الصالحات لهم جنات تجري من تحتها الأنهار ذلك الفوز الكبير*(البروج: ١١)، والعصر إن الإنسان لفي خسر إلا الذين امنوا وعملوا الصالحات وتواصو بالحق وتواصو بالصبر*سورة العصر// إن الذين امنوا وعملوا الصالحات ذلك هم خير البرية*(البينة: ٧)، إلا الذين امنوا

وعملوا الصالحات فلهم اجر غير ممنون"*(التين: ٦)، ومن يؤمن بالله ويعمل صالحا يكفر عنه سيئاته ويدخله جنات تجري من تحتها الأنهار*(التغابن: ٩) ، لقد وردت هذه الآيات عشرات المرات، فيما وردت الآيات التي تتعلق بإقامة العبادات كالصلاة والزكاة والصيام على نحو معدود ، فكيف نفسر ذلك؟؟.

"إن المعاني والنصوص في حد ذاتها لا تملك هوية أو ماهية يمكن للذات أن تدركها كما هي، إنها في النهاية نتيجة أفعال التأويل وعمليات الفهم والإدراك التي تمارس عليها، وبالتالي ليست مطلقة وحقيقية ولا تاريخية، وهي مشروطة بالعمليات والآليات التي أنتجتها، وبالتالي فهي تاريخية في كل الأحوال"(شرفي،٢٠٠٦)

**الإنسان الكامل(الفرد) والعائلة***

يحمل الإنسان حسب ابن عربي المشروع الديني كفرد وكما يدركه في لحظة تاريخية ولكن القليل من يصل مرحلة العارف الكامل "فالحقيقة واحدة وان تعددت سبل السالكين، مما يؤدي إلى الاختلاف بين الناس في هذا الموضوع وبالتالي فان تعاقد الإنسان مع ربه هو مسالة يحددها الفرد أساسا كما يدركها في داخله أو في نواياه، فهي اقرب إلى أن تكون علاقة خاصة" له حرية تحديدها " فالعلاقة إذن في هذه الحالة تقام على الحرية القائمة على القناعة والرضا وليس الخوف والإكراه "لا إكراه في الدين" ومن شاء فليؤمن "ومن شاء فليكفر" إذن فليس بوسع الآخرين التحكم بها أو التأكد من حقيقتها، ولذلك يجب أن لا تكون محل تدخل الآخرين،

* ينبغي الإشارة إلى أنني استخدمت مصطلح العائلة للدلالة على النظام المبني على القرابة، بمستوياته المختلفة من العائلة الصغيرة وحتى القبيلة.

أو بمعنى أخر لا ينبغي أن يقام التعاقد على هذا الاتجاه، لان هذا بمثابة تفويض للبعض أن يكونوا ممثلين لله أو مندوبين عنه في إلزام الناس على صياغة علاقة لها أبعاد قابلة للفحص والقياس ليتأكد هؤلاء المفوضين أنهم يطبقون الدين،بالتالي فان الدين يتحول إلى طقوس وشكليات ويتحول المفوضين إلى حاكمين وفق هذه المعايير التي تصبح معممة لدرجة أن كل فرد يصبح مفوضا للحكم على الآخرين وفقا لها، فيما يغيب مضمون الصلة بين الفرد وخالقه، وتبدو الآيات والأدعية على أنها مضمون الصلاة مثلا.فيما مضمون الصلاة هو الصلة التي بموجبها يتصرف المؤمن على صورة ربه الحاضرة دوما في قلبه وعقله وسلوكه والتي تؤهله لان ينخرط في تعاقد اجتماعي يتعاون أفراده على تحقيق العمل الصالح الذي قد يعني العمل الخيري أو المصلحة العامة،أو خدمة المجتمع، أو النزاهة والصدق في ممارسة عمله ومسؤوليته تجاه الآخرين. وفيما خلا ذلك فينبغي أن يكون حرا.

فيما تحمل العائلة، كأهم مؤسسة تربوية، المشروع الاجتماعي "العمل الصالح" بعد تحديد قيمه ومعاييره واليات تحقيق ذلك، لنقلها إلى أفرادها ومن ثم إلى تطبيقه كنظام اجتماعي" سياسي قانوني" مرتكز إليها على مختلف المستويات والدوائر الاجتماعية .

## مراجعة تاريخية تأويلية للعقد الاجتماعي العربي الإسلامي

يقوم العقد الاجتماعي عند ابن خلدون على ما يسميه "الوازع" المبني على العصبية العائلية كما رأينا. ويفهم الوازع في سياق أطروحته على انه "جهة أو سلطة" أكثر منه نظام قيمي أو

معياري مع انه يحتمل أيضا مفهوم النظام، لأن الشخص سوف يطبق نظاما ما لردع الإطراف، إلا أن ابن خلدون لم يحاول تحديد ماهية هذا النظام ولكنه حدد الجهة التي هي العصبية القبلية "حكم القبيلة القوية، ولكن هذا العقد الاجتماعي لدية يفتقد إلى طبيعة النظام الذي سوف تتولى العصبية القبلية تنفيذه وهو ما نجده في المنظومة القيمية والمعيارية للإنسان الكامل عند ابن عربي المتمثلة في الإيمان والعمل الصالح : إذا حصل الاجتماع للبشر وتم عمران العالم بهم فلا بد من وازع يدفع بعضهم عن بعض لما في طباعهم الحيوانية من العدوان والظلم فيكون ذلك الوازع واحدا منهم يكون له عليهم الغلبة والسلطان واليد القاهرة حتى لا يصل أحد إلى غيره بعدوان وهذا هو معنى الملك (المقدمة ،ص٤٠). "والملك هنا بمعنى الحاكم أو النظام السياسي" والذي يحدد مهمته في **دفع العدوان والظلم**، إذا أضفنا إليه الإيمان والعمل الصالح أصبح بالإمكان صياغة مضمون النظام الإسلامي الذي ينبغي تحقيقه. ولنا أن نشخص هنا المقدرة على تشخيص وظيفة النظام السياسي،المنشود في المجتمع العربي الإسلامي.فإذا كان الإيمان مسالة فردية فان دور النظام السياسي ليس التفتيش عن الإيمان في قلوب المسلمين أو مراقبة كيف يعبر الفرد عن إيمانه، إنما في إقامة العدل ورفع الظلم وإرساء العمل الصالح الذي يمثل المصلحة العليا أو العامة للمسلمين التي توجه سلوكهم وأفعالهم الدنيوية، والتي ينبغي على النظام السياسي أن يشرف على متابعة تحققها.

ما جرى في التاريخ الاجتماعي العربي الإسلامي أن العصبية العائلية،(العائلة كوحدة اجتماعية صغيرة يولد الفرد وينشأ فيها وتؤمن له بقاءه واحتياجاته ويتحقق من خلالها، والعائلة في

إطارها الأكبر القبيلة أو العشيرة) شكلت مصدر العصبية الذي هو أساس التعاقد الاجتماعي وشكلت العصبية، المكون الاجتماعي والسياسي لإدارة الشؤون العامة والإشراف على توزيع السلطة والثروة بين أفرادها وفي المجتمع.

فيما يقوم التعاقد عند ابن عربي على الإيمان" الكشفي" بالحقيقة المطلقة على مستوى الفرد ووصوله إلى مرحلة الإنسان الكامل، مع الإقرار باختلاف الطرق الموصلة إلى الحقيقة ،التي قد تختلف من فرد إلى آخر وتقبل بكل إشكال الوصول إليها والممارسة الخاصة بكل فرد تجاه الحقيقة المطلقة "الله". وبهذا نرى أن إشكالية التعاقد الاجتماعي في المجتمع العربي تكمن في صياغة تعاقدا يوفق بين الحقيقة الاجتماعية العائلية والحقيقة الدينية المطلقة بطريقة خلاقة، لا تهيمن فيها العائلة على الدين ولا يؤدي الديني إلى تفكيكها وبالتالي ممانعتها للديني، وهو ما حدث في التجربة الإسلامية المبكرة.

نشأت الدعوة الإسلامية وقامت على جهود أفراد هم في غالبهم خارج القبيلة فعليا أو تهميشيا كالفقراء والعبيد أو تم انتزاعهم من قبائلهم للخروج ضد طغيان النظام القبلي وقيمه اللاانسانية، مما جعل رد فعل المنظومة الاجتماعية القبلية عنيفة تجاه الدعوة. ومع ذلك ساهمت القبيلة "بنو هاشم" في حماية رأس الدعوة سيدنا محمد (ص)، وبعد فترة قصيرة تم قبول القبيلة في الإسلام، ووجد الإسلام نفسه في عودة إلى المنظومة القبلية،وتحول التعاقد الإسلامي من الفردي إلى القبيلة، عندما صارت القبائل تعلن باسم زعيمها الإسلام أو الخضوع له. صحيح أن الرسول(ص) استطاع تطويع القبيلة للمشروع الديني وإدخال

تغيرات قيمية على نظامها من خلال الدين، إلا أن تسارع الدخول في الإسلام وتناميه السريع لم يسعف النبي وصحابته الأولين في صهر القبيلة في النظام الإسلامي، "أي في تحويل تعاقد الفرد القبلي إلى تعاقد الفرد الديني وخاصة في ظل انشغال المسلمين في نشر الدعوة والحروب المتواصلة مع القبائل. وهذا ما يفسر ارتداد القبيلة بعد وفاة سيدنا محمد عليه السلام، لأنها لم تستدمج بما يكفي في التعاقد الديني الجديد،مما حدا بالخليفة أبو بكر الصديق بإعادة تطويع القبيلة بالقوة هذه المرة وإخضاعها للمشروع الإسلامي، إلى أن القبيلة لم تنصهر في الإسلام بل استطاعت أن تجعل من الإسلام مشروعا تأويليا للقبيلة وبهذا استطاعت تفسير الدين وتطويعه لمشروعها وخاصة بعد انتصارها الحاسم على المشروع الإسلامي باستلام معاوية قيادة المشروع الإسلامي وتحويله إلى القبلية العصبية والتوريث كنظام سياسي إقصائي "لا تشاركي" الذي بموجبه تم إقصاء المشاركة الفاعلة للقبائل الأخرى مما أدى إلى ممانعتها له ،من جهة وإقصائي من حيث انه أسس إلى قراءة تأويلية للدين تحتكر الحقيقة الدينية وتسخرها بما يتلاءم ومشروعه السياسي الذي أقامه باسم الإسلام، وتسوغ للفكر التكفيري للخصوم الفكريين والذي أصبح نظاما سياسيا متوارثا بكل ما يحمله في طياته من مشكلات.

"لقد تأسست فكرة الجبرية تسويغا لشرعية الحكم وإضفاء الشرعية على الواقع الجديد، ليقبل به الجميع، ثم تطورت هذه الفكرة مع الفكر الأشعري حتى انتهت إلى إبطال قانون السببية. إذ تم بالتدريج عزل الإسلام عن حركة الواقع وتم تحويله إلى حقيقة لا تقبل الشك وجعل منها التفسير الأوحد لمشكلات الواقع كافة

فأصبحت مرجعا أبديا لكل العصور والأزمان. وبذلك تم إقصاء الإسلام عن واقع المجتمعـات الإسلامية وحركة تطورها"(أبو دية،٢٠٠٦ )

نحن الآن على مسافة ١٤٠٠ عام من معاوية ولكن النظام السـياسي العربي لا زال يتـنفس مـن رئتـي معاوية. هذا التأسيس للعقد الاجتماعي السياسي الذي صاغه معاوية بحاجة إلى إعـادة نظر بحيـث نؤسـس لتعاقد اجتماعي تكون القبيلة أساسه المادي فيما يتم إعادة القبيلة إلى الإسـلام أو تأصيل القيـم الإسـلامية في أفراد القبيلة كما يمثلها ابن عربي، الفرد المسلم المتصل بالله مباشرة بروحه وقلبه وعقله المسئول أمام اللـه عـن نفسه وعن الآخرين الذي يتصرف بوحي قناعته وإيمانه بالحقيقة العادلـة ، المبصـر بـنور اللـه. الفرد الـواعي والمدرك للحقيقة الوحدة والمتعصب لها والمتسـامح في تعدديـة الوصول إليها،وبهـذا يمكـن أن نؤسـس لتعاقـد اجتماعي سياسي تكون العائلة المعدلة مكونه الأساسي، العائلة التي تؤمن بالتعددية وتعترف بالعائـلات الأخـرى وتقبل في مشاركتها في مسؤولية إدارة عادلة للمجتمع الإسلامي تنصف فيه العائلات وتوزع فيه السلطة والثـروة بطريقة تضمن توفير الحياة الحرة والكريمة في إطاره ويتحرك الفرد في إطار أرحـب مـن الحريـة والتعبـير عـن الذات.

ألا يمكن أن نؤسس لنظام سياسي مبني على العائلة، بحيث يكون لكل عائلة مجلس من أبنائها الأكفـاء ممثلين عنها في الشؤون المختلفة، يجري اختيارهم "بصيغة اتفاقية ما" من أفرادها وتتشارك مع عـائلات أخـرى على مستوى وحدات اجتماعية اكبر، إدارة الشؤون العامة وتتحالف العائلات لقيادة النظام السياسي كما

تتحالف الأحزاب، أليس هذا الواقع؟ أليس هذا أفضل من أن نختبئ وراء أحزاب سياسية اقل كفاءة من العائلة في إدارة شؤون العباد؟ أحزاب تحاول استغلال العائلة ونظامها القيمي المتحوصل؟ لقد أصبحت العائلة منفتحة بما يكفي لصياغة نظام كهذا، إلا أن محاولة إقصائها عن الفعل الاجتماعي يزيد من عزلتها الاجتماعية وانسحابها من ساحة الفعل الاجتماعي، وبالتالي من حوصلتها التقليدية وممانعتها للتغير الاجتماعي، وهو ما جعل الانفصام التاريخي بين النخب السياسية والعائلة، أو الاتصال المشوه بينهما.

هذا النظام السياسي الذي ينبغي أن يؤسس لدفع العدوان والظلم بين الناس حسب ابن خلدون، أي كبح اعتداء الإنسان المسلم على المسلم ورفع الظلم عن المظلوم، أي تحقيق العدل بين الناس،الذي قد تكون العائلة الجهة الأكثر تأهيلا للقيام بهذا الأمر لأنها الطرف الذي امن للفرد احتياجاته وأمنه في المجتمعات العربية طوال الوقت، وهي التي حمت الفرد من عسف النظام السياسي الفاسد وهي ألاكثر رأفة بأفرادها مهما بلغ الأمر أنها العقد الاجتماعي الطبيعي للفرد العربي، ولا يمكن إحداث تغيير اجتماعي ذات جدوى دون انخراطها في صياغة العقد الاجتماعي بشكل فاعل ، لا عزلها وجعلها أكثر تحوصلا ومحافظة أو الاستخدام الغائي لها من قبل النظام السياسي، ولكن ينبغي تطعيم العائلة بالإيمان والعمل الصالح لإعادة صياغة منظومتها القيمية والمعيارية الأمر الذي يحتاج إلى عمل صالح.

## الخلاصة

لقد حاولت هذه الدراسة انتقاء المقولات المهمة عند ابن خلدون **كمفهومه للتاريخ والمجتمع،التغير الاجتماعي ،عناصر**

**الفعل الاجتماعي(العائلة والدين والنظام السياسي)** والمقولات المهمة عند ابن عربي **كنظرية (البرزخ أو الوسيط، الإنسان "العارف الكامل"، التأويل ،العقل،** ومحاولة عرضها بطريقة منهجية، تحولها من رؤى مبعثرة إلى أطروحة أكثر تماسكا وانسجاما لدى كل منهما، ثم سعت الدراسة إلى الكشف عن أهم نقاط التقاطع بينهما ومحاولة ربط الخيوط التي تجمع بين أطروحتيهما في أطروحة واحدة ،تربط بين الفردي والجماعي،بين المادي التاريخي والروحي، بين الاجتماعي والديني ، مظهرة الفاعل على مستوى الفرد والجماعة، ومضمون الفعل في صيغة عقد اجتماعي مؤسس على التاريخية بالمفهوم الخلدوني والتأويلية بالمفهوم الابن عربي، **وقد توصلت إلى صياغة خطوط عامة قد تؤسس لنظرية "التاريخية التأويلية" تقوم على الأسس التالية:**

**١- نسبية الحقيقة**

إن الحقيقة الاجتماعية عند ابن خلدون نسبية، فيما الحقيقة الدينية نسبية أيضا عند ابن عربي. فابن خلدون يعتبر الظاهرة الاجتماعية تاريخية بمعني نشوئها وتطورها وتغيرها من مجتمع لأخر ومن وقت لأخر، وهي ترتكز على تفاعل الناس حول مصلحة تامين البقاء والاحتياجات " نحل العيش" وبالتالي لا نستطيع فهم الحقيقة الاجتماعية إلا بتحليل عناصر التفاعل الاجتماعي في لحظة تاريخه مرتبطة بنشاطه المادي لتحقيق مصالحه. أما ابن عربي فيرى أن الحقيقة الدينية بمكوناتها المختلفة هي نسبية من حيث أنها انعكاس للذات المدركة لها والطريقة التي تدركها بواسطتها ومن هنا لا احد بإمكانه الادعاء بامتلاك هذه

الحقيقة أو احتكارها وإلغاء رؤية من يختلف معه فيها، ومن هنا ولان الحقيقة هي ذاتية وبما أن الدين وجد لمصلحة الإنسان، فان من واجب الإنسان المسلم التأويل المستمر للدين بما يتلاءم وتحقيق مصالح الإنسان في المجتمع.

**٢- الاجتماع المتغير وضرورة التأويل**

أما حدود التأويل الدينية فهي الإيمان بالله. فالتأويل عند ابن عربي لا ينبغي أن يتعارض مع ١- الإيمان المطلق لله ٢- ومقاصده ينبغي أن تتركز على **تحقيق العمل الصالح** والذي قد يكون له بعدان الأول تجاه الخالق بالشكر والتقدير" العبادات" لما منه على الإنسان وهي مسالة ذاتية في طريقة التعبير عنها وبالتالي تعاقد بين الفرد وربه أساسا، والثاني باتجاه المجتمع والذي ينبغي تحديد مفهومه ومراميه فما المقصود بالعمل الصالح وكيف نعرفه ونحوله إلى نظام قيمي ومعياري لسلوك المسلم المؤمن في المجتمع ويحاسب عليه. ولكن من هو المخول بالتأويل؟ على مستوى الفرد له علاقة بالفرد وخالقه وكيفية صياغة هذه العلاقة، وعلى المستوى الاجتماعي لإيجاد علاقات اجتماعية تعبر عن مصالح أفراد المجتمع الإسلامي، من هو المخول لتحديد العمل الصالح؟ من الواضح لابن عربي أنهم الراسخون في العلم، وهم بالمعنى الحاضر علماء ومفكري الأمة هل يمكن تشكيل مجلس خبراء على بعض مستويات للقيام بالمشروع التأويلي العربي؟ وما غاية هذا العمل الصالح أليس تحقيق "الحرية، العدالة، الكرامة والسعادة " للإنسان المسلم؟ كيف نحوله إلى برامج تربوية لصياغة مشروع المسلم الكامل.

ولكي يلتقي تأويل ابن عربي مع ضرورة الاجتماع عند ابن خلدون ينبغي أن نفهم إن أساس الاجتماع لدية هو التعاون والتضامن بين الإفراد على تحقيق هذا العمل الصالح الذي يمكن تحويله إلى رزمة قيمية ومعايير وبرامج عمل تسعى لتحقيق "الحرية، العدالة، السعادة". للإنسان في المجتمع العربي المسلم.لان المجتمع العربي الإسلامي ينبغي إن يتسع لكل الذين امنوا على اختلاف إيمانهم بالله بما في ذلك أصحاب الديانات الأخرى، أما الذين لا يؤمنون فينبغي استيعابهم في إطار قبولهم بالالتزام بالعمل الصالح الدنيوي.

## ٣- التعاقد الاجتماعي

يحمل الإنسان حسب ابن عربي المشروع الديني كفرد وكما يدركه في لحظة تاريخية ولكن القليل من يصل مرحلة العارف الكامل "فالحقيقة واحدة وان تعددت سبل السالكين، مما يؤدي إلى الاختلاف بين الناس في هذا الموضوع وبالتالي فان تعاقد الإنسان مع ربه هو مسالة يحددها الفرد أساسا كما يدركها في داخله أو في نواياه، فهي اقرب إلى أن تكون علاقة خاصة له حرية تحديدها فالعلاقة إذن في هذه الحالة تقام على الحرية القائمة على القناعة والرضا وليس الخوف والإكراه "لا إكراه في الدين ومن شاء فليؤمن ومن شاء فليكفر" إذن فليس بوسع الآخرين التحكم بها أو التأكد من حقيقتها، ولذلك لا يجب أن تكون محل تدخل الآخرين أو بمعنى أخر لا ينبغي أن يقام التعاقد على هذا الاتجاه، لان هذا بمثابة تفويض للبعض أن يكونوا ممثلين لله أو مندوبين عنه في إلزام الناس على صياغة علاقة لها أبعاد قابلة للفحص والقياس ليتأكد هؤلاء المفوضون أنهم يطبقون الدين، فيما تحمل العائلة

265

كأهم مؤسسة تربوية المشروع الاجتماعي "العمل الصالح" بعد تحديد قيمه ومعايره واليات تحقيق ذلك، لنقلها إلى أفرادها ومن ثم إلى تطبيقه كنظام اجتماعي "سياسي قانوني" مرتكز إليها على مختلف المستويات والدوائر الاجتماعية.

**ومن هنا ينبغي عمل مراجعة تاريخية تأويلية للعقد الاجتماعي العربي الإسلامي،** حيث أن القبيلة لم تنصهر في الإسلام بل استطاعت أن تجعل من الإسلام مشروعا تأويليا للقبيلة وبهذا استطاعت تفسير الدين وتطويعه لمشروعها وخاصة بعد انتصارها الحاسم على المشروع الإسلامي باستلام معاوية قيادة المشروع الإسلامي وتحويله إلى القبلية العصبية والتوريث" كنظام سياسي إقصائي لا تشاركي الذي بموجبه تم إقصاء المشاركة الفاعلة للقبائل الأخرى مما أدى إلى ممانعتها له ،من جهة وإقصائي من حيث انه أسس إلى قراءة تأويلية للدين تحتكر الحقيقة الدينية وتسخرها بما يتلاءم ومشروعه السياسي، الذي أقامه باسم الإسلام،قراءة تسوغ للفكر التكفيري للخصوم الفكريين والذي أصبح نظاما سياسيا متوارثا بكل ما يحمله في طياته من مشكلات. أنتج ذلك نظاما سياسيا، استبدل التعاقد بموجبه من تعاقد اجتماعي مستمد من القيم والمقاصد للدين الإسلامي، إلى تعاقد ديني بين الفرد والخالق يشرف على تنفيذه الخليفة والحرس الديني.الأمر الذي أدى إلى تفريغ الدين من مضمونه ألقيمي وتحييده من الفعل الاجتماعي، واختزاله بجانب العبادات.

## المراجع


١. القرآن الكريم.
٢. ابن خلدون، عبد الرحمن، المقدمة، بيروت: دار صادر، ٢٠٠٠، ط١.
٣. ابن عربي، محي الدين، الفتوحات المكية، نسخة الكترونية،www.yahalasms.com
٤. أبو دية، أيوب، نصر حامد أبو زيد ومسألة التراث، http://www.islamismscope.com
٥. أبو زيد، حامد، فلسفة التأويل، بيروت: المركز الثقافي العربي، ١٩٩٦.
٦. أبو زيد٢، حامد، "النص السلطة الحقيقة"، بيروت: المركز الثقافي العربي، ١٩٩٥.
٧. بهلول، رجا وآخرون، الحضارة الأوربية الحديثة والمعاصرة، جامعة بيرزيت، ٢٠٠٢.
٨. البوزيدي١، علال، نظرات في الفكر المنهجي عند ابن خلدون، مجلة الأمة، العدد ٣٨، ٢٠٠٣
٩. البوزيدي٢، علال، نظرات في الفكر المنهجي عند ابن خلدون، مجلة الأمة، العدد ٣٧، ٢٠٠٣.
١٠. زيدان، يوسف، تجليات النبوة في فصوص الحكم، لابن عربي، ٢٠٠٦،www.ziedan.com
١١. شرفي، عبد الكريم، ما وراء التأويل هو مشروعي المستقبلي، ٢٠٠٧، http://www.djazairnews.info/

١٢. عبد العزيز، محمد ، ورشة عمل الإصلاح والإسلام الثانية، مركز ابن خلدون للدراسات الإنمائية، نشرة المجتمع المدني، العدد ١٣٧ مايو٢٠٠٦ القاهرة.

١٣. (العبدوني، عبد العالي، ٢٠٠٦) www.shurouk.org.

١٤. علال، خالد، أخطاء المؤرخ ابن خلدون في كتابه المقدمة، الجزائر: دار الإمام مالك، ٢٠٠٦.

١٥. عمر، عزت، ٢٠٠٥، في هكذا تكلم ابن عربي، د. نصر حامد أبو زيد، الهيئة المصرية العامة للكتاب، القاهرة ٢٠٠٢.

١٦. المصباحي، محمد، ابن عربي في مرآة ما بعد الحداثة "مقام نعم و لا": www.ibn-rushd.org

١٧. (أخبار الرجال www.ardalsharq.com)

١٨. http://ar.wikipedia.org

## برنامج مؤتمر

### "نحو مدخل عربي - إسلامي لدراسة الإنسان والمجتمع"

### الأحد: ٢٠٠٧/٣/١٨

| | |
|---|---|
| **٩:٠٠ - ٩:٣٠ التسجيل** | |
| **٩:٣٠ - ١٠:٠٠ الافتتاح** | |
| كلمة رئيسة جمعية إنعاش الأسرة<br>السيدة فريدة العارف- العمد | |
| كلمة رئيس مركز دراسات التراث والمجتمع الفلسطيني<br>د. شريف كناعنة | |
| **١٠:٠٠ - ١١:٤٠ الجلسة الأولى: تجارب سابقة**<br>**رئيس الجلسة: د. حسن سلوادي**<br>**مدير برنامج البحث العلمي والدراسات العليا، جامعة القدس المفتوحة** | |
| نبيل علقم، باحث - مركز دراسات التراث والمجتمع الفلسطيني -البيرة | المعهد العالمي للفكر الإسلامي: تجربته في دراسة الإنسان والمجتمع |
| خالد عودة الـلـه، محاضر في دائرة علم الاجتماع - جامعة بيرزيت | من التراث إلى الثورة: دراسة في علم الاجتماع النقدي عند علي شريعتي |
| أحمد الأشقر، باحث في مقارنة الأديان - الناصرة | نظرة عربية - إسلامية إلى حقوق المرأة ومكانتها |
| **١١:٤٠ - ١٢:٠٠ استراحة** | |
| **١٢:٠٠ - ١:٤٠ الجلسة الثانية: التحرر من هيمنة الفكر الغربي**<br>**رئيسة الجلسة: د. ليزا تراكي** | |

| | |
|---|---|
| **عميد الدراسات العليا، جامعة بيرزيت** | |
| محمد شريف أبو معيلق، محاضر في جامعة القدس المفتوحة - رام الـلـه | الافتراضات المتضمنة في النموذج التربوي الغربي |
| سميح حمودة، محاضر في دائرة العلوم السياسية - جامعة بيرزيت | الانفصال والاتصال بين المناهج الغربية والعربية - الإسلامية |
| د. مصلح كناعنة، أستاذ علم الاجتماع - جامعة بيرزيت | نحو تحرير العقل الإنساني من هيمنة الفكر الغربي |
| **١:٤٠ - ٣:٠٠ غداء** | |
| **٣:٠٠ - ٤:٤٠ الجلسة الثالثة: مدخل جديد**<br>**رئيسة الجلسة: د. سهى هندية**<br>**أستاذ علم الاجتماع، جامعة بيرزيت** | |
| د. سمير شقير، أستاذ علم النفس - جامعة القدس | نحو علم نفس عربي – إسلامي |
| د. زهير الصباغ، أستاذ علم الاجتماع - جامعة بيرزيت | من المركزية الأوروبية إلى علم اجتماع عربي |
| د. عبد الكريم مزعل، أستاذ علم الاجتماع - جامعة القدس المفتوحة | المجتمع العربي - الإسلامي بين ابن خلدون وابن عربي |

Printed in the United States
By Bookmasters